A REGULAÇÃO DO GÁS NATURAL EM ANGOLA

CARLOS FEIJÓ
Professor das Faculdades de Direito
da Universidade Agostinho Neto
e da Universidade Católica de Angola
Doutorando da Faculdade de Direito
da Universidade Nova de Lisboa

N'GUNU TINY
Professor das Faculdades de Direito
da Universidade Católica de Angola
e da Universidade Agostinho Neto
Doutorando da London School of Economics

A REGULAÇÃO DO GÁS NATURAL EM ANGOLA

(*Estudos e Pareceres*)

A REGULAÇÃO DO GÁS NATURAL EM ANGOLA
(*Estudos e Pareceres*)

AUTORES
CARLOS FEIJÓ
N'GUNU TINY

EDITOR
EDIÇÕES ALMEDINA. SA
Av. Fernão Magalhães, n.º 584, 5.º Andar
3000-174 Coimbra
Tel.: 239 851 904
Fax: 239 851 901
www.almedina.net
editora@almedina.net

PRÉ-IMPRESSÃO | IMPRESSÃO | ACABAMENTO
G.C. GRÁFICA DE COIMBRA, LDA.
Palheira – Assafarge
3001-453 Coimbra
producao@graficadecoimbra.pt

Maio, 2009

DEPÓSITO LEGAL
291596/09

Os dados e as opiniões inseridos na presente publicação
são da exclusiva responsabilidade do(s) seu(s) autor(es).

Toda a reprodução desta obra, por fotocópia ou outro qualquer
processo, sem prévia autorização escrita do Editor, é ilícita
e passível de procedimento judicial contra o infractor.

Biblioteca Nacional de Portugal – Catalogação na Publicação

FEIJÓ, Carlos, e outro

A regulação do gás natural em Angola : estudos
E pareceres / Carlos Feijó, N'Gunu Tiny
ISBN 978-972-40-3700-4

I – N'GUNU, Tiny

CDU   346
        662
        338

AGRADECIMENTOS

Carlos Feijó

Decorria o ano de 2005 quando me cruzei com o projecto Angola LNG (*liquid natural gas*) ou em português: gás natural liquefeito (GNL). O LNG mais não é do que gás natural em estado líquido, por efeito de um processo de condensação a 160° C. Na verdade, trata-se de um processo que permite reduzir em cerca de 600 vezes o volume do gás – quando comparado com o seu volume em estado gasoso – e visa, essencialmente, facilitar o seu transporte por navio e o seu armazenamento. A ulterior utilização do LNG é possível após um processo de revaporização do gás natural.

Quando o Dr. Artur Pereira me proporcionou o contacto com o Eng. Órfão, que então dirigia o projecto pela *Sonangol, E.P.*, eu tinha cessado as funções de Chefe da Casa Civil e Ministro junto da Presidência e iniciava uma nova fase profissional como advogado.

Uma vez que havia exercido recentemente funções políticas, os parceiros da *Sonangol* para este projecto conduziram um rigoroso processo de *due diligence* para se assegurarem que não estariam a lidar com um *public official*, o que, de acordo com a *Lei Anti-Corrupção Americana*, poderia significar que o projecto estaria a trabalhar indirectamente com alguém ligado ao Governo, aplicando-se, nesse caso, a consequência jurídica estipulada naquela lei. Em 2005, um responsável jurídico do Projecto Angola LNG subtmeteu-me a um conjunto de perguntas, das quais a que mais impressionou foi: *Porque é que saiu do Governo?*

Nesse ano, encontrava-me em Boston, E.U.A., a frequentar, um curso de *estudos avançados e multidisciplinares* (jurídicos, financeiros, análise de risco, avaliação qualitativa e quantitativa do impacto de um projecto) *em construção de infra-estruturas na perspectiva de parcerias público-privadas, project finance e regulação*, na *Jonh F. Kennedy School of Government*, Universidade de Harvard.

Foi também na Universidade de Harvard que reencontrei o N'Gunu Tiny, então *Visiting Scholar* na *Harvard Law School,* que eu já conhecia pela brilhante carreira de aluno na *Faculdade de Direito da Universidade Nova de Lisboa,* onde frequentei o programa de Doutoramento em Direito Público. Hoje um dos mais proeminentes advogados do escritório *Carlos Feijó & Raúl Araújo – Advogados Associados* e co-autor deste livro, naquela época o N'Gunu Tiny dava cumprimento ao seu programa de doutoramento, era investigador e leccionava seminários.

Este intróito demonstra: por um lado, o quão decisiva foi a minha formação para o trabalho que iria desenvolver no Projecto Angola LNG; por outro, a importância do reencontro com o N'Gunu Tiny que, entretanto, começou a colaborar na assessoria juridica à *Sonangol* nas questões legais e contratuais levantadas pelo Projecto Angola LNG, num interessante cruzamento de direito público e direito privado, direito constitucional e direito civil e comercial, direito internacional público e direito internacional privado, direito administrativo e direito dos contratos (tal é a multidisciplinaridade que um projecto dessa envergadura envolve).

Last but not the least, os agradecimentos devidos. Esta é, porventura, a parte mais difícil, porque são incontáveis todos aqueles que não só contribuíram para este projecto mas igualmente prestaram-nos toda a ajuda e apoio.

Fica aqui uma palavra de agradecimento aos colegas juristas com quem aprendi e continuo a aprender sobre as implicações jurídico-legais das temáticas do petróleo. Refiro-me ao Dr. Fernando Santos, Director Jurídico da *Sonangol, E.P.,* e ao Dr. Alexandre Pessoa Vaz, da Direcção de Negociações daquela empresa.

É ainda devida uma palavra ao Dr. Artur Pereira, que nos ajudou a compreender a complexa estrutura fiscal do Projecto Angola LNG.

Aplico aqui a velha expressão popular, i.e., os últimos são ou deveriam ser os primeiros: refiro-me ao Eng. António Órfão, Presidente da *Sonagás* e ao Eng. Manuel Vicente e Eng. Syanga Abílio, respectivamente Presidente do Conselho de Administração da *Sonangol, E.P.* e Administrador daquela empresa para o *Upstream.*

N'Gunu Tiny

A dívida intelectual é como a dívida de um filho para com uma mãe: por mais que se tente, nunca poderemos saldá-la. E aqui, reside a sua beleza. Um livro, seja ele qual for, encerra em si um conjunto alargado de dívidas intelectuais.

A primeira, e talvez a que me dá mais gosto aqui referir, é para com Carlos Feijó. Conhecemo-nos em 2001, na *Faculdade de Direito da Universidade Nova de Lisboa*, e desde aí tornámo-nos co-autores em vários projectos académicos, colegas de várias consultorias e no escritório de advogados e, mais importante, amigos. Voltámos a encontrar-nos em 2005 em Cambridge, Boston, Massachusetts, na *Universidade de Harvard*. Partiu dele o convite para integrar eu a equipa do Projecto Angola LNG. Convite este logicamente validado pela *Sonangol, E.P.*, à qual gostaria de manisfestar, igualmente, a minha gratidão. Aceitei de imediato, sabendo, porém, que a tarefa não seria fácil: porque, por um lado, e como resultará da leitura da presente obra, o tema em causa é em si complexo; e, por outro lado, porque sabia que não seria fácil conciliar as minhas obrigações como consultor com os meus compromissos académicos, que resultavam do facto ser *Visiting Scholar* na *Harvard Law School* e da minha colaboração em seminários na *Fletcher School of Law and Diplomacy*, *TUFTS University*, ambas localizadas em Boston.

A decisão revelou-se estratégica e o saldo não poderia ser mais positivo. Volvidos três anos, posso testemunhar o quão intelectualmente gratificante foi trabalhar no Projecto Angola LNG. Partindo de uma abordagem multidisciplinar, passando por vários ramos e áreas do Direito, cruzando a *common law* com a *civil law*, os desafios jurídicos foram enormes e a aprendizagem bastante intensa.

Foi também a partir daquele reencontro que iniciei uma colaboração profissional e académica mais intensa com Carlos Feijó, sem dúvida, um dos juristas mais brilhantes e certamente com maior capacidade de concretização com quem trabalhei. O gosto comum pelo debate, pela investigação cuidada e pelo espírito crítico facilitou o entendimento. Com ele muito aprendi e continuarei a aprender. Carlos Feijó sempre lidou comigo com humildade e paridade. Tal facto, porém, não me impede de olhar para ele como um *primus inter pares*.

A minha ida para a *Universidade de Harvard* não teria sido possível sem a bolsa de estudos da Fundação Luso-América para o Desenvolvimento (FLAD), que aqui saúdo na pessoa do seu Presidente, Dr. Rui Machete. Uma palavra muito especial e de enorme gratidão ao Dr. José Manuel Durão Barroso, actualmente Presidente da Comissão Europeia, que muito amavelmente aceitou escrever uma carta de recomendação para a concessão da referida bolsa de estudos.

Aprendi a elaborar pareceres jurídicos com o Sr. Professor Doutor Diogo Freitas do Amaral, então Professor da *Faculdade de Direito da Universidade Nova de Lisboa*, a minha escola de Direito. Por estes e por muitos outros ensinamentos, aqui o saúdo com a devida vénia académica.

Kiluange Tiny e Rute Santos colaboraram no parecer relativo ao enquadramento constitucional da regulação do gás natural em Angola. Lourdes Caposso Fernandes, colega de escritório, colaborou no estudo relativo aos aspectos jurídico-laborais do Projecto Angola LNG. A eles o nosso reconhecido agradecimento.

Uma palavra de agradecimento é devida ao João Santos, meu *roommate* em Harvard. Para além de termos desenvolvido uma amizade para a vida, muito aprendi com o João sobre economia, gestão e negócios, permitindo-me combinar estes conhecimentos com o saber jurídico.

Sebastião Caninhas ("Sebas") despertou a vertente de consultoria na minha carreira, que então era fundamentalmente académica, chamando-me por diversas vezes atenção para a lógica da complementaridade entre a academia e a consultoria. Em Londres, o palco das nossas calorosas discussões, desenvolvemos uma verdadeira irmandade.

Muitas outras pessoas teria que agradecer, mas não só o espaço é exíguo como as palavras seriam parcas para expressar a gratidão que sinto por elas. No entanto, devo uma palavra especial à Clotilde Gomes da Silva ("Tide"), ao Sílvio Baptista, ao Luisélio Pinto e ao Carlos Tiny que acompanharam permanentemente os vertiginosos anos de 2003-2008, tendo sido no mínimo co-responsáveis pelas melhores decisões que tomei na altura.

Agradecimentos 9

À Nádia e Kayla Tiny agradeço o apoio constante. Elas são, sem dúvida, a minha fonte de inspiração.

À Hilária da Conceição, minha mãe, a quem devo tudo o que de bom existe em mim. A vida, ao seu lado, tem sido uma aprendizagem constante. Entre muitas coisas, com ela aprendi que para se ser bom jurista tem que se ser ainda melhor homem. Espero, muito sinceramente, que ela encontre os seus ensinamentos em algumas das reflexões aqui feitas. Dedico-lhe este livro.

PREFÁCIO

É com apreço que aceitei o convite para escrever o Prefácio deste livro. Porém, quero aproveitar esta oportunidade para, antes de mais, agradecer aos Doutores Carlos Feijó e N'Gunu Tiny pelo saber, profissionalismo, dedicação, e paciência, na qualidade de consultores jurídicos da Sonangol, durante toda esta "viagem" de montagem do modelo legal e fiscal do Angola LNG.

O livro é fundamentalmente útil e recomendável a todos aqueles que pretendam conhecer o quadro legal e contratual aprovado para o Angola LNG, o seu enquadramento jurídico dentro da legislação em vigor no País, bem como a argumentação técnico-jurídica de fundamentação dos diplomas aprovados pelos órgãos competentes do Estado, nomeadamente, a Assembleia Nacional, e o Governo de Angola, através do Conselho de Ministros e Ministros dos Petróleos, Finanças e Planeamento.

O livro está escrito de forma compreensível aos variados leitores, independentemente do seu conhecimento técnico ou experiência profissional. E, oferece uma abordagem das questões de fundo que estiveram na base da definição do modelo legal e contratual que tivesse como princípio de base o equilíbrio, por um lado, dos interesses dos investidores, numa perspectiva pura de retorno económico, e por outro, o interesse público de maximização económico-social dos recursos petrolíferos do nosso País.

Para melhor compreensão da importância dos temas abordados neste livro, será útil fazer-se o enquadramento do Angola LNG, no âmbito dos objectivos estratégicos definidos pelo Governo de Angola para a indústria petrolífera. Este Projecto é *sui generis,* a nível da indústria do gás natural, por permitir potenciar o desenvolvimento de uma nova indústria em Angola, através do aproveitamento do gás associado à produção do crude.

Através do Angola LNG, a indústria petrolífera de Angola pretende alcançar, entre outros, os seguintes objectivos estratégicos:

- Eliminar a queima de gás na produção dos campos petrolíferos;
- Preservar o ambiente, no âmbito do disposto na Lei das Actividades Petrolíferas;
- Valorizar um subproduto da actividade petrolífera – o gás natural associado – transformando-o numa fonte de riqueza para o País, através da geração de receitas fiscais, criação de emprego, participação do empresariado local, e desenvolvimento de um pólo industrial no Soyo a partir do gás natural;
- Permitir à Sonangol a entrada no negócio do gás natural, com elevado potencial de crescimento, ao longo de toda a sua cadeia de valor, bem como a obtenção de novas competências;

Como se poderá verificar pelos ambiciosos objectivos acima, o Angola LNG, é um Projecto de "grande" dimensão, que envolve um investimento significativo, de vários biliões de dólares, e abrange toda a cadeia de valor da actividade do gás natural, nomeadamente, a exploração de campos de gás natural não associado, a recolha, transporte de gás natural associado e não associado desde as concessões petrolíferas até às instalações de processamento no Soyo, produção de LNG e líquidos de gás natural (propano, butano e condensados), o transporte marítimo em barcos de grande porte de LNG para o mercado, a regasificação e transporte por gasodutos nos EUA, e comercialização aos compradores.

A complexidade do Angola LNG obrigou a Sonangol e seus parceiros a vários anos de estudo e negociação sobre o modelo legal e fiscal que fosse *protector* dos interesses do Estado Angolano e *promotor* da sua concretização de forma atractiva a todos os seus constituintes.

Nesse sentido, este livro é uma excelente contribuição por trazer ao conhecimento público a abordagem seguida na montagem de um projecto de grande importância para o País, alertar para a importância da *estabilidade,* como regra de *ouro,* na promoção de grandes investimentos a custos mais competitivos para o Estado, a necessidade da existência de mecanismos flexíveis promotores, tanto a nível regulatório como fiscal, visando a promoção do conteúdo angolano.

Os meus parabéns.

Manuel Vicente
Presidente do Conselho de Administração da Sonangol E.P.

INTRODUÇÃO

A história do LNG evoluiu bastante desde a primeira instalação de liquefacção de gás construída em Cleveland, Ohio, E.U.A., em 1942. Os projectos LNG, cuja maioria foram ou são instalados em África (Nigéria, Argélia e Egipto), Médio Oriente (Oman, Qatar e Abu-Dhabi), Ásia (Indonésia e Malásia), Austrália, e América (Trinidade e Tobago), constituem a forma através da qual vastíssimas reservas de gás são comercialmente exploradas.

Hoje, cerca de 10% da produção mundial de gás é transportada sob a forma de LNG e Angola pode vir a desempenhar um papel importante como exportador de gás. Neste contexto, o Projecto Angola LNG arrasta consigo desafios económicos, financeiros, tecnológicos, logísticos e legais.

Em boa verdade, a tecnologia de LNG permite prospectar e desenvolver reservas de gás, transportá-lo e colocá-lo no mercado de destino, em especial para os E.U.A., Europa ou Japão.

Qualquer projecto de LNG apresenta uma miríade de desafios. Desde logo pela cadeia de fornecimento de gás envolvida e pelos projectos parelelos que implica: em regra um só projecto compreende outros tantos projectos, profundamente interdependentes e dos quais se podem destacar:

a) Desenvolvimento e operação do campo de gás *upstream*;
b) Construção e operação do sistema de gasodutos que transportam o gás *upstream* para a instalação de liquefacção;
c) Construção e operação da instalação de liquefacção;
d) Aquisição e operação da frota de navios-tanque de LNG;
e) Construção e operação da instalação de regasificação.

Por todas estas razões, a estrutura do Projecto Angola LNG não poderia deixar de ser marcado pelo limite de risco que as partes envolvidas almejam correr, a procura disponível no mercado e o regime fiscal angolano.

Todos estes factores determinaram a estrutura legal e contratual do Projecto Angola LNG. Apenas para dar um exemplo. Foi notória a diminuição do risco político através da implementação de uma medida de protecção legislativa. Isto é, o risco político do país hospedeiro – Angola – foi mitigado pela aprovação do contrato de investimento através de Decreto governamental, pela aprovação de um regime fiscal específico para o projecto e pela inclusão de cláusulas de estabilidade, nos termos das quais se uma "alteração" ou qualquer acção das autoridades angolanas afectar adversamente a capacidade da(s) empresa(s) levar(em) adiante o projecto, aumentando os custos do projecto ou reduzindo o seu retorno, o Estado Angolano deverá compensar os promotores, colocando-os na posição em que se encontrariam se tais "alterações" não tivessem ocorrido. Note-se que, para este efeito, no conceito de "alterações" incluem-se alterações legislativas ou qualquer acção governamental.

Para se obter uma situação de equilíbrio entre os interesses das partes envolvidas e pelo facto de Angola não ter seguido o modelo de regulação unitária e sistematizada do gás natural, discutiu-se profundamente o regime jurídico e contratual do projecto. Aqui radica, aliás, o fundamento da nossa escolha do título desta obra: *A Regulação do Gás Natural em Angola*.

Analisemos um pouco melhor o tópico da regulação do gás natural em Angola, para mais facilmente se apreender o conteúdo dos pareceres e estudos que o leitor encontrará ao longo deste trabalho.

A análise do regime juridico do aproveitamento do gás natural em Angola passa, necessariamente, por um enquadramento constitucional. Com efeito, a Constituição é clara ao consagrar que todos os recursos naturais existentes no território terrestre ou marítimo angolano (no solo e subsolo, nas águas internas, no mar territorial e na plataforma continental) e na respectiva zona económica exclusiva são propriedade do Estado (Constituição Angolana, artigo 12.º, n.º 1). Quer isto dizer que os recursos naturais, neles se incluindo os jazigos petrolíferos, onde estão depositados o petróleo e o gás natural – enquanto recursos que se encontram no subsolo – fazem parte do acervo de bens pertencentes ao Estado Angolano.

A Constituição vai mais longe ao atribuir ao Estado a competência exclusiva para determinar as condições do seu aproveitamento, utilização e exploração daqueles recursos. Como escrevemos «*esta norma constitucional impõe dois efeitos jurídicos que vinculam o Estado: por um lado, atribui aos órgãos do Estado titulares do poder legislativo a competência para determinarem o regime jurídico da utilização daqueles bens; por outro lado, determina que estes bens estão incluídos no domínio público do Estado, ficando, por isso, sujeitos a um regime especial de disponibilidade*»[1].

Como corolário do citado dispositivo constitucional, a Assembleia Nacional aprovou o regime juridico-legal do acesso e exercício de operações petrolíferas no território angolano e na sua respectiva zona económica exclusiva, através da Lei n.º 10/04, de 12 de Novembro (Lei das Actividades Petrolíferas, doravante LAP). Esta Lei consagra e concretiza o princípio do domínio público dos mencionados bens.

A LAP aplica-se, de igual modo, ao gás natural, i.e., às actividades petrolíferas que tenham por objecto o gás natural. Por conseguinte, a LAP consagra parte do regime jurídico ao gás natural e os seus conceitos operativos, como por exemplo, prospecção, pesquisa, avaliação, desenvolvimento e produção, são aplicáveis ao gás natural sempre e quando não se julgue incompatível com a natureza da actividade relacionada com o gás natural. Parece-nos importante fazer esta nota porque a LAP, ao longo do seu articulado, refere-se ao petróleo ou às operações petrolíferas, mas não ao gás natural.

Para a LAP, Petróleo é «*o petróleo bruto, gás natural e todas as outras substâncias hidrocarbonetos que possam ser encontradas e extraídas ou de outro modo obtidas e arrecadadas a partir de uma área petrolífera*» (art. 2.º, n.º 15). Isto é, "Petróleo" é o petróleo bruto, gás natural e todas as outras substâncias hidrocarbonetos que possam ser encontradas ou extraídas ou de outro modo obtidas e arrecadadas a partir de uma concessão petrolífera. A LAP define o "Gás Natural" como «*uma mistura constituída essencialmente por metano e outros hidrocarbonetos que se encontra num jazigo petrolífero em estado gasoso ou passa a este quando produzida nas condições normais de pressão e temperatura*» (art. 2.º, n.º 10).

---

[1] V. Infra *I, Aspectos Jurídico-Constitucionais.*

De realçar que o artigo 1.º da LAP estabelece que as «*outras actividades petrolíferas, nomeadamente a refinação de petróleo bruto, armazenagem, transporte, distribuição e comercialização do petróleo* [parece incluir–se aqui o gás natural] *serão reguladas por lei própria*».

Esta norma cria alguns problemas interpretativos. Isto porque, por um lado, as actividades de armazenagem e a comercialização estão sujeitas a lei própria, entretanto, ainda não aprovada. E porque, por outro lado, o artigo 72.º da LAP estabelece que «*os projectos relativos à instalação e ao funcionamento de oleodutos, gasodutos e instalações de armazenamento de petróleo devem observar o disposto na lei e estão sujeitos ao licenciamento do Ministério dos Petróleos*».

Parece, pois, que deve diferenciar-se a armazenagem e o transporte de gás natural, ligados directamente à produção de petróleo da armazenagem e transporte daquele mesmo produto fora do contexto da produção de petróleo. Na primeira situação, entende-se que aquelas actividades destinam-se a viabilizar a extracção e, na segunda situação, entende-se que aquelas são utilizadas para viabilizar a utilização do produto fora da área de concessão. Neste sentido, apenas as actividades de transporte e armazenagem ligadas à produção (ou seja, aquelas actividades que se destinam à condução ou armazenagem de gás natural dentro da área de concessão) são reguladas pela LAP, ficando o transporte e a armazenagem de gás natural destinados ao consumo geral ou à comercialização sujeitos à regulação de lei própria.

Note-se que a LAP, ao contrário da Lei n.º 13/78, de 26 de Janeiro[2], não excluiu do seu âmbito de aplicação os hidrocarbonetos sólidos que, certamente, não pretende regular e seguramente cai no âmbito da Lei sobre as Actividades Geológicas e Mineiras (Lei n.º 1/ 92, de 17 de Janeiro).

Importa ainda referir que habitualmente os modelos de Contratos de Partilha de Produção[3] incluiam cláusulas que, no contexto das

---

[2] Lei revogada pela LAP.

[3] Contratos que estabelecem as bases para partilha de direitos e responsabilidades entre as partes, bem como a condução das actividades do operador (que é a empresa ou grupo ou associação designada para assumir a liderança nos contratos com o país hopedeiro) para a condução das operações.

actividades petrolíferas, atribuiam ao grupo empreiteiro[4] o direito de utilizar gratuitamente o gás natural associado produzido a partir das áreas de desenvolvimento[5] e, igualmente, o direito de transformar esse gás, separando-o dos líquidos produzidos.

Naqueles modelos de contrato era ainda habitual incluir a estipulação de que se fosse descoberto, na área do contrato, gás natural não associado[6], a *Sonangol* teria o direito exclusivo de avaliar, desenvolver e produzir por sua conta e risco esse produto, salvo se esse gás não associado fosse necessário para as operações petrolíferas, caso em que o grupo empreiteiro teria o direito de avaliar, desenvolver e produzir esse gás.

Ora, se é verdade que a LAP é aplicável ao gás natural, não é menos verdade que nada impede um tratamento unitário e sistematizado desse tipo de hidrocarbonetos, sobretudo se considerarmos a actividade de exploração do gás natural fora do âmbito dos Contratos de Partilha de Produção. Por isso defendemos, ainda que no quadro da própria LAP, a existência de um capítulo que tratasse de forma unitária e sistematizada o gás natural, com os desenvolvimentos específicos que mais facilmente enquadrassem os projectos de aproveitamento de gás natural.

Dos factores supra apontados, nomeadamente a necessidade de mitigação de riscos, o encontrar um regime fiscal atractivo e a procura disponível no mercado, conduziu a que a configuração legal e contratual do projecto Angola LNG se concretizasse nos seguintes termos:

a) A Resolução n.º 17/07, de 25 de Abril, da Assembleia Nacional, autoriza o Governo a legislar sobre matérias fiscais, bem como sobre outros aspectos legais não regulados ou desenvolvidos pela legislação petrolífera;

---

[4] Grupo ou associação designada para assumir a liderança nos contratos com o país hopedeiro.

[5] Total da área, dentro da área do contrato, apta para produzir do jazigo ou jazigos identificados por uma descoberta comerical e definida por acordo entre a *Sonangol* e o *Grupo Empreiteiro*, após essa descoberta comercial.

[6] Parte do gás natural que não é associado, o mesmo é dizer, que não é gás natural existente num reservatório em associação com o petróleo bruto.

b) O Decreto-Lei n.º 10/07, de 3 de Outubro, ao abrigo da autorização legislativa parlamentar (Resolução n.º 17/07, de 25 de Abril), aprova o Projecto Angola LNG e define o seu regime jurídico, as condições económicas da primeira fase (*first train*) daquele projecto (caso se decida avançar para uma segunda fase as respectivas condições serão então fixadas). Este Decreto-Lei consagra:

i) O regime legal aplicável, ficando estabelecido que ao Projecto é aplicável a legislação petrolífera, salvo naquelas matérias relativamente às quais, pela sua natureza, tal não seja possível, nomeadamente, a legislação relativa às concessões, em particular os poderes da concessionária nacional (a *Sonangol, E.P.*) e de licenças de prospecção. É também aplicável o regime de licenças das operações de exploração e produção relativamente ao gás não associado;

ii) O regime fiscal e aduaneiro a que ficará sujeito o projecto, nomeadamente, o modo de determinação da matéria colectável, os custos dedutíveis, etc.. Este regime é desenvolvido pelo Decreto Executivo Conjunto dos Ministros das Finanças e dos Petróleos relativo ao cálculo das Receitas de Referência Fiscal e pelos Decretos Executivos Conjuntos dos Ministros das Finanças e dos Petróleos e do Ministro do Planeamento para alguns temas, relativos a cada bloco petrolífero fornecedor de gás associado. Tais diplomas regularão a dedução fiscal e a recuperação de custos nas respectivas concessões petrolíferas das despesas incorridas com a construção da rede de gasodutos de gás associado;

iii) O regime cambial aplicável ao Projecto;

iv) O regime de aprovação e licenciamento de actividades expropriação e estabilidade do Projecto;

c) O contrato de investimento, aprovado pelo Decreto-Lei n.º 10/07, de 3 de Outubro, e assinado entre o Governo angolano, a *Sonangol, E.P.* a *Angola LNG Limited*, a *Cabinda Golf Oil Company*, a *Sonangol Gás Natural Limitada*, a *BP Exploration (Angola)* e a *Total LNG Angola*. O contrato de investimento define as condições concretas em que o Projecto será implementado ao abrigo do regime jurídico constante do Decreto-Lei de aprovação;

d) O Decreto-Lei n.º 11/07, de 5 de Outubro, ao abrigo do qual e com fundamento no n.º 2 do artigo 42.º da Lei n.º 10/04, de 12 de Novembro, o Governo concedeu à *Sonangol, E.P.*, na qualidade concessionária, os direitos mineiros para avaliação, desenvolvimento e produção de gás natural nas áreas concessionadas (*Quiluma, Atum, Polvo e Enguia Norte*). Este diploma define também que a *Angola LNG Operating*[7] terá o papel de operador ao abrigo de um contrato de prestação de serviços a assinar com a *Angola LNG, Limited*. O mesmo diploma autoriza ainda a concessionária a celebrar um contrato de prestação de serviços com risco (*risk service agreement*) com a *Angola LNG Limited* para execução das operações;

e) O contrato de prestação de serviços com risco, isto é, o contrato celebrado, ao abrigo da concessão, entre a *Sonangol* e a *Angola LNG, Limited*. para a avaliação, desenvolvimento e produção de gás não associado, que também foi aprovado Decreto-Lei n.º 11/07, de 5 de Outubro.

A estrutura legal e contratual do projecto Angola LNG, o qual vai ser implementado em terra e no Município do Soyo, Província do Zaire, não poderia ser viável se não se cuidasse dos aspectos fundiários e do ordenamento do território. Com efeito, a unidade de liquefacção do Projecto e as instalações conexas localizar-se-ão no Município do Soyo numa área abrangendo cerca de 100 hectares de terra a conquistar à área da baía a norte da Ilha do Kwanda, assim como uma área já existente próxima da zona costeira no norte da ilha com aproximadamente 140 hectares. As referidas áreas permitirão acomodar integralmente as instalações de liquefacção do gás, bem como a possibilidade de uma futura expansão das mesmas, se tal for acordado. Assim, reconhecidamente o problema dos direitos fundiários é uma questão crucial para a viabilidade legal e económica do Projecto Angola LNG.

---

[7] Sociedade Operacional Angola LNG.

Sobre esta questão foram inicialmente ponderadas várias vias, de entre as quais se apresentam as que foram consideradas mais pertinentes:

a) A aprovação de diplomas decretando medidas preventivas com o objectivo de evitar ocupações anárquicas e com fins especulativos das áreas a ocupar pelo Projecto, classificando os terrenos como de instalação petrolífera e industrial, os quais seriam complementados por uma Resolução do Conselho de Ministros sobre a política de concessão de direitos fundiários. Se esses diplomas fossem publicados, não seria necessário incluir qualquer norma sobre terrenos no Decreto-Lei que aprova o Projecto ou no respectivo contrato de investimento;

b) Incluir no Decreto-Lei de aprovação do Projecto e no respectivo contrato de investimento normas sobre a garantia de que tais áreas seriam atribuídas ao Projecto;

c) A assinatura de um de contrato de concessão de direitos fundiários.

A solução seguida foi a apontada na alínea b), isto é, a de fazer incluir no Decreto-Lei de aprovação do Projecto e no contrato de investimento normas garantísticas sobre a concessão de terrenos.

Colocado o problema, três questões ainda ficaram por resolver, nomeadamente: o tipo de direito fundiário a conceder; a forma de desafectação de certas áreas do domínio público portuário; e a exclusão da autoridade portuária sobre aquelas áreas. Vejamos como se resolveram estes problemas:

1. **Tipo e forma de aquisição de direitos**. A *Sonangol, E.P.* deveria requerer e adquirir os direitos fundiários quer para as áreas a serem dedicadas ao Projecto Angola LNG (incluindo as afectas às habitações e demais estruturas destinadas aos trabalhadores afectos à construção da primeira unidade de produção), quer para as áreas destinadas ao parque industrial. Para tal, a *Sonangol E.P.* deveria requer ao Governador Provincial do Zaire a concessão de direitos fundiários nas áreas já demarcadas pelo IGCA para o efeito.

O tipo de direito fundiário a ser requerido seria o *domínio útil civil* (enfiteuse), pois para as áreas onde serão implementados os projectos, nos termos do qual, ao abrigo da alínea b) do artigo 1501.º do Código Civil, conjugado com o artigo 38.º da Lei n.º 9/04, de 9 de Novembro (Lei das Terras), a *Sonangol, E.P.* será autorizada a constituir a favor de terceiros o direito de superfície sobre as áreas que lhe forem concedidas. Se à *Sonangol, E.P.* apenas fosse concedido o direito de superfície, a constituição de outros direitos a favor de terceiros seria de duvidosa legalidade.

A seguir, deveria ser assinado um Contrato de Concessão do direito de superfície entre a *Sonangol, E.P.* e as restantes partes do *Projecto Angola LNG*, no qual deve ficar expresso que a duração do contrato deve corresponder ao período de vida do Projecto e, no fim do período de concessão, a *Sonangol, E.P.*, como empresa pública e concessionária, readquirirá a plenitude dos seus direitos livres de quaisquer ónus e encargos. E mais. Por força do princípio do aproveitamento útil das áreas concedidas, caso se decida pela não realização do Projecto Angola LNG, depois de concedidos os direitos, o concedente pode dar finda a concessão do direito de superfície. Foi esta a solução seguida.

2. **Desafectação de terrenos incluídos no domínio público do Estado**. Sobre as áreas onde será instalado o Projecto Angola LNG e o Parque Industrial poderia verificar-se um conflito positivo de competências entre várias entidades, nomeadamente, entre a Capitania do Porto do Soyo, a autoridade portuária e a administração local (Governo Provincial) quanto à atribuição de direitos fundiários e de ocupação de terrenos.

Em boa verdade, a Portaria n.º 866/74 conferiu o estatuto foral ao Município do Soyo nas suas áreas delimitadas. Por isso, foi necessário considerar o regime de atribuição de direitos fundiários no contexto dos limites do foral, devendo entender-se que a competência para conceder terrenos e autorizar a execução de trabalhos pertence ao Governo Provincial e à administração municipal do Soyo. É certo que o mencionado diploma se refere aos terrenos vagos, hoje incluídos no domínio privado do Estado, nos termos da Lei das Terras. Entretanto, a citada Portaria exclui os bens do domínio público do Estado das competências conferidas às autoridades locais. Ora, em relação às parcelas que se encontram integrados no domínio público do Estado, foi necessário lançar mão do mecanismo de desafectação. No caso das parcelas que integram o domínio público marítimo, talvez após a conquista da terra ao mar, é que poder-se-á falar de direitos fundiários sobre tais parcelas.

Neste sentido, tendo em consideração o artigo 37.º da Lei n.º 3/02, de 25 de Julho (Lei do Ordenamento do Território e Urbanismo), conjugado com os artigos 29.º e 31.º da Lei n.º 9/04, de 9 de Novembro, (Lei de Terras) e ainda, com o artigo 11.º da Lei n.º 9/98, de 18 de Setembro (Lei do Domínio Público Portuário), o Governo aprovou o Decreto n.º 76/07, de 24 de Outubro, sobre a desafectacção de bens e terrenos do domínio público incluindo o portuário e a sua integração no domínio privado do Estado. Por essa via, passou a ser possível a constituição de direitos fundiários. A não ser assim, sobre os terrenos integrados no domínio público não poderiam ser constituídos direitos patrimoniais privados.

3. **Exclusão da jurisdição do Porto do Soyo**. O concurso de competências entre Capitania do Porto do Soyo, a autoridade portuária e a administração local pode levar a conflitos positivos e negativos de competências.

De referir, ainda, a situação de obscuridade e eventualmente até de opacidade legal. Por exemplo, o Decreto n.º 4/01, de 2 de Fevereiro, sobre a orla marítima, que entendemos ter sido revogado pela actual legislação sobre ordenamento do território e fundiário, apresenta uma regulação confusa e de difícil aplicação prática. Com efeito, aquele diploma procurou regular os princípios a observar na elaboração e aprovação dos planos de ordenamento da orla costeira e criou a figura das comissões técnicas com a função de elaborarem os respectivos planos.

Para evitar conflitos de competências e de jurisdição, o Governo, nos termos do n.º 2, do artigo 1.º do Decreto n.º 4/01, de 2 de Junho, admite-se a exclusão de outras áreas territoriais do seu âmbito de aplicação. Por outro, nos termos do artigo 11.º da Lei n.º 9/98, de 18 de Setembro (Lei do Domínio Portuário), as parcelas territoriais sobre as quais devam ser concedidos direitos fundiários para a instalação do Projecto Angola LNG e do Parque Industrial que se encontravam sujeitos a jurisdição de autoridades portuárias, foram excluídas dessas mesma jurisdição.

Estas são, em suma, as questões que se prendem com aspectos fundiários e do ordenamento do território do Projecto Angola LNG.

Pergunta-se, com razão, porque decidimos publicar este trabalho. A resposta é simples. Em primeiro lugar, julgámos ser importante partilhar não só com a comunidade académica mas também com público mais alargado a discussão de um conjunto de reflexões, dados e informações sobre um projecto cuja entrada em funcionamento, estimada para 2012, poderá produzir 5 milhões de toneladas de gás.

Em segundo lugar, pensámos que, ao divulgar o essencial do material por nós elaborado, versando os problemas jurídicos suscitados pelo Projecto Angola LNG, estamos a dar a possibilidade de proceder-se a uma comparação entre as soluções que vieram a ser adoptadas e as propostas equacionadas nos projectos e, deste modo, a contribuir para melhor compreender a atitude final das partes e até do legislador.

Em terceiro e último lugar, porque cumprimos com um dever intelectual: o de dar a conhecer as nossas reflexões e entendimentos, sujeitando-os a um juízo crítico da comunidade científica em especial e do público em geral.

NOTA DOS CO-AUTORES

A legislação citada de forma incompleta nas páginas 77 e 78 deve-se ao facto de no momento da redacção do Parecer, a mesma ainda não tenha sido aprovada, e por conseguinte publicada, existindo em forma do projecto legislativo.

I.

Aspectos Jurídico-Constitucionais
Projecto Angola LNG: Aprovação Legislativa
do Acordo

Consulta

A Consulente celebrou um Memorando de Entendimento (MoU de *Memorandum of Understanding*) com as empresas petrolíferas que integram o Grupo LNG. O MoU destinou-se a definir e aprovar o enquadramento fiscal, a estrutura e forma societária, e o regime legal do Projecto Angola LNG. Para entrar em vigor, o Projecto Angola LNG carece de aprovação normativa, por parte do Estado. A Consulente solicitou o nosso parecer sobre a questão de saber se o Projecto Angola LNG deve ser aprovado por acto legislativo e, em caso afirmativo, quais as consequências jurídicas que resultam da forma de aprovação adoptada.

Em concreto, a consulente solicitou a nossa opinião sobre:

1. Qual o órgão do Estado competente para aprovação do Acordo LNG Angola.
2. Qual o acto legislativo adequado para a referida aprovação, no caso de o Acordo necessitar de ser aprovado por acto legislativo.
3. Quais as consequências jurídicas resultantes da aprovação por Lei ou, em alternativa, por Decreto-Lei autorizado.
4. Em caso de necessidade de aprovação legislativa, qual dos actos legislativos de aprovação melhor defende os interesses do Estado Angolano.

Quid Juris?

Para a análise das questões suscitadas e elaboração deste parecer tivemos acesso a cópia de versões preliminares dos seguintes documentos: Contrato de Investimento Angola LNG; Projecto de Decreto- -Lei que Aprova o Projecto Angola LNG; Memorando de Entendimento sobre Enquadramento Legal, Estrutura Societária, Questões Fiscais e Questões Conexas Relacionadas com o Projecto Angola LNG.

Parecer

A. Introdução

1. Para a resolução das questões colocadas e enunciadas na descrição da consulta começaremos por abordar a regulação constitucional da matéria da competência dos órgãos de soberania e dos actos por cada um praticados, com especial enfoque no *princípio da separação de poderes* e no *princípio da competência* e seus respectivos corolários. Analisaremos o conceito de lei e os seus significados, bem como a competência dos órgãos com poderes legislativos. Ainda em matéria constitucional, estudaremos o enquadramento constitucional dos recursos naturais, especificamente dos recursos petrolíferos.

2. Feito o enquadramento constitucional da matéria em análise, analisaremos o desenvolvimento legal dos princípios constitucionais e passaremos ao estudo concreto sobre o acto de aprovação do Projecto Angola LNG, as suas consequências e adequação na defesa dos interesses do Estado.

B. Enquadramento Constitucional

i. *O princípio da competência*

3. A organização do Estado e dos órgãos do Estado concebida pelas constituições modernas assenta no *princípio da separação e interdependência das funções* dos órgãos de soberania. Este princí-

pio ordenador da organização constitucional tem como corolários a separação dos órgãos de soberania e serve como critério ordenador das funções e tarefas constitucionais do Estado, presidindo à sua distribuição entre os vários órgãos de soberania.

4. O *princípio da competência* é corolário desse princípio de separação e interdependência de funções do Estado. O *princípio da competência* pressupõe a distribuição de competências entre os órgãos para o exercício das tarefas e funções de que foram incumbidos. A aplicação deste princípio implica uma delimitação positiva da competência – atribuição de competências a certo órgão em determinadas matérias – e simultaneamente, uma delimitação negativa correspondente – excluindo certas matérias da competência de determinado órgão –, quer em termos materiais, quer em termos dos tipos de actos.

5. A Constituição da República de Angola prevê a existência de vários órgãos de soberania, que convivem entre si segundo regras pré-estabelecidas, a que a Constituição atribui o exercício de certas funções e determina a respectiva competência. A Constituição é clara ao estabelecer que a competência e o funcionamento dos órgãos de soberania são os definidos – não, necessariamente, de forma taxativa – na própria Lei Constitucional, não deixando margem para situações atípicas.

6. Tendencialmente, a Constituição atribui a cada órgão de soberania uma função distinta, sem prejuízo do funcionamento de mecanismos de controlo e interdependência. Assim, à Assembleia Nacional a Constituição atribui o exercício da função política e legislativa, ficando-lhe vedada a prática de qualquer acto no âmbito de outra função, aos tribunais atribui o exercício da função jurisdicional. O Governo constitui, neste contexto um caso especial, na medida em que a Constituição lhe atribui o exercício da função administrativa e da função legislativa. Assim, a função legislativa é repartida entre estes dois órgãos de soberania – Assembleia Nacional e Governo. De que forma esta repartição é operacionalizada, veremos mais adiante. Para já, importa afirmar que a função legislativa é partilhada, conferindo-se, porém, à Assembleia Nacional o papel de órgão legislativo por excelência. Este quadro organizativo das funções e competências dos órgãos de soberania é matéria de reserva da Constituição, i.e., não pode ser alterado por norma de valor inferior à constitucional.

ii. *A organização das fontes de direito*

7. A organização da pluralidade das fontes de direito observa diversos critérios ordenadores, nomeadamente o *princípio da hierarquia*, que determina a organização vertical das fontes, e também o *princípio da competência*, que determina que diferentes órgãos regulam as matérias para as quais são competentes, através de diferentes actos normativos. Assim, por exemplo, a Assembleia Nacional exerce a competência legislativa através de Leis, enquanto o Governo exerce a competência legislativa através de Decretos-Leis.

8. A estrutura hierárquica do ordenamento jurídico e dos seus elementos integradores reflecte um esforço de organização do sistema de fontes criadoras do Direito, bem como corresponde à criação de mecanismos de segurança e garantia dos cidadãos. Este fenómeno manifesta-se também em graus de reserva de produção normativa como sejam a reserva de Constituição, a reserva de convenção internacional; a reserva de regimento, a reserva de Lei, etc..

9. A reserva dos actos normativos pode ser absoluta ou relativa. Será absoluta quando é afastada a possibilidade de interferência de outros actos sobre a matéria. Será reserva relativa quando se admite a existência de outros actos a título subordinado.

ii. *A lei enquanto fonte de direito*

10. A lei, no contexto da teoria da Constituição, assume um conteúdo polissémico de grande importância para a questão que nos ocupa. Em termos gerais, a lei revela-se uma norma geral e abstracta emanada de um órgão competente destinada a vincular todos os seus destinatários.

11. A forma de lei reflecte-se na eficácia específica de um acto em confronto com outros actos e está ligada à distribuição de competência e às opções de natureza político-constitucional do legislador constituinte em função das matérias. A lei regula positiva ou negativamente, originária ou supervenientemente, sobre qualquer matéria no âmbito dos preceitos constitucionais e dos critérios do legislador, projectando-se sobre outros actos, quer sejam eles de diferente natu-

Aspectos Jurídico-Constitucionais 29

reza ou não. A lei é, por excelência, a forma usada para a ordenação da vida social.

12. A lei é o acto normativo próprio da função legislativa, que, nos termos da Constituição, está atribuída à Assembleia Nacional e ao Governo[8]. A lei em sentido material abrange tanto as Leis da Assembleia Nacional como os Decretos-Lei do Governo, no entanto a designação Lei está normalmente reservada aos actos legislativos da Assembleia Nacional – lei em sentido formal.

13. Sendo o acto próprio do exercício da função legislativa de acordo com a Constituição, e caracterizando-se pela generalidade e abstracção, a lei não é o acto adequado para o exercício da função administrativa, ou seja para a regulação da situação concreta e individual dos particulares. No entanto a doutrina tem admitido, não sem críticas, a existência de *leis-medida* ou *leis de escopo*, que nascem de situações de necessidade e são orientadas para uma finalidade concreta.

14. A Assembleia Nacional é, nos termos da Constituição, o órgão legislativo por excelência, ao qual a Constituição reserva uma vasta área de reserva[9] e ao qual concede poderes de apreciação parlamentar dos Decretos-Leis aprovados em Conselho de Ministros[10], em matérias que não sejam da competência exclusiva deste. Aos actos legislativos da Assembleia Nacional é concedida, em certas matérias, uma proeminência face aos demais, são os casos das Leis de autorização e das Leis orgânicas.

15. O Governo também exerce a função legislativa, sendo-lhe atribuída pela Constituição a competência de legislar sobre a composição, organização e funcionamento do próprio Governo (matéria de reserva exclusiva) e de legislar em matéria de reserva legislativa da Assembleia Nacional[11], quando lhe seja concedida autorização legislativa, e nos termos desta. Sem entrar em grandes querelas doutrinárias, e tal como já foi defendido por um dos signatários do presente parecer, para além da competência legislativa absoluta do Governo [art. 111.º, n.º 1, al. a) e n.º 2)] e da competência legislativa

---

[8] Cfr. artigos 89.º, 90.º e 111.º da Constituição.
[9] Cfr. artigo 89.º e 90.º da Constituição.
[10] Cfr. artigo 94.º da Constituição.
[11] Cfr. artigo 111.º da Constituição.

ao abrigo de autorização legislativa por parte da Assembleia Nacional nas matérias sujeitas a reserva relativa desta, a Constituição poderia ainda atribuir ao Governo competência legislativa originária/própria naquilo que a doutrina denominou designar por área concorrencial, isto é, em todas as matérias não previstas na reserva relativa e absoluta de competência. Nestes casos, o Governo legislaria de modo concorrencial com a Assembleia Nacional, não carecendo tal legislação de autorização legislativa por parte desta. Tal aconteceria, em síntese, por três principais ordens de razão.

Primo, porque normativamente não é possível ao legislador constituinte, ainda que este seja herculeo, prever todas as matérias juridicamente relevantes e, a partir daí, estabelecer um recorte taxativo distribuindo-as em reserva relativa ou absoluta de competência. Ao invés, o legislador constituinte definiria as matérias insusceptíveis de serem legisladas fora do âmbito parlamentar e aquelas sujeitas a uma reserva a título relativo. Todas as demais matérias, salvo aquelas que são da competência legislativa absoluta do Governo estariam sujeitas à concorrência ("saudável") legislativa.

Secundo, nos tempos modernos em que mudanças vertiginosas ocorrem a cada minuto que passa não se compreenderia que o legislador constituinte atasse as mãos do órgão executivo por excelência ao qual cabe dar respostas a estas mudanças diárias.

Tertio, bem se compreenderia que, a par da competência para aprovar determinados tratados internacionais com incidência na ordem jurídica interna, ao Governo fosse atribuída uma área de competência legislativa interna própria.

16. Ao exercício da função legislativa pelo Governo – nas vertentes acima assinaladas – corresponde a aprovação de Decretos-Leis. Torna-se visível o que afirmamos supra quanto ao princípio da competência. Este é um exemplo ilustrativo da afirmação do Prof. Gomes Canotilho no seu «Direito Constitucional e Teoria da Constituição» de que *existem formas para as funções e funções para as formas*.

17. As faculdades de produção legislativa são apenas as que constam das normas constitucionais. Em consequência, cada órgão apenas pode exercer as competências que lhe são especificamente cometidas e não qualquer outra, bem como não pode exercer outras competências que estejam atribuídas a outros órgãos legislativos.

Aspectos Jurídico-Constitucionais

18. A circunstância de dois órgãos de soberania estarem incumbidos do exercício da função legislativa determina uma distinção positiva entre actos legislativos consubstanciada nas designações Lei (da Assembleia Nacional) e Decreto-Lei (do Governo). Não obstante, tanto a Lei como o Decreto-Lei têm igual força jurídica, sem prejuízo da proeminência da Lei quando se trate de Lei de autorização legislativa.

iv. *As autorizações legislativas*

19. A possibilidade de a Assembleia Nacional conceder autorizações legislativas em matéria da sua reserva relativa de competência legislativa permite o alargamento da competência legislativa do Governo, correspondente ao que a doutrina costuma designar por *competência legislativa derivada*.

20. De um ponto de vista histórico, a figura das autorizações legislativas representa a superação do dogma oitocentista do exclusivo da competência legislativa do Parlamento. Embora mais consentâneo com o *princípio da representação política*, este exclusivo (em termos puros) dificilmente se compatibiliza com as necessidades de criação legislativa dos tempos actuais. Na verdade, um pouco por todo o mundo assiste-se à governamentalização da função legislativa, o que – até certo ponto – permite uma maior flexibilidade e agilidade na criação normativa necessária à ordenação normativa da vida em sociedade. Por essa razão e com fundamento da legitimidade democrática dos Governos se concede que exerçam a função legislativa com o controlo dos órgãos parlamentares. Assim se ganha em simplificação de procedimentos e em celeridade do processo legislativo.

21. O mecanismo da autorização legislativa, previsto exclusivamente para matérias de reserva relativa da Assembleia Nacional[12] permite, por um lado, aliviar aquele órgão de parte da carga de criação legislativa, e, por outro, manter o essencial das regras do Estado de Direito. Assim será, na medida em que este mecanismo

---

[12] Cfr. artigos 90.º e 91.º da Constituição.

constitucional apenas tenha aplicação em domínios circunscritos da reserva relativa da competência legislativa da Assembleia Nacional e porque está sujeito a um enquadramento constitucional limitativo e rigoroso, que vincula tanto o Parlamento, que concede a autorização, como o Governo, que só pode legislar sobre certas matérias enquadrado pela autorização legislativa que lhe é concedida.

22. A autorização legislativa não determina uma transferência ou alienação de poderes constitucionais. Através da autorização a Assembleia Nacional não cede a competência legislativa que lhe foi atribuída por via constitucional, nem tão pouco renuncia ao seu exercício. O mecanismo de autorização legislativa tem apenas o efeito de chamar o Governo a legislar em matérias, para as quais o Governo não tem competência originária.

23. A autorização legislativa não constitui uma imposição ao Governo para legislar. Por via da autorização legislativa concedida o Governo recebe o poder de legislar, que exercerá quando entender (podendo não o usar) com a liberdade que caracteriza a função legislativa, mas enquadrado pelos parâmetros temporais e materiais da autorização.

24. Ao legislar no uso de uma autorização legislativa, o Governo exerce uma competência sua, que lhe foi atribuída pela Assembleia Nacional com autorização constitucional. Trata-se, todavia, de um poder condicionado (aos temos da autorização), derivado (da competência reservada do Parlamento) e mediato (atribuído por outro órgão de soberania).

25. As autorizações legislativas estão subordinadas à obediência a limites substanciais, limites formais, limites subjectivos e limites temporais estabelecidos pela Constituição, que condicionam o exercício do poder legislativo concedido[13].

26. Mais uma vez, o *princípio da competência* se revela como ordenador das relações entre os órgãos de soberania. Apenas poderão existir autorizações legislativas nos termos das relações interorgânicas estabelecidas na Constituição, i.e., só é constitucionalmente admissível a autorização legislativa da Assembleia Nacional para o Governo (e não para qualquer outro órgão ou entre quaisquer outros

---

[13] Cfr. artigo 91.º da Constituição.

órgãos). Em termos formais, a autorização legislativa só pode ser concedida por acto formal da Assembleia Nacional (sob a forma de resolução)[14] – e o uso da autorização concedida só pode ser efectivado por Decreto-Lei[15] – acto legislativo do Governo.

27. Se o acto de autorização legislativa não observar os limites constitucionais será inconstitucional, assim como o Decreto-Lei autorizado. Se o Decreto-Lei autorizado *exceder* a autorização quanto ao objecto ou quanto ao tempo, será organicamente inconstitucional, na medida em que será como se o Governo estivesse a legislar fora da sua competência. Se o Decreto-Lei autorizado *não observar* os limites formais da autorização, será formalmente inconstitucional. Se o Decreto-Lei autorizado *contradisser ou exceder* a autorização será ilegal.

C. O Domínio Público dos Recursos Naturais

v. *A qualificação constitucional*

28. Nos termos da Constituição, *todos os recursos naturais* existentes no território terrestre ou marítimo angolano (no solo e subsolo, nas águas internas, no mar territorial e na plataforma continental) e na respectiva zona económica exclusiva *são propriedade do Estado*[16]. Quer isto dizer que os recursos naturais, neles se incluindo os jazigos petrolíferos, onde estão depositados o petróleo e o gás natural – enquanto recursos que se encontram no subsolo – fazem parte do acervo de bens pertencentes ao Estado angolano.

29. Efectivamente, e para o que releva neste estudo, o LNG (ou melhor, em português, o GNL – Gás Natural Liquefeito) é, como o nome indica, gás natural[17] por efeito de um processo de condensação a – 160° C. Este processo permite reduzir em cerca de 600 vezes o volume do gás – quando comparado com o seu volume em estado

---

[14] Cfr. artigo 91.° e 92.°, n.° 6 Constituição.
[15] Cfr. artigo 111.° da Constituição.
[16] Cfr. artigo 12.°, n.° 1 da Constituição.
[17] Cfr. artigo 2.°, n.° 10 da Lei das Actividades Petrolíferas.

34   *A Regulação do Gás Natural em Angola*

gasoso – e visa, essencialmente, facilitar o seu transporte por navio ou o seu armazenamento. A ulterior utilização do LNG é conseguida após um processo de revaporização do gás natural.

30. No mesmo artigo que estabelece a propriedade estatal do gás natural, a Constituição atribui ao Estado a competência exclusiva para determinar as condições do seu aproveitamento, utilização e exploração[18]. Esta norma constitucional impõe dois efeitos jurídicos que vinculam o Estado: por um lado, atribui aos órgãos do Estado titulares do poder legislativo a competência para determinarem o regime jurídico da utilização daqueles bens; por outro lado, determina que estes bens estão incluídos no domínio público do Estado, ficando, por isso, sujeitos a um regime especial de disponibilidade. Ou seja, esses bens ficam fora do comércio jurídico, i.e., não podem ser objecto de relações jurídico-privadas gerais ou comuns, tal como previstas na lei civil, e a sua utilização deve ser prevista em regime de direito público próprio.

31. Assim, a norma constitucional procede a três delimitações importantes: i) a atribuição da propriedade dos recursos naturais ao Estado; ii) a atribuição de competência legislativa ao Estado neste domínio; e iii) submete estes recursos a um regime de domínio público. Analisemos cada uma dessas delimitações.

32. O que quererá a norma dizer ao cometer ao Estado o poder-dever de determinar o regime de aproveitamento, utilização e exploração dos recursos naturais? Em primeiro lugar, uma vez que se trata da necessidade da elaboração de um sistema de normas geral e abstratamente vinculativas relativas ao modo como esses bens podem ser utilizados pela generalidade das pessoas e pelo próprio Estado, enquanto proprietário, a referência ao Estado remete para um dos órgãos de soberania com competência legislativa.

33. Nos termos da Constituição, compete exclusivamente à Assembleia Nacional definir, através de Lei, *as bases de concessão de exploração dos recursos naturais*[19]. Ou seja, pela atribuição desta competência exclusiva, a Constituição optou por um *princípio de reserva absoluta de Lei das bases de concessões de direitos mineiros.*

---

[18] Cfr. artigo 12.º, n.º 1 da Constituição.
[19] Cfr. artigo 89.º, alínea m) da Constituição.

Significa isto que compete em exclusivo à Assembleia a definição do regime legislativo *primário*, estabelecendo os parâmetros (i.e., princípios e critérios gerais) materiais, orgânicos e formais, para que o Governo posteriormente os concretize, num nível *secundário*, sujeito, no entanto, àquele regime legal primário. Desta reserva de Lei para a definição *de bases* resulta que o desenvolvimento do regime legal não pode ser contrariar aquelas *bases*.

34. Concluindo, só a Assembleia pode determinar o *regime legal base* para concessões de direitos sobre recursos naturais, onde se incluem o petróleo e o gás. Como corolário, o Governo não pode ser autorizado a legislar sobre matérias relativas às *bases* próprias da concessão de direitos mineiros. Entenda-se que o sentido da norma proíbe que, por qualquer via, seja ela legislativa ou administrativa, o Governo possa derrogar, revogar ou de alguma forma substituir o regime legal *de base* estabelecido pela Assembleia Nacional.

vi. *O regime legal dos jazigos petrolíferos*

35. Foi precisamente no uso da competência de definição do regime base das concessões de direitos mineiros que a Assembleia Nacional aprovou, a Lei das Actividades Petrolíferas (LAP)[20] actualmente vigente. Dando cumprimento ao comando constitucional, a Assembleia Nacional aprovou, através da LAP, o regime jurídico-legal base do acesso e exercício de operações petrolíferas no território angolano e na sua respectiva zona económica exclusiva, concretizando, e consagrando expressamente, por essa via, o princípio do domínio público desses bens[21].

36. Nos termos da definição da LAP, o gás natural é abrangido pelo objecto da sua regulação; i.e., as actividades petrolíferas que tenham por objecto o gás natural[22], em qualquer estado que se encontre, estão sujeitas ao regime legal da LAP.

37. Das duas qualificações constitucionais – da *propriedade pública* e do *domínio público dos recursos petrolíferos* – resultam

---

[20] Lei n.º 10/04, de 12 de Dezembro, de 2004.
[21] Cfr. artigo 3.º da LAP.
[22] Cf. artigo 2.º, ponto 10 da LAP.

alguns corolários fundamentais. O primeiro corolário, como dissemos, é o da reserva de Lei, i.e., o exercício das actividades petrolíferas – para usar a terminologia legal – só pode ser regulado nos termos constantes de uma Lei da Assembleia Nacional. O Governo pode, no entanto, – e disso faremos prova adiante – *desenvolver* o regime legal base preexistente.

38. O outro corolário que importa mencionar é que nenhuma actividade petrolífera pode ser praticada fora do âmbito de previsão legal aprovado na LAP. Neste caso, e estando em vigor uma Lei (da Assembleia Nacional) reguladora desta matéria, podemos com segurança afirmar que estão fixadas as *bases*, i.e., o enquadramento legal primário, constituído pelas regras mínimas que o Estado deve obedecer, no exercício de competências regulamentares – no desenvolvimento do regime legal – e administrativas no âmbito das actividades petrolíferas. Daqui, como se verá, não resulta que o Governo esteja liminarmente vedado de exercer a função legislativa neste domínio.

39. Um terceiro corolário igualmente importante é o da incompletude do regime. A Constituição exige que o Estado legisle sobre as condições do aproveitamento, utilização e exploração, explicitando mais adiante, que se trata de definir as bases de exploração dos recursos petrolíferos, mas não impõe, como é natural num regime de bases de enquadramento, que tal regime seja um regime completo e detalhado. No fundo, trata-se de atribuir à Assembleia Nacional o poder de definir o quadro legal mínimo para que as actividades petrolíferas possam ser desenvolvidas. A concretização desse quadro legal ficará no âmbito de competência do Governo, ou da própria Assembleia. No entanto, por se tratar de uma matéria eminentemente técnica, que no entanto não deixa de ser de essencial interesse público, a Constituição basta-se com a intervenção da Assembleia Nacional na definição desse quadro legal mínimo, que é exclusiva da Assembleia, podendo – e devendo – a sua concretização e desenvolvimento ficar a cargo do Governo.

40. Consequentemente, a própria LAP delimita o respectivo âmbito material e não tem intenção de regular todos os aspectos das operações petrolíferas[23]. Por outro lado, a LAP admite a necessidade

---

[23] Cfr. artigo 1.º da LAP.

da sua regulamentação por acto posterior do Governo[24]; o que significa que não há uma regulação exaustiva da actividade petrolífera no âmbito da lei. Nesse universo de matérias que a LAP não regula, e para além da remissão de certas matérias para regimes específicos[25], não se vislumbram na LAP os regimes aduaneiro, cambial e fiscal especiais aplicáveis a estas operações[26], bem como um regime que contemple as especialidades do gás natural no desenvolvimento de operações de pesquisa e prospecção e os processos complementares de processamento (tendentes à sua liquidificação). O que está em causa no Projecto Angola LNG é tão-só desenvolver os aspectos da LAP relacionados com as especialidades do gás natural que, pela sua natureza, não se encontra actualmente desenvolvidos. O Governo poderá fazê-lo sem violar o texto e o espírito da Constituição se e na medida em que não alargue ou complete mas tão-só desenvolva o regime geral da LAP.

41. A LAP, entre outros aspectos relacionados com as operações petrolíferas, disciplina a competência orgânica e formal, i.e., indica o(s) órgão(s) competente(s) para a prática de actos relativos ao acesso e exercício das operações petrolíferas. Por um lado, os direitos mineiros (i.e., o conjunto de direitos que a Concessionária nacional pode exercer sobre o petróleo e o gás natural) são atribuídos pelo Governo, através de *concessão*, operada por meio de decreto de concessão[27]. Por outro lado, as actividades de prospecção são autorizadas pelo ministro da tutela, através de decreto executivo[28].

42. Juridicamente, a concessão consiste num contrato administrativo ou, ao invés, num acto administrativo por intermédio do qual o Estado, através do Governo, encarrega a Concessionária nacional do exercício de direitos mineiros, i.e., do desempenho de uma actividade incluída nas competências do próprio Estado. O decreto de concessão é publicado no *Diário da República*[29], e deve conter, entre

---

[24] Cfr. artigo 95.º da LAP.
[25] Cfr. artigo 1.º, n.º 2 da LAP.
[26] V. Lei da Tributação das Actividades Petrolíferas (Lei n.º 13/04 de 24 de Dezembro).
[27] Cfr. artigos 2.º, pontos 8 e 10, 4.º, n.º 2, 8.º n.º 2 e 44.º, n°s 1 e 2.
[28] Cfr. artigos 2.º, ponto 14, 8.º, n.º 1 e 33.º.
[29] Cfr. artigo 44.º, n.º 1.

outros aspectos, a aprovação do contrato, *in casu*, o Projecto Angola LNG[30].

43. A doutrina não é unânime quanto à qualificação jurídica do instituto da concessão, havendo quem a qualifique como acto (unilateral) administrativo e outros como contrato (acto bilateral) administrativo, e ainda uma terceira corrente que o qualifica como acto complexo misto regulamentar e contratual. Sem entrarmos na querela doutrinária, sempre se dirá que face ao direito positivo angolano (referimo-nos concretamente ao caso das concessões de direitos mineiros previstos na LAP), a concessão afigura-se mais como contrato administrativo do que como acto administrativo. Trata-se de um contrato administrativo *por determinação da lei* (e não pela sua natureza jurídica, que como vimos tanto pode apontar para a figura do contrato como para a do acto administrativo) – artigo 120.º do Decreto n.º 16-A/95, de 15 de Dezembro.

44. Já quanto às actividades de pesquisa, que contemplam a prospecção, a LAP estipula que estas actividades estão sujeitas a uma *licença* atribuída pelo *ministro da tutela*, através de decreto executivo[31]. A licença consiste num acto administrativo através do qual o Estado outorga a uma pessoa jurídica a utilização temporária de bens do domínio público em proveito dessa pessoa. Nos termos da LAP, a licença deve definir o prazo da sua duração.

45. Concluímos, por isso, que a concessão de direitos mineiros traduz o exercício da função executiva, ou melhor administrativa do Estado, exercida pelo Governo. O que nos leva a considerar que, perante este regime positivo, o Governo é o órgão a que, nos termos legais, está incumbido do exercício das competências administrativas do Estado no âmbito das operações petrolíferas. Em certa medida, poder-se-á extrapolar e afirmar, em tese, que, por via desta *vocação administrativa na área das operações petrolíferas*, o Governo poderá estar melhor colocado que a Assembleia Nacional para, com um maior capacidade técnica e de forma mais célere, perceber as necessidades legislativas do sector. Porém, estando em causa alargar ou completar o regime base/geral já existente, o Governo apenas poderá

---

[30] Cfr. artigo 49.º, n.º 1, alínea c).

[31] Cfr. artigo 2.º, n.º 14, artigo 8.º, n.º 1 e artigo 33.º.

Aspectos Jurídico-Constitucionais 39

exercer o seu *poder de iniciativa legislativa* perante a Assembleia Nacional, propondo os regimes legais que julgar convenientes para completar as bases estabelecidas pela LAP[32] e esta aprovar o respectivo enquadramento jurídico necessário para garantir os interesses do Estado no âmbito do Projecto Angola LNG, dentro dos condicionalismos das competências constitucionais. O Governo apenas pode ter uma *intervenção legislativa mais intensa* se e quando estiver em causa o simples desenvolvimento do regime geral já existente.

46. Note-se ainda que será do interesse do Estado optar por um processo expedito e tecnicamente coerente com a protecção jurídica de todas as partes envolvidas no projecto. Por isso, a própria LAP autoriza o Governo a regulamentar, i.e., a aprovar, por normas regulamentares gerais e abstractas, a disciplina legal das operações petrolíferas aprovada pela LAP[33].

D. O Instrumento de aprovação do Projecto Angola LNG

vi. *A adequação do instrumento de aprovação*

47. A Consulente questiona-nos sobre qual o instrumento legislativo – a Lei ou o Decreto-Lei autorizado – é o mais adequado para aprovar o Projecto Angola LNG e, concomitantemente, legislar sobre outros aspectos eventualmente não cobertos pela LAP e que sejam aplicáveis ao Projecto Angola LNG. Como dissemos em cima, em determinadas matérias de índole mais especializada e com prévia cobertura legal, o acto legislativo não está vocacionado para aprovar o contrato, devendo o mesmo ser aprovado por Decreto do Governo, nos termos previstos na LAP.

48. Isto não é assim em todos os países. O estudo de Direito comparado levou-nos a conhecer a experiência do Azerbeijão. Neste Estado, os próprios contratos petrolíferos são aprovados por acto legislativo do Parlamento. Esta solução justifica-se, em concreto,

---

[32] Cfr. artigo 110.º, alínea d) da Constituição.
[33] Cfr. artigo 90.º da Constituição.

porque: por um lado, esta prática baseia-se na inexistência, pelo menos até 2003, de uma lei reguladora da actividade petrolífera naquele Estado; e por outro lado, o Governo não goza de competências legislativas próprias nem autorizadas. Note-se que, mesmo nestas circunstâncias, esta prática não tem deixado de causar perplexidades, críticas e dificuldades interpretativas perante o quadro constitucional vigente naquele país. Como se viu em cima, este não é o quadro legislativo e constitucional angolano: em Angola há uma definição constitucional e legal dos âmbitos de intervenção da Assembleia Nacional e do Governo. Nesse quadro institucional, à Assembleia é reservada uma intervenção na definição do quadro legislativo primário; e ao Governo compete a concretização desse quadro e o exercício de funções administrativas nesta matéria, nomeadamente a aprovação do contrato e da concessão.

49. Em Angola, a necessidade de aprovar os aspectos dos regimes administrativo, aduaneiro, cambial, fiscal e outros a estes complementares ou conexos não cobertos pela LAP justificam a aprovação de um acto legislativo para este efeito. Portanto, em rigor, temos de distinguir dois tipos de aprovação necessários para este projecto: por um lado, a *aprovação do contrato*, que é um acto de natureza administrativa, deverá seguir a forma de decreto de concessão[34]. Por outro lado, a *aprovação de um regime legal adequado para o Projecto LNG*, que poderá ser definido por lei – Lei ou Decreto-Lei autorizado –, nos termos constitucionais. No que concerne à aprovação de um regime legal adequado, a opção por outro instrumento legislativo passará pelo recorte das matérias de competência legislativa da Assembleia Nacional que podem ser objecto de autorização legislativa ao Governo.

50. Só onde houver reserva de competência legislativa *relativa*, se colocará essa hipótese de opção. Ou seja, quando o instrumento se destine a aprovar matérias não incluídas na LAP, mas que seja matéria de competências de reserva relativa da Assembleia Nacional, o Governo poderá ser autorizado a definir, por Decreto-lei, o enquadramento legal aplicável. Neste caso estarão, nomeadamente as matérias de natureza fiscal[35] e aduaneiras, como seu sub-tipo.

---

[34] Cfr. artigo 8.º, n.º 2 da LAP.
[35] Cfr. artigo 90.º, alínea f) da Constituição.

51. Em contrapartida, temos dúvidas que o Governo possa ser autorizado a legislar em matérias não contempladas na reserva relativa da Assembleia Nacional, nomeadamente, quanto ao regime cambial, tendo em atenção o teor do disposto na Constituição: compete a Assembleia Nacional legislar com reserva absoluta de competência sobre o sistema monetário[36]. Aqui, uma vez mais, a solução está na qualificação jurídica do comportamento ou da vontade do Governo. Qualquer iniciativa do Governo que vá para além do poder de iniciativa legislativa só é admissível tratando-se de desenvolver – e não alargar ou completar – o regime base/geral previamente definido pela Assembleia Nacional na LAP.

52. Nas matérias onde se possa optar pela autorização legislativa, essa decisão será tomada tendo em pano de fundo aspectos de ordem política e técnica. De modo a apresentar índices que possibilitem a opção por uma ou outra solução, a nossa proposta de análise seguirá o seguinte caminho de exposição:

a) análise processual comparada;
b) natureza do acto a aprovar;
c) consequências jurídicas da aprovação legislativa; e
d) solução a adoptar.

Detenhamo-nos em cada um destes grupos. Note-se que este raciocínio apenas se pode aplicar às matérias de reserva *relativa* da Assembleia Nacional, para as quais esta tem autorização constitucional para chamar o Governo a legislar.

vii. *Análise processual comparada*

53. A análise processual comparada resulta da análise dos procedimentos de aprovação legislativa da Assembleia e do Governo. Não entrando nos detalhes do procedimento constitucionalmente gizado para a aprovação de Leis e de Decretos-leis autorizados, sempre diremos o seguinte:

---

[36] Cfr. artigo 89.º, alínea k) da Constituição.

a) O processo de aprovação de Leis é mais complexo e moroso que o de aprovação de um Decreto-Lei. A negociação de uma Lei – com a complexidade que encerra o Projecto Angola LNG – é um processo dispendioso e eivado de dificuldades técnicas e de negociação administrativa, comercial e política, na medida em que exige a concordância de um maior número de intervenientes: a aprovação final por uma maioria de deputados presentes[37]. Não obstante, este processo apresenta a vantagem política da intervenção do órgão legislativo natural e superior do Estado, o que pode conferir maior grau de confiança, transparência e – um certo grau de – estabilidade ao processo. Mas não se sobrevalorize este último aspecto, como se verá mais adiante.

b) A aprovação de um Decreto-Lei autorizado é um processo mais expedito, cujos custos de transacção negocial são relativamente mais baixos que a aprovação de uma Lei. Para além disso, o processo apresenta a vantagem de permitir a conformação e fiscalização parlamentar à adequação material do Decreto-Lei autorizado: por um lado, a autorização do parlamento fixará o âmbito, o sentido, a extensão e a duração da autorização[38]; e por outro lado, o parlamento pode apreciar – alterando, se for o caso disso – o Decreto-Lei autorizado[39]. Assim, a este processo deve somar-se as vantagens e desvantagens de um processo prévio de aprovação de uma Lei de autorização legislativa, que, ainda assim, pode ser mais célere que a aprovação do regime do Projecto Angola LNG por uma Lei. A aprovação de uma simples lei (*rectius*: resolução) de autorização, embora possa enfermar das dificuldades naturais de aprovação de Leis, apresenta o condão de, por um lado, não ser sujeita a grande dispêndio de tempo e custos de negociação política, uma vez que o Governo está naturalmente mais vocacionado que a Assembleia Nacional para lidar com estas matérias. Por outro lado, permite que os deputados fiscalizem *a posteriori* o Decreto-lei aprovado sob autorização.

---

[37] Cfr. artigo 97.º da Constituição.
[38] Cfr. artigo 91.º, n.º 2 da Constituição.
[39] Cfr. artigo 94.º da Constituição.

Aspectos Jurídico-Constitucionais 43

54. Desta breve análise do essencial dos dois processos, verifica-se que a opção está na equação das perdas e/ou ganhos quanto ao tempo e complexidade negocial nos processos de aprovação.

viii. *A natureza jurídica do MoU*

55. O MoU é um contrato, de natureza privada, que regula as relações jurídicas entre as partes contratantes, a Concessionária e o Grupo LNG. Todavia, o MoU está submetido a regras específicas de direito administrativo, uma vez que ficará subordinado à concessão. Do MoU consta uma complexa e completa regulação – tanto quando é actualmente previsível pelas partes – da disciplina contratual do Projecto, incluindo normas de natureza aduaneira, cambial, contabilística e fiscal.

56. O MoU é um contrato celebrado por uma empresa estatal – a Concessionária estatal[40] – que deve ser aprovado pelo Governo, através do acto de concessão[41]. Como empresa estatal, a Concessionária estatal encontra-se sob a tutela e supervisão do Governo[42]. Dentro do enquadramento das bases de concessão de direitos mineiros definidos na LAP pela Assembleia Nacional, no uso da sua reserva absoluta de competência legislativa[43], o Governo é o órgão incumbido para exercer – quer colectivamente, quer através do ministro da tutela – as funções de tutela e supervisão das actividades petrolíferas sobre os recursos petrolíferos angolanos, podendo exercer poderes de tutela, supervisão e definição de normas técnicas[44].

57. Se fosse a Assembleia Nacional a aprovar o MoU, esta ganharia legitimidade para, eventualmente, intervir na "vida quotidiana" da execução do contrato, exercendo por essa via uma competência materialmente administrativa, ao arrepio do enquadramento constitucional[45] e legal[46], que atribui ao Governo essas competências.

---

[40] Cfr. artigo 4.º, n.º 1 da LAP.
[41] Cfr. artigo 49.º da LAP.
[42] Cfr. artigo 76.º da LAP.
[43] Cfr. artigo 89.º, alínea m) da Constituição.
[44] Cfr. artigo 87.º.
[45] Cfr. artigo 112.º da Constituição.
[46] Cfr. regime da LAP.

44 *A Regulação do Gás Natural em Angola*

58. Se o MoU contiver normas de natureza legal, como as que acima apontamos, fica por responder a questão da competência constitucional para as aprovar. A esta questão responderemos mais adiante. Por ora, diremos que a natureza contratual da relação subjacente à concessão reclama uma intervenção do Governo, enquanto órgão administrativo, em vez da intervenção da Assembleia Nacional, enquanto órgão legislativo.

vix. *Consequências jurídicas da aprovação legislativa*

59. A eventual *aprovação* do Projecto Angola LNG por *acto legislativo* não está isenta de consequências jurídicas importantes, mas essas consequências são, usualmente, negligenciadas pelo órgão competente, bem como pelas partes do contrato. Desde logo, essa aprovação não pode ser feita por Decreto-lei e o Governo só pode aprovar o contrato nos termos da LAP. Por outro lado, a aprovação por essa forma também poderia ser inconstitucional, na medida em que a Assembleia Nacional não pode autorizar o Governo para fazê--lo, pois esta matéria não consta das matérias de reserva relativa[47]. Resta-nos apurar quais as consequências de uma aprovação por Lei.

60. Ao pretender-se aprovar o Projecto Angola LNG – que em si tem natureza contratual – através de Lei, equivale a operar uma transformação da natureza jurídica do contrato, transformando-o em Lei e conferindo-lhe as garantias de segurança e certeza jurídica de que gozam as normas e actos com força de lei. A experiência do Azerbeijão permitiu à doutrina identificar vários problemas que são importantes equacionar à luz do ordenamento jurídico angolano. Vejamos algumas das consequências dessa eventual aprovação por via legislativa.

a) As Leis devem ser obrigatoriamente publicadas no *Diário da República*[48], para vincularem os seus destinatários. Ao ser aprovado por Lei, o próprio texto do MoU teria de ser igualmente

---

[47] Cfr. as diversas alíneas do Artigo 90.º da Constituição.
[48] Artigos 3.º, n.º 1, alíneas b) e d) da Lei n.º 8/93, de 30 de Julho.

publicado, uma vez que deverá fazer parte integrante – como anexo, se for seguida a técnica tradicional – do respectivo acto normativo de aprovação.

b) Gozando do estatuto de Lei, o MoU ficaria sujeito a todas as vicissitudes dos actos legislativos, *maxime*, a sujeição a alterações e revogações expressas, tácitas ou implícitas por parte de outra lei que resulte do exercício da função legislativa e soberana do Estado. Nessa eventualidade, o MoU ficará sujeito às regras de começo e cessação de vigência das leis, nomeadamente pela entrada em vigor de outra Lei (especial ou não) que com ela seja, no todo ou em parte, incompatível. Não se pense também que seria permitido às partes renovarem o período de concessão, isto é, de vigência da Lei, ou melhor, do MoU, por mera vontade escrita das partes do contrato, mesmo com a concordância de decreto do Governo, salvo se a Lei de aprovação, mantendo-se em vigor, disser que o contrato pode ele mesmo ser renovado nesses termos e não a Lei que o aprova. Neste caso, tratar-se-ia de uma condição introduzida pela própria lei; condição essa, que não deixa de levantar dúvidas de conformidade com a Constituição, tendo em conta a aplicação do princípio da competência consagrado pela Constituição. Dependendo dos termos que forem utilizados no diploma de aprovação, outras dificuldades poderão ser equacionadas. Nomeadamente, a articulação dessa lei com a LAP, por um lado; e entre essa lei e outras leis posteriores. O problema coloca-se, justamente, porque dependendo dos termos em que esses actos forem aprovados, a aprovação poderá proceder a revogações mútuas, ou criar um regime de especialidade ou de excepção entre as mesmas, o que levanta difíceis problemas de interpretação de sucessão de actos legislativos no tempo.

c) Aquela aprovação por lei gera a sujeição do MoU à apreciação da sua inconstitucionalidade, nos termos previstos na Constituição[49];

---

[49] Cfr. artigos 134.º, alínea a), 153.º, n.º 1, 154.º e 155.º da Constituição.

d) É duvidoso que o poder legislativo possa criar uma nova categoria de actos normativos, ou conferir força de lei a actos não normativos, em violação da reserva de Constituição quanto a criação das formas de criação normativa por parte do Estado, mesmo na ausência de uma norma expressa na Constituição com um teor nesse sentido.

e) Doutro prisma, a violação do conteúdo – pretensamente contratual – do MoU pode, afinal, vir a ser considerado uma violação de lei e não de um contrato, pelo que se tornariam inaplicáveis os mecanismos contratuais previstos no MoU, que, entretanto, teria perdido a natureza de contrato. Sendo uma violação da Lei, os problemas que se levantam seriam de índole constitucional, com todas as consequências que isso implica ao nível jurisdicional e político. Aliás, não é claro, a nosso ver, que o MoU se mantenha – paralelamente – com a natureza contratual; além de tal situação levantar complicados problemas de qualificação jurídica.

f) Como lei, o MoU não poderá ser regulado por lei estrangeira: se é lei, aprovada nos termos da Constituição, é para valer como lei angolana. Com efeito, a faculdade das partes nomearem uma lei estrangeira para regular as suas relações contratuais é uma faculdade de natureza civil e não se aplica às leis, por respeito ao princípio da soberania. Não se vê como é que a lei angolana podia fazer aplicar uma lei estrangeira por mero acto legislativo, sem que essa lei faça parte do sistema jurídico angolano e sem qualquer autorização constitucional para o efeito. Parece-nos que para valer como lei interna, i.e., para que a lei angolana a possa tornar aplicável em Angola, a lei estrangeira teria de ser sujeita ao processo materialmente constitucional de recepção de normas estrangeiras. Aliás, mesmo se assim se admitisse, essa lei estrangeira também não seria aplicável porque seria afastada pelas normas de ordem pública[50] definidas na Constituição e na LAP para esta matéria: domínio público, reserva de lei da Assembleia Nacional, propriedade do Estado e soberania do Estado.

---

[50] Cfr. artigo 22.º do Código Civil.

Aspectos Jurídico-Constitucionais 47

g) Transformado em lei, as disposições do MoU ficam, em princípio, excluídas da livre disponibilidade das partes (que ficam transformados em meros destinatários da lei). Ou seja, se o MoU for lei, deixa de poder ser alterado pelas partes e fica exclusivamente sujeito ao poder legislativo do Estado angolano. Atente-se que as alterações propostas pelas partes deverão, no futuro, ser aprovadas de acordo com o mesmo mecanismo que aprovou o MoU original, não podendo ser feito por simples consenso escrito entre as partes. Caso contrário, admitir-se-ia que o poder legislativo pudesse auto-limitar a sua liberdade de legislar, ficando sujeito a negociações com o privado para exercer um dos poderes de soberania, aliás, de natureza representativa do povo angolano. Esta situação colidiria com todos os padrões de constitucionalidade pelos quais se rege o Estado angolano e parece-nos de duvidosa defesa, uma vez que tal significaria estar a regular o poder legislativo através de um contrato. Tal seria não só absurdo, como também aberrante.

Estas dificuldades devem ser ponderadas em concreto no conteúdo do acto de aprovação.

61. Ponderando todos os pontos acima explanados, parece-nos que a protecção jurídica que se pretende com a aprovação do Projecto Angola LNG através de uma Lei é meramente aparente, não traduzindo senão uma mera aparência de estabilidade e segurança jurídicas, na crença de que a Assembleia Nacional pode criar uma Lei acima de outras leis, configurando um regime especialmente inalterável por actos de igual valor normativo.

x. *A solução a adoptar*

62. Chegados a este ponto, podemos ainda questionar se há medidas de mitigação que viabilizem a aprovação do Projecto Angola LNG por acto legislativo, isto é, por Lei. Face ao acima exposto, parece-nos de desaconselhar liminarmente a aprovação do MoU por Lei ou mesmo por Decreto-Lei autorizado.

63. Já nos parece praticável uma solução a dois tempos, nos seguintes moldes. A Assembleia Nacional aprovará os regimes legais necessários para complementar ou alargar a LAP, deixando para o Governo, através de Decreto e Decreto Executivo, um campo para o desenvolvimento desse quadro legal. Esse regime legal a aprovar pela Assembleia Nacional pode contemplar as bases gerais, ou regimes legais específicos aplicáveis ao contrato a celebrar entre a Concessionária nacional e as diversas companhias que integraram o grupo das suas associadas no Projecto LNG. E, nos seus termos, o Governo poderá ficar autorizado a desenvolver, por Decreto, os regimes aduaneiro, cambial e fiscal respeitantes às especificidades do Projecto Angola LNG e definidos pela lei da Assembleia. Nada disso se verificará, como nos parece ser esse o caso no âmbito do Projecto Angola LNG se, ao invés, estiver em causa tão-só desenvolver a LAP: neste caso uma intervenção do Governo por Decreto-Lei autorizado, para matérias de reserva relativa de competência da Assembleia Nacional.

64. Caso se opte, tal como aqui defendemos, por autorizar o Governo a legislar certos aspectos deste Projecto, deve-se ter em atenção que o Governo, a Concessionária nacional e as empresas a ela associadas não poderão cair na tentação de pretender contornar as normas constitucionais reguladoras do poder legislativo, i.e., as normas que fixam as funções, o modo, sentido de exercício da função e poder legislativos e o alcance do exercício dessa função e poder. Nomeadamente, o Governo não poderá legislar nas matérias de reserva legislativa absoluta da Assembleia Nacional.[51]

65. Uma dificuldade interpretativa que permanece é a de saber se, de acordo com a técnica legislativa constitucional de competência legislativa reservada da Assembleia Nacional, é admissível a este órgão autorizar o Governo a legislar em outras matérias que não as constantes do artigo 90.º da Constituição. Inclinamo-nos a responder que não, por respeito ao *princípio da competência e da legalidade*, e à reserva de Constituição. Isto é, entendemos que a Constituição definiu as matérias que podem ser autorizadas pela Assembleia Nacional ao Governo. Na verdade, esta técnica de recorte de competências reservadas não levou, de resto como já antevimos, o legislador cons-

---

[51] Cfr. Artigo 89.º da Constituição.

tituinte a atribuir uma competência *concorrencial* do Governo (ou ao invés, à Assembleia Nacional) para legislar – autonomamente e no uso de competência própria originária – em matérias fora daquele âmbito de reserva de competência legislativa da Assembleia Nacional (tanto absoluta como relativa).

66. Assim, seguindo o exemplo da tendência internacional nesta matéria – descontando o caso do Azerbeijão, pelos motivos acima apontados –, uma lei poderá definir os quadros legais gerais aplicáveis e permitir ao Governo aprovar o regime regulamentar de desenvolvimento necessário para conformar o MoU com garantias de segurança jurídicas para as partes. Esse regime deverá ter em conta a vigência do regime legal aplicável ao gás natural, constante da LAP. O recurso à lei apenas será necessário lá onde se quiser desenvolver ou alargar as bases gerais, isto é, o quadro legal geral. Bastará, de resto como já tivemos ocasião de argumentar, um Decreto-Lei autorizado.

E. **Conclusões**

1.ª – A Constituição angolana toma como alicerce da organização do Estado e dos respectivos órgãos o *princípio da separação e interdependência das funções* dos órgãos de soberania e estabelece um quadro organizativo das funções e competências dos órgãos de soberania, que não pode ser alterado por lei de valor inferior à constitucional.

2.ª – A Constituição reserva o poder legislativo à Assembleia Nacional e ao Governo. A Assembleia exerce o seu poder legislativo através da Lei e o Governo fá-lo através de Decreto-Lei.

3.ª – No âmbito da sua competência reservada relativa e só neste âmbito, a Assembleia Nacional pode autorizar, através de Lei de Autorização Legislativa, o Governo a elaborar e aprovar Decretos-Lei nessas matérias.

4.ª – Para o que ao caso em análise interessa, do ponto vista material e no âmbito de competências relativas da Assembleia Nacional, a Lei e o Decreto-Lei autorizado são equivalentes, quanto à força de protecção conferida às matérias reguladas.

5.ª – A Lei tem um campo de regulação mais livre e amplo que o Decreto-Lei autorizado, uma vez que este está vinculado ao âmbito, sentido, extensão e a duração da respectiva Lei de autorização. Para além disso, o Decreto-Lei autorizado apresenta outra desvantagem em relação à Lei: aquele está sujeito à apreciação *a posteriori*, por via de ratificação parlamentar.

6.ª – A Constituição reserva a propriedade dos recursos petrolíferos, incluindo o gás natural, ao Estado e também determina que esses bens integram o domínio público, i.e., o seu aproveitamento, utilização e exploração devem ficar sujeitos a um regime de regras aprovados por Lei. Estas normas são de ordem pública.

7.ª – A definição do regime de domínio público dos recursos petrolíferos, i.e., do *regime das bases gerais* aplicáveis às concessões é matéria de reserva absoluta da Assembleia Nacional, que não pode ser objecto de autorização legislativa ao Governo. Querendo alargar ou completar essa mesma base geral, o Governo apenas poderá lançar mão do seu poder de iniciativa legislativa. Ao invés, estando em causa o desenvolvimento das bases gerais, esta poderá ser operada por Decreto-Lei autorizado, para matérias de reserva relativa de competência da Assembleia Nacional.

8.ª – A LAP define os termos pelos quais o Governo pode intervir em matéria de direitos mineiros. Nos termos da LAP, as concessões devem ser aprovadas por *decreto de concessão*. No uso da sua competência legislativa, a Assembleia não está constitucionalmente habilitada para autorizar o Governo a aprovar o MoU por Decreto-Lei.

9.ª – A aprovação do MoU por Lei levanta dúvidas quanto à sua conformidade com a Constituição, nomeadamente quanto à transformação da natureza do MoU, à atribuição do estatuto de Lei, à aplicação de lei estrangeira, à aplicação de mecanismos de resolução de conflitos e ao regime de modificação do seu conteúdo.

10.ª – A solução mais conforme à Constituição e à lei vigente, a LAP, é aquela que consiste na aprovação dos instrumentos de natureza contratual por *Decreto do Governo* e a aprovação dos instrumentos de natureza legal por *Decreto-Lei autorizado do Governo*, na medida em que esteja em causa o desenvolvimento – e não o alargamento –

das bases das concessões de um recurso natural e estejamos perante o exercício da função legislativa em matéria de reserva relativa de competência da Assembleia Nacional.

Este é, salvo melhor opinião, o parecer de

CARLOS FEIJÓ & N'GUNU TINY

Luanda, 9 de Dezembro de 2005

II.

Aspectos Jurídico-Laborais

Consulta

A consulente solicitou o nosso parecer sobre as seguintes questões:

a) Aplicabilidade do Decreto n.º 5/95, de 7 de Abril, e do Decreto n.º 20/82, de 17 de Abril, aos trabalhadores a recrutar no âmbito do Projecto Angola LNG;
b) Aplicabilidade das excepções ao regime normal do período do trabalho ao Projecto Angola LNG.

Parecer

A. **Introdução**

1. A regulação das questões objecto desta consulta aconselha, metodologicamente, que comecemos por dizer que, na República de Angola, o regime jurídico aplicável aos trabalhadores estrangeiros é diferenciado consoante se trate de trabalhadores residentes ou não residentes. Por esta razão, o presente parecer não pode deixar de ter conta aquela diferenciação de regime e estatuto jurídico.

2. Posto isto, analisaremos as duas questões objecto da consulta, adoptando a seguinte sequência:

Primeiro, procederemos a uma "visita guiada" ao regime geral aplicável aos trabalhadores estrangeiros, quer residentes, quer não residentes.

Segundo, cuidaremos mais desenvolvida e especificamente do regime aplicável aos trabalhadores estrangeiros não residentes.

54 *A Regulação do Gás Natural em Angola*

Terceiro, responderemos à questão de saber se o regime jurídico previsto no Decreto n.º 5/95, de 7 de Abril, e no Decreto n.º 20/82, de 17 de Abril, é aplicável aos trabalhadores estrangeiros a recrutar pelo Projecto Angola LNG.

Quarto, debruçar-nos-emos sobre as excepções ao regime geral de duração do trabalho e a sua aplicabilidade aos trabalhadores nacionais e estrangeiros a recrutar pelo Projecto Angola LNG.

Quinto, apresentaremos as nossas conclusões.

B. **Regime jurídico geral aplicável aos trabalhadores estrangeiros em Angola**

3. O regime jurídico geral que regula o exercício da actividade laboral, por estrangeiros, em Angola resulta, essencialmente, da Lei n.º 3/94, de 21 de Janeiro (sobre o regime jurídico de estrangeiros), e do Decreto n.º 6/01, de 19 de Janeiro (sobre o exercício da actividade profissional do trabalhador estrangeiro não residente).

4. Com efeito, a Lei n.º 3/94, diferencia cidadão estrangeiro residente e não residente da seguinte forma: *o cidadão estrangeiro residente é aquele a quem o Serviço de Migração e Estrangeiros (SME) concede autorização para residir em Angola* (artigo 37.º). Dito de outro modo: é trabalhador estrangeiro residente aquele que possui uma autorização para residir em território Angolano e é trabalhador não residente aquele que possui visto de trabalho emitido pelos serviços consulares de Angola.

5. Ora, enquanto o contrato de trabalho do trabalhador estrangeiro residente é regulado pela mesma Lei que trata dos contratos do trabalhador angolano (Lei n.º 2/00 de 11 de Fevereiro, Lei Geral do Trabalho – LGT), o contrato do trabalhador estrangeiro não residente só é regulado pela LGT nos aspectos não contemplados por Lei especial e/ou acordos bilaterais.

É por essa razão que se impõe averiguar: se o regime estabelecido pela lei especial aplicável aos trabalhadores estrangeiros não residentes se aplica às relações laborais estabelecidas no contexto do Projecto Angola LNG; e se para lá desse regime há algum outro aplicável às relações juslaborais estabelecidas no mesmo âmbito.

C. **Regime juslaboral aplicável aos trabalhadores não residentes em Angola**

6. O regime jurídico dos trabalhadores estrangeiros não residentes em Angola é regulado pelo Decreto n.º 6/01, de 19 de Janeiro. Aí se estipula que se considera t*rabalhador não residente o cidadão estrangeiro que não residindo em Angola possua qualificação profissional, técnica ou científica, em que o país não seja auto-suficiente, contratado em país estrangeiro para exercer a sua actividade profissional no espaço nacional por tempo determinado* (artigo 2.º).

Para dar resposta ao objecto do presente parecer interessa, apenas, convocar o artigo 13.º, n.º 2, do Decreto n.º 6/01, dada a relação que estabelece com o Decreto n.º 5/95, de 7 de Abril.

7. Estabelece o n.º 2 do artigo 13.º do mencionado Decreto n.º 6/01 que *para efeitos legais, na tramitação dos contratos de trabalho do trabalhador estrangeiro não residente é obrigatória a obediência do preceituado no artigo 6.º do Decreto n.º 5/95, de 7 de Abril.*

Assim, a relação entre estes dois diplomas legais só ficará completa se, de imediato, apreciaremos as exigências do Decreto n.º 5/95, de 7 de Abril e, mais tarde, a compatibilização com Decreto n.º 20/82, de 17 de Abril.

D. **O Decreto n.º 5/95, de 7 de Abril**

8. O Decreto n.º 5/95, de 7 de Abril, regula o emprego da força de trabalho estrangeira não residente, bem como da força de trabalho nacional qualificada que exercem a sua actividade em território nacional ao serviço de empregadores estrangeiros.

9. Chegados aqui, vale apenas analisar a relação entre o Decreto n.º 6/01 e com o Decreto n.º 5/95.

Com efeito, enquanto o Decreto n.º 6/01 estabelece os requisitos essenciais para se contratar força de trabalho estrangeira (artigo 4.º), o Decreto n.º 5/95, que é anterior, já estabelecia um limite para a contratação dessa mesma força de trabalho.

10. Os limites da contratação da força de trabalho estrangeira impostos pelo Decreto n.º 5/95 decorrem do artigo 3.º nos termos que a seguir descrevemos.

As entidades empregadoras nacionais ou estrangeiras que exerçam a sua actividade em território nacional, só deverão recorrer ao emprego da força de trabalho estrangeira não residente ainda que não remunerada, na condição de o seu quadro de pessoal estiver preenchido com, pelo menos, 70% de força de trabalho nacional (artigo 3.º, n.º 1). Logo, os restantes 30% do quadro de pessoal pode ser preenchido por força de trabalho estrangeira, à qual é aplicável a Lei n.º 3/94, de 21 de Janeiro (artigo 3.º, n.º 2).

11. De referir, não obstante, que o titular que tiver a seu cargo a administração do trabalho, a requerimento fundamentado da entidade interessada, pode permitir a admissão de trabalhadores estrangeiros, para além da quota fixada, quando se trate da contratação de trabalhadores especializados ou de situações em que, consideradas as condições normais do mercado de trabalho, não se encontram profissionais nacionais disponíveis.

Resta agora estabelecer a conexão entre o Decreto n.º 5/95 e o Decreto n.º 20/82.

E. **O Decreto n.º 5/95 e o Decreto n.º 20/82**

12. O Decreto n.º 20/82 regula a contratação de trabalhadores estrangeiros e a formação de empregados angolanos pelas empresas da indústria petrolífera.

Por seu lado, o Decreto n.º 5/95 consagra no seu artigo 2.º que *o regime estabelecido aplica-se a empresas nacionais e estrangeiras que operam no território nacional, salvo as que gozam de regimes especiais estabelecidos na Lei no que se refere ao emprego da força de trabalho nacional qualificada não residente.*

13. Como conjugar estes dois dispositivos legais?

A resposta a este quesito passa por saber se entre os dois diplomas legais há uma relação de consunção ou de especialidade.

Haverá lugar a uma relação de consunção «*se em concreto se verificasse que os valores jurídicos prosseguidos por um deles também são prosseguidos pela outra, em termos tais que a tutela jurídica relativa [...] é integralmente realizada pela norma principal, face a qual a outra se posiciona numa relação de dependência»*[52].

Noutra banda, haverá *«relação de especialidade no caso de interconexão dos elementos constitutivos da norma análoga a que ocorre entre o conceito geral e o especial ou seja quando previsão de uma norma jurídica abrange os elementos de outra e algum elemento especializador»*[53].

Nestes termos, para determinarmos a norma prevalente no âmbito de um concurso aparente de normas, teremos que nos socorrer de uma interpretação teológica e sistemática.

14. Parece não poderem existir dúvidas que o Decreto n.º 20/82 é um diploma especial relativamente ao Decreto n.º 5/95 pelas seguintes ordens de razões.

Em primeiro lugar, o Decreto n.º 5/95 admite a exclusão do seu âmbito de aplicação das actividades que gozam de regimes especiais estabelecidos na Lei (em sentido amplo). Em segundo lugar, tudo indica que o legislador quis, expressamente, manter o regime especial para a indústria petrolífera, caso contrário teria revogado, expressamente o Decreto n.º 20/82. Por último, ambos diplomas têm a mesma força jurídica no âmbito da hierarquia das normas.

15. Por todas estas razões, somos de opinião que o Decreto n.º 20/82 é especial em relação ao Decreto n.º 5/95 e por essa razão não se aplicará *in totum* às relações laborais estabelecidas no contexto da indústria petrolífera, uma vez que lei especial derroga lei geral.

Por conseguinte, para lá do regime próprio da força de trabalho estrangeiro não residente, há ainda, um regime próprio para a indústria petrolífera, entendida esta *como conjunto de actividades económicas relacionadas com a exploração, desenvolvimento, produção, refinação, processamento, transporte, importação e exportação de petróleo, gás natural e outros hidrocarbonetos fluidos e seus derivados*[54].

Para facilitar a comparação entre os dois diplomas legais, juntamos em anexo uma tabela comparativa.

---

[52] Cfr. Abilio NETO, *Código Civil Anotado*, 8.ª edição, 1994, p. 22.

[53] *Idem.*

[54] Decreto 20/82, de 17 de Abril.

F. Duração do período normal de trabalho em Angola

16. O Decreto n.º 6/01, resolve a questão da duração do contrato de trabalho (matéria regulada no seu artigo 11.º), mas omite a questão da duração do período normal de trabalho. Logo, teremos que, subsidiariamente, recorrer à LGT. Esta Lei estabelece o período normal de trabalho em quarenta e quatro horas semanais e oito horas diárias (artigo 96.º, n.º 1).

17. Mas este é o regime-regra porque a própria LGT admite excepções, por exemplo a LGT admite horários de trabalho especiais (artigo 111.º). O período normal de trabalho diário pode ir até dez horas diárias nos casos em que o trabalho é intermitente ou de simples presença e quando o empregador adopte os regimes de horário modulado ou variável nos termos dos artigos 117.º e 118.º. Assim, em sede da negociação dos contratos de trabalho, é necessário definir qual a modalidade de horário especial que melhor se adequa às características da execução do projecto.

18. Por exemplo, o regime especial de horário de trabalho denominado *alternância de tempo de trabalho e tempo de repouso* pode, em nossa opinião, vir a ser adoptado pelo Projecto Angola LNG. De resto, é este o regime que vem sendo adoptado nas áreas de produção da Indústria de Petróleo e Gás em Angola. Ao abrigo desse regime consagrado no artigo 121.º da LGT, o período normal de trabalho pode atingir doze horas diárias, sem exceder a media anual de quarenta e quatro horas semanais. Exemplificaremos outras especificidades deste regime:

a) Período máximo de trabalho quatro semanas;
b) Período mínimo de trabalho duas semanas;
c) Período de repouso sempre igual ao período de trabalho;
d) Período de férias anuais imputados aos períodos de repouso;
e) Os dias de descanso complementar (Sábado) e descanso semanal (Domingo) no período de trabalho efectivo são considerados dias normais de trabalho.

A possibilidade de adopção de regimes especiais de horário de trabalho é válida tanto para os trabalhadores estrangeiros não residentes, como para os trabalhadores estrangeiros residentes em Angola e trabalhadores angolanos.

G. Conclusões

Em suma, podemos extrair as seguintes conclusões:

a) A Lei angolana estabelece diferenças quanto ao regime jurídico-laboral dos trabalhadores residentes e não residentes;
b) Os contratos de trabalho de trabalhadores estrangeiros residentes são celebrados ao abrigo da Lei Geral do Trabalho (Lei n.º 2/00);
c) Os contratos de trabalho de trabalhadores estrangeiros não residentes são celebrados ao abrigo do Decreto n.º 6/01;
d) O Decreto n.º 5/95 impõe condições para a contratação de força de trabalho estrangeira não residente;
e) O Decreto n.º 20/82 constitui uma norma especial em relação ao regime geral do estabelecido pelo Decreto n.º 6/01 e pelo Decreto n.º 5/95, conjugados;
f) Sendo o Decreto n.º 20/82, especial não é aplicável à indústria petrolífera o regime do Decreto n.º 5/95, na parte especialmente regulada pelo primeiro;
g) A julgar pela interconexão dos elementos constitutivos análoga à que ocorre entre o conceito abstracto e geral, há uma relação de especialidade entre os dois diplomas citados na alínea anterior;
h) O período normal de trabalho é de quarenta e quatro horas semanais e oito horas diárias. Porém, a LGT admite excepções ao prever os regimes especiais de horário de trabalho que podem ser enquadradas no desenvolvimento do plano laboral do Projecto Angola LNG.

Este é, salvo melhor opinião, o parecer de

CARLOS FEIJÓ & N'GUNU TINY

Luanda, 23 de Setembro de 2005

ANEXO B1

Mapa do campo de Quiluma

Blocos 1 e 2 – Campo de Quiluma

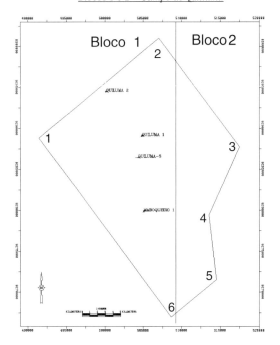

O sistema de coordenadas utilizado é UTM33 S Camacupa Bloco 2
A Área aproximada é de 463 km^2

	Coordenadas UTM		Coordenadas Geográficas	
Pontos	X	Y	Latitude Sul	Longitude Este
1	159,580.07 m	9,287,851.56 m	6° 26' 02.67" S	11° 55' 22.73" E
2	175,099.29 m	9,300,109.79 m	6° 19' 26.93" S	12° 03' 49.53" E
3	185,600.03 m	9,286,824.91 m	6° 26' 40.97" S	12° 09' 28.49" E
4	181,731.00 m	9,278,513.00 m	6° 31' 10.63" S	12° 07' 21.16" E
5	182,721.64 m	9,270,632.59 m	6° 35' 27.15" S	12° 07' 51.91" E
6	176,886.05 m	9,266,000.48 m	6° 37' 56.71" S	12° 04' 41.23" E

DIPLOMA LEGAL	DECRETO 5/95 DE 7 DE ABRIL	DECRETO 20/82 DE 17 DE ABRIL
		Substituição paulatina por angolanos (processo de angolanização).
METAS DE ANGOLANIZAÇÃO	70% de Angolanos	Estabelece metas para as companhias petrolíferas (mais agressivo do que o 5/95) Atribui ao Ministério dos Petróleos, como órgão do Governo de tutela de toda indústria petrolífera em Angola, a competência para regular e controlar o processo de angolanização nas empresas petrolíferas operadoras, não operadoras e prestadoras de serviços.
CONTROLO DO PROCESSO DE ANGOLANIZAÇÃO	Registo do contrato de trabalho celebrado com estrangeiros não residentes, pelo empregador, junto do MAPAESS (em nosso entender dentro da indústria petrolífera somente os operadores podem não fazer tal registo, na medida em que possuem obrigações similares nos termos dos Decretos de Concessão e	Necessidade de autorização do MINPET para emissão e renovação de vistos de trabalho para expatriados. Os contratos dos trabalhadores estrangeiros não residente devem ser previamente aprovados pelo MINPET.

DIPLOMA LEGAL	DECRETO 5/95 DE 7 DE ABRIL	DECRETO 20/82 DE 17 DE ABRIL
	Contratos de Partilha de Produção (PSA's) Aprovação da rescisão do contrato com trabalhadores estrangeiros.	Plano trienal sobre contratação, integração e formação de Angolanos submetido/aprovado pela Sonangol/MINPET anualmente (Decreto de Concessão e Contrato de Partilha e Produção). Envio anual da lista de todos os trabalhadores estrangeiros e Angolanos ao MINPET. Recrutamento anual (príncipio da concentração) e plano de formação submetido à *Sonangol* e aprovado pelo MINPET. Relatório trimestral ao MINPET Obrigação de não discriminação entre nacionais e estrangeiros. Substituição gradual de trabalhadores estrangeiros por Angolanos.

DIPLOMA LEGAL	DECRETO 5/95 DE 7 DE ABRIL	DECRETO 20/82 DE 17 DE ABRIL
OBRIGAÇÕES MONETÁRIAS	5% de remuneração básica do trabalhador estrangeiro não residente (expatriado). Mais uma vez em nosso entender esta obrigação monetária não se aplica às operadoras atendendo as isenções previstas nos regimes fiscais da indústria petrolífera angolana.	Estabelece obrigações/contribuições financeiras para a formação de quadros bem detalhadas. Isenção de impostos, taxas e outros encargos adicionais (Decretos de Concessão Petrolífera)
PUNIÇÕES APLICÁVEIS	Aplicação de punições pecuniárias, tais como multas e coimas à companhia faltosa	Aplicação de punições pecuniárias e não pecuniárias, tais como a não renovação de concessões de exploração petrolífera.

III.

Aspectos Jurídico-Fundiários

Consulta

O Projecto Angola LNG prevê a implementação de infra-estruturas em áreas territoriais da Província do Zaire, estando em curso os procedimentos destinados a obter os direitos fundiários. Há, contudo, a necessidade de acautelar que as áreas respectivas não sejam ocupadas em detrimento do Projecto Angola LNG. Para ambas as situações importa averiguar que tipos de medidas deve o Governo tomar ao abrigo da legislação em vigor.

Parecer

A. **Introdução**

i. *O Objecto da Consulta*

O Governo da República de Angola considerou o Projecto Angola LNG como de *relevante interesse nacional*, com o objectivo de permitir o aproveitamento económico de um recurso petrolífero, o gás natural, que hoje é queimado ou não é convenientemente explorado.

A província do Zaire foi eleita como a área territorial onde será implantado o Projecto Angola LNG. Assim, por um lado, iniciou-se o procedimento administrativo para aquisição dos direitos fundiários para o Projecto e, por outro, convém tomar medidas que acautelem uma eventual ocupação desordenada das áreas onde o projecto será implementado. Para o efeito, foi preparado um projecto de Decreto do Governo.

O presente texto tem em vista responder ao seguinte conjunto de questões:

Primeiro, enquanto decorre o procedimento administrativo para aquisição dos direitos fundiários, que medidas cautelares podem ser tomadas pelo Governo para evitar que uma eventual ocupação dos terrenos visados venha a defraudar o Projecto?

Segundo, averiguar a possibilidade de se conceder ao Projecto Angola LNG acesso a determinadas áreas, a fim de possibilitar a realização de trabalhos preparatórios nomeadamente, a apreciação das capacidades dos terrenos para a realização do empreendimento e a preparação dos mesmos para o início dos trabalhos de execução.

Terceiro, ajuizar sobre qual a forma jurídica que melhor responde aos problemas colocados.

ii. *A Sequência das questões*

Para responder às questões identificadas no número anterior seguiremos a seguinte sequência.

Primeiro, procederemos a um enquadramento das medidas cautelares no âmbito do ordenamento territorial e da execução dos planos territoriais ou da implementação de projectos públicos.

Segundo, faremos um enquadramento legal das medidas cautelares territoriais em sede do direito angolano.

Terceiro, analisaremos os dispositivos normativos do projecto de Decreto a propôr ao Governo.

Quarto, apresentaremos as nossas sugestões em função das conclusões alcançadas.

B. Breve enquadramento das medidas cautelares dos planos territoriais

iii. *Enquadramento geral das Medidas Cautelares*

O procedimento administrativo para aquisição de direitos fundiários é complexo e demorado, quanto mais não fosse porque a Lei n.º 9/04, de 9 de Novembro (Lei de Terras), em muitos aspectos carece de ser regulamentada.

Ora, durante o período em que desenrola o procedimento, poderão ocorrer situações que alterem as condições de facto existentes no momento em que foi decidida a execução do Projecto. Foi para evitar que tal sucedesse que o legislador consagrou medidas cautelares como garantia dos planos territoriais ou de projectos de empreendimentos públicos.

As medidas cautelares, em regra, são de dois tipos: i) as medidas preventivas e ii) a suspensão da concessão de licenças (*rectius*, suspensão dos procedimentos de informação prévia, de licenciamento e autorização).

C. As medidas cautelares no direito do ordenamento do território e fundição angolano

iv. *As Medidas preventivas como a única medida cautelar prevista na Lei*

A Lei n.º 3/04, de 25 de Junho, (Lei do Ordenamento do Território – LOT), no seu artigo 40.º, n.º 1 admite a adopção de medidas preventivas nos seguintes termos «*o Governo pode estabelecer, por Decreto, que uma área, ou parte dela que se presuma vir a ser abrangida por um plano urbanístico ou de ordenamento rural ou projecto de empreendimento público de outra natureza, seja sujeita a medidas preventivas, destinadas a evitar alteração das circunstâncias e condições existentes que possam comprometer a execução [...] do empreendimento ou torná-la mais difícil ou onerosa*».

No caso vertente não daremos relevância à vertente das medidas preventivas como garantia dos planos Territoriais e apenas nos deteremos na análise das medidas que dizem respeito a um projecto de empreendimento público.

A LOT estabelece, pelo menos, um pressuposto de validade da aprovação das medidas preventivas: a observância do *princípio da proporcionalidade*. Este princípio, também, designado *"costs-benefits analysis"* é expressamente consagrado no n.º 5, do artigo 40.º, que estipula que «*o recurso às medidas preventivas deve ser limitado aos casos em que, fundamentalmente, se receie que os prejuízos resultantes mais relevantes do que os inerentes á adopção deles*». Este preceito é ainda complementado no seu n.º 7 do mesmo artigo, nos termos do qual «*as medidas preventivas abrangem apenas os actos relevantes para os fins a atingir com o empreendimento [...]*».

Significa isto que os órgãos com competência para aprovar medidas preventivas devem proceder a uma ponderação entre os benefícios e inconvenientes das medidas, só sendo legítima a sua adopção se os benefícios dela emergentes forem mais relevantes do que os prejuízos causados.

Do princípio da proporcionalidade decorrem outras consequências e manifestações das quais as mais importantes serão retomadas quando apreciarmos o projecto de Decreto.

D. **Apreciação do projecto de Decreto**

v. *Conteúdo do Projecto de Decreto*

O projecto de Decreto que vamos analisar, para além do preâmbulo, é composto por oito artigos. O principal fundamento legal sobre o qual repousa o Decreto é o artigo 40.º da LOT.

De referir que o projecto de Decreto reproduz artigos da LOT, pelo que no presente escrito cuidaremos apenas do que ela diz de novo em relação àquela Lei.

vi. *Questões que vão para além da LOT*

São várias as questões novas no projecto de Decreto.

Em primeiro lugar, na alínea a), do n.º 1, do artigo 2.º é proibida a atribuição de novos direitos fundiários ao abrigo da Lei n.º 9/04, de 9 de Novembro.

Que dizer desta inovação? Tendo os diplomas que adoptem as medidas preventivas, natureza regulamentar, não podem elas estabelecer novos fundamentos para a aprovação ou indeferimento de projecto de obras, é o que estabelece o n.º 4, do artigo 40.º da LOT.

Em segundo lugar, o n.º 2, do artigo 2.º do projecto de Decreto, por um lado, permite a realização de actividades na área concessionada a *Sonangol, E.P.*, designada por base do Kuanda e, por outro, o artigo 5.º autoriza a realização de trabalhos preparatórios, tal como enumerados nos números 2 e 3. A questão que aqui se suscita é a de saber se o diploma que estabelece as medidas preventivas pode ele, também, permitir a realização de certos actos.

Em geral, uma medida preventiva proíbe, suspende ou sujeita a prévia autorização as actividades previstas descritas no n.º 6, do artigo 40.º da LOT e os artigos 2.º e 5.º do projecto de Decreto visam justamente permitir o exercício de determinadas actividades.

Com efeito, as medidas preventivas têm de ser interpretadas e aplicadas restritamente, dado o seu carácter excepcional, instrumental e preventivo. Logo, os diplomas que aprovam empreendimentos públicos, ao tratarem das medidas preventivas não podem estabelecer medidas que ultrapassam o âmbito material definido no n.º 6, do artigo 40.º da L.O.T.

Em terceiro lugar, o n.º 2, do artigo 6.º do projecto de Decreto prevê que a autorização para transmissão dos direitos fundiários, nos termos da Lei de Terras, e o exercício do direito de preferência é da competência do Ministério dos Petróleos. Consideramos esta norma do projecto ilegal, porque está em contradição com o estipulado no n.º 6, do artigo 61.º da Lei de Terras, que determina que «*a transmissão de direitos [...] só pode ser realizada pelo seu titular, mediante autorização prévia da autoridade concedente [...]*» e, entre estas, não consta o Ministério dos Petróleos. As autoridades concedentes

70 — A Regulação do Gás Natural em Angola

são aquelas que, nos termos da Lei, têm competência para conceder Direitos fundiários. E esta faculdade não é conferida ao Ministério dos Petróleos.

Em quarto lugar, o projecto de Decreto, no seu artigo 4.º, prevê a vigência das medidas preventivas até a atribuição de direitos fundiários ao projecto. Não importa aqui discorrer sobre o tipo de direitos fundiários a que o Projecto Angola LNG pode dar origem ou sobre quem deve ser o titular ou atribuir tais direitos. Por agora, deve dizer-se que decorre do princípio da proporcionalidade e da interpretação em sentido estrito das medidas preventivas a duração de validade limitada das mesmas.

Tendo em conta o escopo exclusivamente cautelar das medidas preventivas, compreende-se que estas tenham um carácter provisório e uma natureza acessória em relação à aprovação e à execução do projecto de empreendimento público em causa. Ora, dizer que a sua duração vai até à concessão de Direitos fundiários parece não ser um período suficientemente garantístico ao projecto de empreendimento. Por conseguinte, o mais adequado seria estipular que as medidas preventivas vigorarão até á aprovação final e quando se tornar executório o projecto de empreendimento público. É o que estipula a alínea c), do n.º 10, do artigo 40.º da LOT.

E. Conclusões e propostas

vii. *Conclusões:*

Em síntese, concluímos pelo seguinte:

a) As medidas preventivas têm fundamento legal (art. 40.º da LOT);
b) As medidas preventivas obedecem ao princípio da proporcionalidade, o qual se concretiza na limitação dos actos e actividades a proibir, na duração restrita das medidas preventivas;
c) O poder de autorização da *transmissão de direitos é atribuido à entidade que os concede, não podendo tal poder*

ser atribuido ao Ministério dos Petróleos sem violação do disposto no n.º 9, do artigo 61.º da Lei das Terras.

viii. *Propostas*

Face às conclusões por nós alcançadas, propomos o seguinte:

a) Em primeiro lugar, mais do que adoptar as medidas preventivas, será necessário classificar os terrenos que integrarão a área de instalação do projecto de empreendimento público, como *terreno de instalação*.

Com efeito, estipula o n.º 5, do artigo 22.º da Lei de Terras, que se «*entende por terrenos de instalação, os destinados à implantação de instalações mineiras, industriais [...] nos termos da presente Lei e da respectiva legislação aplicável ao exercício das actividades mineiras e petrolíferas [..]*». Nos termos do artigo 25.º da mesma Lei, «*a classificação dos terrenos como terrenos de instalação depende da contiguidade destes com minas, fonte de matéria-prima ou outros eixos viários que aconselham a implantação de uma instalação mineira ou industrial*». Por outro lado, *é competente para a classificação de um terreno como de instalação mineira ou petrolífera, o órgão que tutela o ordenamento do território e o ambiente, mediante proposta ou parecer prévio das entidades que superintendem a respectiva área.*

Somos de opinião que é adequado lançar mão do citado dispositivo, podendo, desde já, iniciarem-se os trabalhos preparatórios e outras actividades incluídas no projecto de Decreto (n.º 2, do artigo 2.º e artigo 5.º)

b) Rever o projecto de Decreto e limitá-lo as medidas preventivas nos termos referidos.

Em suma, somos de opinião que devem ser emitidos dois actos: i) acto do Ministro do Urbanismo e Ambiente que classifica os terrenos como de instalação; e ii) o Decreto do Conselho a adoptar as medidas preventivas.

Em todo este processo será necessária a intervenção do órgão central para a gestão das terras, o IGCA, na organização e execução dos trabalhos técnicos relativos a demarcação dos terrenos.

Este é, salvo melhor opinião, o parecer de

CARLOS FEIJÓ & N'GUNU TINY

IV.

Relatório direitos fundiários para o Projecto Angola LNG e o desenvolvimento de um parque industrial

A. Enquadramento

1. O Conselho de Ministros, através das resoluções n.º 17/01, de 12 de Outubro e n.º 13/05, de 9 de Maio, reconheceu o Projecto Angola LNG como *de relevante interesse nacional,* com o objectivo de permitir o aproveitamento económico de um recurso natural, o gás natural, que hoje é queimado ou não é convenientemente explorado.

A Província do Zaire foi eleita como área territorial onde será implementado o Projecto Angola LNG e para o desenvolvimento de um parque industrial.

Assim, por um lado, torna-se necessário iniciar-se o procedimento administrativo para aquisição de direitos fundiários por parte do projecto e, por outro, tomar medidas que acautelem uma eventual ocupação desordenada das áreas onde os projectos serão implementados.

2. Os diplomas que agora se submetem ao Conselho de Ministros visam dar resposta a dois grandes grupos de questões.

Primeiro, enquanto decorre o procedimento administrativo para aquisição de direitos que medidas, por um lado, podem ser tomadas pelo Governo para evitar ocupações desordenadas que defraudem o projecto e, por outro, como garantia ao avultado investimento a realizar.

Segundo, estabelecer princípios gerais que, sem contrariar a legislação sobre o ordenamento do território e terras, deverão ser obedecidas na outorga de direitos fundiários a favor das pessoas colectivas envolvidas no Projecto Angola LNG e na construção do projecto industrial.

3. O procedimento administrativo para aquisição de direitos fundiários é complexo e demorado. Ora, durante o período em que se desenrola o procedimento poderão ocorrer situações que alterem as condições de facto existentes no momento em que for decidida a execução do projecto. Foi para evitar que tal sucedesse que o legislador consagrou medidas cautelares como garantia dos planos territoriais ou de projectos de empreendimentos públicos.

4. As medidas cautelares em regra, são de dois tipos: i) medidas preventivas; ii) a suspensão da concessão de licenças (*rectius*, suspensão dos procedimentos de informação prévia, de licenciamento e autorização).

5. Na Lei do Ordenamento do Território (Lei n.º 3/04, de 25 de Julho, LOT), são admitidas as medidas preventivas nos seguintes termos: «*o Governo pode estabelecer, por Decreto, que uma área, ou parte dela que se presuma vir a ser abrangida por um [...] projecto de empreendimento público seja sujeita a medida preventiva, destinada a evitar alteração das circunstâncias e condições existentes que possam comprometer a execução [...] do empreendimento público ou torná-lo mais difícil ou onerosa*» (artigo 40.º n.º 1).

6. A Lei estabelece, pelo menos, um pressuposto de validade das medidas preventivas: a observância do *princípio da proporcionalidade* ou *costs-benifits analysis*. É o que decorre do n.º 5, do artigo 40.º ao etipular que «*o recurso as medidas preventivas deve ser limitado aos casos que, fundamentalmente, se recue prejuízos resultantes mais relevantes do que os merentes à adopção deles*».

7. Quanto ao segundo grupo de questões seguem-se duas vias: por um lado, a classificação dos terrenos como instalação industrial, e petrolífera; por outro, a consagração de um conjunto de princípios que, respeitando a legislação em vigor, assegura direitos fundiários numa perspectiva programática.

8. Com efeito, a Lei n.º 9/04, de 9 de Novembro, (Lei de Terras) classifica os terrenos do Estado em concedíveis e não concedíveis, sendo os primeiros os terrenos urbanos e rurais e os segundos os terrenos comunitários e os que integram o domínio público. A Lei, consagra, assim, o criterio da situação dos terrenos conforme eles se situem num aglomerado urbano ou fora deles, bem como o critério dos fins a que se destinam designadamente, terrenos agrários, terrenos de instalações, terrenos viários.

Relatório direitos fundiários para o Projecto Angola LNG...

9. Para o caso vertente chamamos à colação o n.º 5, do artigo 22.º e o artigo 25.º da Lei de Terras. Da conjugação desses dispositivos legais resulta o seguinte. Na falta de plano de ordenamento territorial que afecte o terreno a determinado fim, as autoridades competentes, em razão da matéria, podem proceder a qualificação específica dos terrenos.

Ora, tratando-se de um projecto de gás natural e da construção de uma complexo industrial, lançou-se mão do n.º 2, do artigo 25.º da Lei das Terras, nos termos do qual «*é competente para a classificação de um terreno como terreno de instalação petrolífera o órgão que tutela o ordenamento do território e o ambiente, mediante parecer prévio da entidade a respectiva área*». Por outro lado, estabelece o n.º 3 do mesmo artigo que é competente para a classificação de um terreno como de instalação de industria o órgão que tutela o ordenamento do território e o ambiente mediante parecer prévio do que superintende a área.

10. Por razões de economia processual optou-se por um diploma conjunto, assinado quer pelo Ministro competente e que superintende o ordenamento do território e ambiente, quer pelos Ministros a quem competiria emitir parecer ou propor.

11. Finalmente, optou-se estabelecer, à partida, um conjunto de princípios gerais orientadores, aos quais deverá obedecer o processo de outorga de direitos fundiários.

Pretende-se, assim, que o Conselho de Ministros, sem prejuízo das competências próprias dos restantes órgãos da Administração Pública, fixe uma espécie política para atribuição dos direitos fundiários relativos ao Projecto Angola LNG.

B. Síntese de Conteúdo de Cada um dos Projectos

i. *Projecto de Decreto do Conselho de Ministros*

12. O projecto de Decreto do Conselho de Ministros visa adopção das medidas previstas como a seguir sucintamente se descreve.

Primeiro, decreta medidas preventivas ao abrigo do artigo 40.º da Lei n.º 3/04, de 25 de Julho em áreas determinadas.

Segundo, proíbe-se um conjunto de actos e actividades em particular a atribuição de novos direitos, a construção de novos aglomerados urbanos ou rurais, novas construções e a instalação de novas explorações.

Terceiro, salvaguarda que as medidas preventivas não prejudicam os direitos de terceiros de boa fé.

Quarto, que as medidas preventivas manter-se-ão em vigor desde a entrada em vigor do Decreto até a atribuição de direitos nas parcelas em questão ou até que o Conselho de Ministros entenda excluí-las do seu âmbito territorial de aplicação.

Quinto, no que diz respeito ao Projecto Angola LNG e à construção do complexo industrial, deverão ser permitidos trabalhos preparatórios de desbravamento da vegetação, dragagem, movimentação e recolha de solos e nas parcelas do mar, estudos impacto ambiental, construção temporária de infra-estruturas, desminagem, etc. Note-se, que, em primeiro lugar, salvaguarda-se o facto de deverem ser as autoridades competentes em razão da matéria a autorizarem, casuisticamente, cada um dos trabalhos preparatórios aí descritos. Em segundo lugar, salvaguarda-se o direito de terceiros autorizarem trabalhos preparatórios nas áreas que lhes tenham sido outorgadas. Por último, é acautelado o acesso as áreas do domíno público marítimo e ou hídrico.

Sexto, reitera-se o direito de preferência do *Estado* no caso de transmissão de direito nas áreas do seu âmbito de aplicação.

Sétimo, as entidades competentes para supervisionar a aplicação das medidas preventivas são expressamente indicadas.

ii. *Projecto de Decreto-Executivo Classificatório dos Terrenos*

13. Este projecto visa a classificação, nos termos da Lei de Terras, dos terrenos como de *instalação industrial e petrolífera* e o seu conteúdo integra:

a) A classificação das áreas onde se implementará o Projecto Angola LNG e a construção de um complexo como zona de instalação industrial e petrolífera.

b) Prevê-se que, no âmbito dos trabalhos preparatórios, as áreas de terreno tomados ao mar são classificados automaticamente como *zonas de instalação passíveis de serem utilizadas no âmbito da implementação do Projecto Angola LNG*.

iii. *Projecto de Resolução que estabelece os princípios gerais a obedecer na Outorga de Direitos*

14. O projecto de Resolução visa criar o quadro geral definidor dos princípios político-jurídicos na base dos quais as autoridades competentes devem outorgar os direitos fundiários.

15. Passamos a sumariar o quadro legal previsto.

a) As autoridades competentes devem providenciar no sentido de concederem à *Angola LNG Limited* e à *Sonangol Gás Natural Limitada*, direitos fundiários sobre os terrenos incluídos que sejam considerados necessários para a implementação do Projecto Angola LNG pelos respectivos investidores, ou para implementação do Parque Industrial pela *Sonangol*, desde que tais terrenos não se encontrem presentemente ocupados por terceiros, ao abrigo de uma concessão anterior ou de disposições legais que salvaguardem tal ocupação.

b) As autoridades competentes devem providenciar no sentido de concederem à *Sonangol Gás Natural Limitada*, direitos fundiários sobre os terrenos incluídos no Anexo D ao Decreto n.º __/05, de __ de _____, que poderão ser utilizados na negociação com terceiros para a permuta dos respectivos direitos sobre terrenos necessários para a implementação do Projecto Angola LNG.

c) A pedido da *Angola LNG Limited*, as autoridades competentes devem, nos termos da Lei de Terras, e conforme o caso, autorizar a transmissão de direitos fundiários por parte de terceiros para a *Angola LNG Limited* ou conceder-lhe tais direitos relativamente às áreas incluídas no Anexo A do Decreto n.º__/05, de ___ de _____, desde que sejam consideradas necessárias para a implementação do Projecto Angola LNG.

d) A pedido da *Sonangol Gás Natural Limitada*, as autoridades competentes devem, nos termos da Lei de Terras, e conforme o caso, autorizar a transmissão de direitos fundiários por parte de terceiros para a *Sonangol Gás Natural Limitada* ou conceder-lhe tais direitos relativamente às áreas incluídas no Anexo A do Decreto n.º___/05, de ___ de _____, que sejam consideradas necessárias para a implementação do Parque Industrial.

e) As parcelas de terreno que sejam necessárias para a implementação do Projecto Angola LNG ou do Parque Industrial, resultantes dos trabalhos de dragagem, movimentação e remoção de solos e de conquista de terrenos ao mar, executados nas áreas marítimas adjacentes aos terrenos incluídos nos Anexos A e B do Decreto n.º ___/05, de ___ de _____, ao abrigo das alíneas e) e f), do n.º 2 do artigo 4.º, desse mesmo Decreto, devem ser concedidos, respectivamente, à *Angola LNG Limited* ou à *Sonangol Gás Natural Limitada*, nos termos da legislação fundiária aplicável.

f) Os direitos fundiários concedidos à *Angola LNG Limited* nos termos dos números anteriores devem ser transferidos para a *Sonangol Gás Natural Limitada*, após o fim das actividades do Projecto Angola LNG, nos termos que vierem a ser acordados entre a *Angola LNG Limited* e a *Sonangol Gás Natural Limitada*.

g) Nos termos do artigo 61.º, n.º 9, da Lei n.º 9/04, de 9 de Novembro, o Estado goza do direito de preferência e tem o primado entre os preferentes legais, na transmissão de direitos fundiários sobre as parcelas de terreno constantes dos Anexos A e B do Decreto n.º ___/05, de ___ de _____.

h) O direito de preferência referido no número anterior relativo às parcelas de terreno constantes dos Anexos A e B do Decreto n.º ___/05, de ___ de _____, deve ser exercido pelo Ministro dos Petróleos, a solicitação, respectivamente, da *Angola LNG Limited* ou da *Sonangol Gás Natural Limitada*.

i) Os direitos fundiários sobre os terrenos constantes dos Anexos A e B do Decreto n.º ___/05, de ___ de _____, relativamente aos quais o *Estado* exerça o direito de preferência referido no número anterior, devem ser transmitidos respectivamente para a *Angola LNG Limited* e para a *Sonangol Gás Natural Limitada*.

j) Os direitos fundiários relativos às parcelas de terreno necessárias para a implementação do Projecto Angola LNG e do Parque Industrial serão concedidas, respectivamente, à *Angola LNG Limited* ou à *Sonangol Gás Natural Limitada*.

k) Os direitos fundiários concedidos à *Angola LNG Limited* e à *Sonangol Gás Natural Limitada* nos termos dos números anteriores revertem para a titularidade do *Estado* se o Projecto Angola LNG não for implementado.

C. Forma dos Actos Jurídicos

16. Verificamos que foi seguida a forma determinada pelo artigo 40.º da Lei n.º 3/04, de 25 de Julho, o qual estabelece que a adopção das medidas preventivas é feita por Decreto.

17. No que diz respeito à classificação como *terreno de instalação industrial e petrolífera*, será adotada a forma de Decretro-Executivo conjunto como forma de fazer intervir os três Ministros competentes para classificar e emitir parecer: os Ministros do Urbanismo e Ambiente, Petróleos e Indústria. Note-se que este diploma irá a Conselho de Ministros apenas para conhecimento e compreensão integrada de todas as medidas legais a adoptar. Na verdade, estamos perante competências exclusivas e a forma de o fazer é o Decreto Executivo conjunto.

18. A razão de ser pela opção de uma Resolução radica no facto de se tratar de normas de carácter geral e programáticas, que não criam direitos subjectivos. Este diploma estipula apenas normas de enquadramento, as quais serão concretizadas por quem em razão da matéria e da legislação em vigor tenha as competências para o seu desenvolvimento. Termos em que, de acordo com a Constituição, a forma jurídica adequada é a resolução.

Este é, salvo melhor opinião, o parecer de

CARLOS FEIJÓ & N'GUNU TINY

Luanda, 25 de Novembro de 2005

V.

Instrumentos Jurídicos para o Projecto Angola LNG: Estudo de Carácter Geral

Consulta

A consulente solicitou o nosso comentário geral sobre os seguintes instrumentos jurídicos para o Projecto Angola LNG:

a) Projecto de Contrato de Investimento Angola LNG;
b) Projecto de Decreto-Lei que Aprova o Projecto Angola LNG; e
c) Memorando de Entendimento sobre o Enquadramento Legal, Estrutura Societária, Questões Fiscais e Questões Conexas Relacionadas com o Projecto Angola LNG.

A consulente, solicitou propositadamente um comentário de carácter geral, deixando ao poder discricionário dos signatários a escolha dos temas e das cláusulas a comentar.

Foi-nos facultada cópia de uma versão preliminar dos seguintes documentos: Contrato de Investimento Angola LNG; Projecto de Decreto-Lei que Aprova o Projecto Angola LNG (Decreto-Lei); e Memorando de Entendimento sobre Enquadramento Legal, Estrutura Societária, Questões Fiscais e Questões Conexas Relacionadas com o Projecto Angola LNG (MoU).

82 A Regulação do Gás Natural em Angola

Parecer

A. Introdução

1. O carácter geral das questões da Consulta aconselha, metodologicamente, que comecemos por enumerar as matérias *excluídas* do objecto deste Comentário. Assim:

Primeiro, o presente Comentário não incidirá sobre matéria relacionada com o direito de passagem e de utilização das águas territoriais e terras. É que, note-se bem, tal matéria já foi objecto de parecer autónomo elaborado pelos signatários da presente Consulta.

Segundo, o presente Comentário não incidirá sobre a cláusula da lei aplicável e de resolução de litígios. É que, uma vez mais, tal matéria foi objecto de parecer autónomo elaborado pelos signatários da presente Consulta.

Terceiro, o presente Comentário não incidirá sobre matéria fiscal, dado o seu carácter específico, envolvendo trabalho de consultoria fiscal apropriado.

2. Por outra banda, fazemos notar que para a presente Consulta, optamos por tomar em consideração na análise dos instrumentos jurídicos pertinentes (com exclusão do Memorando de Entendimento, como bem se compreenderá) não só o texto originalmente proposto, mas também as alterações propostas por algumas das Partes envolvidas nas negociações. Cremos que esta metodologia é a que melhor aproveita à análise e comentário solocitados, na medida em que permite estudar não só as soluções originariamente previstas, mas também aquelas que, no decorrer das discussões, foram naturalmente surgindo.

3. Na resolução das questões sobre que foi solicitado o nosso parecer adoptaremos a seguinte sequência. Começaremos por comentar brevemente o Memorando de Entendimento. De seguida, faremos um comentário jurídico ao Decreto-Lei. Em terceiro lugar, encetaremos o comentário geral ao Contrato de Investimento. Por último, apresentaremos as nossas conclusões.

B. Instrumentos Jurídicos para o Projecto Angola LNG

§ 1.º
Do Memorando de Entendimento

i. *Ponto prévio*

4. O MoU (da designação inglesa *Memorandum of Understanding*) é o único instrumento jurídico regulador das relações jurídicas emergentes do Projecto Angola LNG que se encontra *actualmente* em vigor. Todos os demais instrumentos jurídicos encontram-se em fase preliminar de negociação e feitura. O MoU estabelece de forma preliminar os princípios acordados relativos às condições, direitos e isenções do Projecto Angola LNG. Tais princípios, deverão ser incorporados no Decreto-Lei que aprova o Projecto Angola LNG.

ii. *Comentário*

5. *Âmbito de aplicação subjectiva*. Convém notar que o âmbito de aplicação subjectiva do MoU é menos abrangente do que o do Contrato de Investimento. É que, note-se bem, a República de Angola, a *Angola LNG Limited.* (ainda por constituir), bem como a *Sonangol Gás Natural, Lda.*, não são Partes do MoU, mas serão Partes do Contrato de Investimento. Por conseguinte, o MoU não é aplicável a estas três entidades, vinculando apenas e só as Partes mencionadas no próprio MoU: a *Sonangol E.P.*, a *Chevron*, a *BP*, a *Esso* e a *Total*.

6. *Força Jurídica*. Note-se que o Memorando de Entendimento constitui um acordo preliminar de manifestação da vontade das partes – *Sonangol E.P.* e investidores privados – de contratar e não um acordo definitivo de investimento previsto na legislação interna angolana.

A este propósito, a título de nota geral, é de referir que os contratos internacionais (de investimento) podem ser, quanto ao grau de vinculação para o Estado angolano, agrupados em dois grupos: os *acordos de intenção de investimento* ("soft law agreements") e os *acordos definitivos de investimento* ("hard law agreements"). Os primeiros, como a própria denominação indica, são acordos para-jurídicos, nos termos dos quais as partes declaram a mútua intenção de iniciar negociações e consultas recíprocas para a obtenção de um contrato futuro e definitivo. O seu grau de vinculação jurídico é, pois, mínimo. No entanto, convém sublinhar que apesar de mínima a vinculação jurídica existe, dando origem nomeadamente a deveres e obrigações resultantes da regra geral da boa fé e do princípio geral de *pacta sunt servanda* (os pactos devem ser cumpridos).

Neste contexto as obrigações jurídicas da *Sonangol* no âmbito do Memorando são *obrigações jurídicas de meios e não de resultado*. A Sonangol obriga-se a "envidar os seus melhores esforços" (art. 17.º, n.º 3) e não a produzir determinados resultados.

Note-se, ainda, que com a aprovação do Decreto-Lei de Aprovação do Projecto Angola LNG (Decreto-Lei) e a celebração do Contrato de Investimento, o MoU perderá a sua *força jurídica*, sendo substituído por estes instrumentos jurídicos. Mas não perderá a sua *relevância jurídica*: é que este servirá sempre de elemento contextual de interpretação quer do Decreto-Lei quer do Contrato de Investimento, podendo vir até a ser analisado, como peça auxiliar interpretativa, em sede de resolução de litígios.

7. *Regime jurídico aplicável*. O MoU prevê como regime jurídico aplicável a Lei das Actividades Petrolíferas, o Decreto-Lei, a Lei de Bases do Investimento Privado (pelo menos o artigo 3.º, n.º 1), a Lei sobre a Tributação das Actividades Petrolíferas, a Lei Cambial, a Lei Aduaneira e o Contrato de Investimento (art. 2.º). Note-se que esses diplomas são mencionados no artigo 4.º do Decreto-Lei, com excepção de um: o Decreto-Lei não faz menção ao artigo 3.º, n. 1.º, da Lei de Bases do Investimento Privado. Caso esta omissão não tenha sido intencional, então sugerimos a harmonização dos preceitos.

8. *Garantia e estabilidade*. O MoU consagra uma cláusula de garantia e estabilidade ou equilíbrio financeiro contratual (art. 13.º), a qual, em termos gerais e por um certo período de tempo, estabelece o princípio da imutabilidade do regime aplicável às relações jurídicas do Projecto Angola LNG.

Este princípio encontra-se igualmente previsto no Decreto-Lei (art. 51.º) e no Contrato de Investimento (art. 55.º). Quanto à cláusula do MoU (art. 13.º), chamamos a atenção para um ponto: é que a cláusula de estabilidade não prevê uma excepção que nos parece óbvia: a sua não aplicação quando se verificar uma situação de *alteração das circunstâncias*. Voltaremos a esta temática em sede de comentário jurídico ao Decreto-Lei.

iii. *Síntese*

9. Em jeito de síntese:

a) O MoU é o único instrumento jurídico regulador das relações jurídicas emergentes do Projecto Angola LNG que se encontra *actualmente* em vigor;

b) O âmbito de aplicação subjectiva do Memorando é menor quando comparado com o Contrato de Investimento;

c) As obrigações jurídicas da *Sonangol* no âmbito do Memorando são *obrigações jurídicas de meios e não de resultado*. A Sonangol obriga-se a "envidar os seus melhores esforços" (art. 17.º, n.º 3) e não a produzir determinados resultados;

d) Com a aprovação do Decreto-Lei e a celebração do Contrato de Investimento, o MoU perderá a sua *força jurídica*, sendo substituído por estes instrumentos jurídicos. Mas não perderá a sua *relevância jurídica*, agindo como elemento contextual interpretativo;

e) O MoU prevê como regime jurídico aplicável a Lei das Actividades Petrolíferas, o Decreto-Lei, a Lei de Bases do Investimento Privado (pelo menos o art. 3.º n.º 1), a Lei sobre a Tributação das Actividades Petrolíferas, a Lei Cambial, a Lei Aduaneira e o Contrato de Investimento (art. 2.º);

f) A cláusula de estabilidade contida no artigo 13.º do MoU não prevê uma excepção que nos parece óbvia: a sua não aplicação quando se verificar uma situação de *alteração das circunstâncias*.

§ 2.º
Da versão preliminar do Decreto-Lei

i. *Ponto prévio*

10. O Decreto-Lei, cujo objecto é o regime jurídico aplicável ao Projecto Angola LNG, será o principal instrumento jurídico regulador do Projecto Angola LNG. Embora este adopte os princípios gerais estabelecidos no MoU, por um lado, e seja concretizado nos termos do Contrato de Investimento, por outro lado, em caso de conflito entre estes instrumentos jurídicos, prevalecerá sempre o estipulado no Decreto-Lei[55].

ii. *Comentário*

11. *Regime Jurídico*. O regime jurídico do Projecto Angola LNG vem regulado no artigo 4.º do Decreto-Lei. Duas observações apenas. O instrumento principal de regulação da actividade LNG é o Decreto-Lei. Todos os demais diplomas e instrumentos previstos no artigo 4.º aplicam-se a título subsidiário, isto é, quando o Decreto-Lei não regule determinada matéria ou como suplemento ou complemento ao estipulado nesse Diploma. Em caso de conflito, prevalecerá o estipulado no Decreto-Lei. Esta é, pois, a sua força jurídica.

Por outro lado, note-se que a natureza jurídica da actividade LNG deve ter-se por *administrativa*, excepto lá onde, pela natureza das coisas, se trate de uma actividade de cariz meramente comercial (por exemplo, no regime de compra e venda). Esta é, em nosso entender, a leitura correcta do artigo 4.º.

12. *Cláusula laboral*. Nos termos do artigo 36.º e seguintes é estipulada uma contribuição para formação de trabalhadores, mas não a imposição de contratação de pessoal angolano. Se a vontade do Estado angolano e da Sonangol for nesse sentido, então sugere-se

---

[55] Ver art. 52.º n.º 2 do Decreto-Lei, sujeito a interpretação extensiva em relação ao MoU; ver também o art. 3.º, n. 2 do mesmo diploma.

o aditamento de um artigo ou número contendo mais ou menos o seguinte:

«*In conducting Gas operations and activities hereunder, the Angola LNG Limited shall select its employees and determine the number thereof. The Angola LNG Limited shall endeavour to employ a reasonable number of Angolan employees if their professional skills, knowledge and expertise fit with operational requirement. Otherwise, the Angola LNG limited shall be free to employ such expatriate professionals as it deems necessary.*»

13. **Compra de bens e serviços.** Sugere-se que a epígrafe do artigo 48.º seja *"Applicable regime and minimum local content"*, isto para que não restem dúvidas de que o seu objectivo é o de garantir às empresas nacionais um *local content* mínimo.

14. **Expropriação por utilidade pública.** Ao concretizar os termos da "justa compensação" no artigo 50.º deve evitar-se qualquer referência aos princípios gerais de direito internacional ou princípios gerais de direito. Assim, recomenda-se que a redacção da mencionada norma permaneça como actualmente proposto sem mais aditamentos.

15. **Garantia e estabilidade.** À cláusula de garantia e estabilidade deve ser aditada um novo número contendo a previsão de uma excepção: é que a cláusula não deve ser de todo ou em parte aplicada em casos de alteração das circunstâncias. Propomos, assim, o seguinte aditamento no início do n.º 1, do artigo 51.º: «*Subject to the "Force Majeure" clause, the legal regime...*»

Havendo necessidade de proteger outros interesses vitais do Estado angolano, propomos ainda o seguinte aditamento:

«*The above provisions for changes in the terms and conditions of the Agreement shall not apply in the event the legislation of the Republic of Angola introduces amendments to the standards (norms, rules) for operation safety, protection of subsoil, natural environment and health of the population, including those made for the purpose of bringing them into conformity with similar standards (norms, rules) of the accepted and generally recognized international practice.*»

16. **Protecção do ambiente.** Sugere-se uma cláusula de protecção do ambiente, à semelhança do que tem vindo a acontecer nos modernos instrumentos de petróleo e gás, nos seguintes termos:

«**Environment**

Environmental Control

1. *The Angola LNG Limited shall adopt, at its own cost and risk, all the necessary measures for the conservation of reservoirs and other natural resources and for the protection of the air, soil and water in the surface or in the subsurface, subject to the Angolan legislation and rules about environment and, in their absence or lack, adopting Oil and Gas Industry Best Practice with this regard. Within this principle, and without limiting its application, the Angola LNG Limited is obligated to, as a general rule, and with respect to the execution of the Operations, as well as the relinquishment and abandonment of areas and removal and reversion of assets, to preserve the environment and protect the harmony of the ecosystem in the Concession Area, to avoid the occurrence of damages to the fauna, flora and the natural resources, to attend to the safety of persons and animals, to respect the historic and cultural values, and to repair or indemnify the damages resulting from the Angola LNG Limited activities and to perform the environmental remediation acts determined by the competent agencies, all as required by applicable law and Oil and Gas Industry Best Practice.*

2. *The Angola LNG Limited shall also take care that the Operations do not cause any damages or losses which affect other economic or cultural activities in the concession Area, such as agriculture, cattle breeding, forest industry, exploration of renewable natural resources, mining, archeological, biological and oceanographic research, and tourism, or which disturb to well-being of native communities and rural and urban settlements.*

Liability for Damages and Losses

1. *Without prejudice to and applying the provision above mentioned, the Angola LNG Limited shall assume full liability, as and to the extent provided by applicable law and Oil and Gas Industry Best Practice, for all damages and losses to the environment and third parties which result, directly or indirectly, from the Operations and their execution, as well as from their relinquishment and the removal and reversion of assets.*

2. *The Angola LNG Limited shall immediately inform the Angolan authorities on the occurrence of any Natural Gas spill or loss, as well as the measures taken to address the problem.»*

17. **Força maior ou alteração das circunstâncias**. Propomos o aditamento da seguinte cláusula, de vital importância neste tipo de actividades (note-se, no entanto, que o Contrato de Investimento contém uma cláusula de força maior):

«Force Majeure

<u>*Total or Partial Exoneration*</u>

1. *The Parties shall only stop responding to the compliance with the obligations assumed in this Agreement in the case of fortuity or force majeure. The obligor's exoneration described herein shall exclusively occur with regard to the affected portion of the obligation, not being able to be argued for its whole exoneration.*
2. *"Force Majeure" shall mean circumstances which were beyond the reasonable control of the Party concerned.*
3. *Once circumstances, which justify the invocation of the existence of fortuity or force majeure occur, the affected Party shall immediately notify, in writing, the other Party, specifying such circumstances, its causes and consequences. The affected Party shall also immediately notify the end of the fortuity or force majeure situation.*
3. *The affected Party shall use all reasonable diligence to remove or overcome the force majeure situation as quickly as possible in an economic manner.»*

18. **Interpretação**. A decisão do Conselho de Ministros prevista no artigo 52.º não está sujeita a jurisdição arbitral. Esta decisão, não poderá ser alvo de qualquer recurso ao tribunal arbitral competente. Apenas poderá ser alvo de meios contenciosos nacionais/locais na parte em que a decisão tiver carácter vinculativo e não discricionário, a não ser que estejamos perante a figura do erro manifesto. Em suma: a decisão só poderá ser "atacada" por recurso aos instrumentos de contencioso nacional na parte da decisão que tiver carácter vinculativo; a parte da decisão de carácter discricionária só poderá ser "atacada" em caso de erro manifesto.

Note-se que o que pode ser submetido à arbitragem são tão só os efeitos negativos que a decisão possa vir a ter no âmbito do Contrato de Investimento. Nessa óptica, a disputa será accionada *por via do Contrato de Investimento*. Quer isto dizer que a decisão do Conselho de Ministros não poderá violar o Contrato de Investimento.

iii. *Síntese*

19. Em suma:

a) O instrumento principal de regulação da actividade LNG é o Decreto-Lei. Todos os demais diplomas e instrumentos previstos no artigo 4.º serão aplicados a título subsidiário;

b) A natureza jurídica da actividade LNG deve ter-se por *administrativa*, excepto lá onde, pela natureza das coisas, se trate de uma actividade de cariz meramente comercial;

c) Sugere-se o aditamento de um artigo ou número que regule a contratação de pessoal/trabalhadores angolanos;

d) Sugere-se que a epígrafe do artigo 48.º seja *"Applicable regime and minimum local content"*, isto para que não fiquem dúvidas de que o objectivo da norma é o de garantir às empresas nacionais um *local content* mínimo;

e) Recomenda-se que a redacção da norma sobre a expropriação permeneça nos termos actualmente propostos, sem mais aditamentos;

f) À cláusula de garantia e estabilidade deve ser aditada um novo número contendo a previsão de uma excepção;

g) Sugere-se uma cláusula de protecção do ambiente, à semelhança do que tem vindo a acontecer nos modernos instrumentos de petróleo e gás;

h) Propomos o aditamento de uma cláusula de força maior;

i) A decisão do Conselho de Ministros prevista no artigo 52.º não está sujeita a jurisdição arbitral;

j) O que pode ser submetido à arbitragem são tão só os efeitos negativos que a decisão pode vir a ter no âmbito do Contrato de Investimento.

§ 3.º
Da versão preliminar do contrato de investimento

i. *Ponto prévio*

20. O objectivo do Contrato de Investimento é o de concretizar o regime jurídico do Decreto-Lei[56]. Como se verá adiante, este objectivo reveste-se de extrema importância para se indagar a natureza jurídica do Contrato de Investimento.

ii. *Comentário*

21. *Natureza jurídica*. Este preceito, a par da cláusula da lei aplicável e de resolução de litígios, é dos aspectos mais relevantes do Contrato de Investimento. É imperativo que o contrato tenha *natureza administrativa* (ou, em último caso, natureza mista) e não comercial. A diferença, note-se bem, é de monta. A *ratio* ou a teleologia de um contrato de natureza administrativa é a protecção do interesse público (sem no entanto negar o lucro que as partes envolvidas no contrato legitimamente almejem). A *ratio* de um contrato de natureza comercial é simplesmente o lucro comercial, o ganho comercial (excluindo considerações de interesse público).

22. O Contrato de Investimento é um contrato de natureza administrativa por uma série de razões que passamos a enunciar:

Primo, trata-se de um contrato de natureza administrativa *por determinação da lei*. É que, sendo a exploração de recursos naturais uma actividade económica reservada ao *Estado* angolano, ainda que a reserva seja relativa[57], deve entender-se que os instrumentos contratuais que operacionalizam a exploração desses mesmos recursos, devem, em última instância, obedecer a *ratio* da reserva relativa dessa actividade económica por parte do *Estado*: a defesa do interesse público.

---

[56] Cfr. artigo 2.º, n.º 2, do MoU, artigo 3.º, do Decreto-Lei, e art. 6.º do Contrato de Investimento.

[57] Cfr. artigo 13.º, n. 4, da Lei de Delimitação de Sectores da Actividade Económica.

Secundo, trata-se de um contrato de natureza administrativa *por "natureza" do próprio contrato*: é um contrato que tem na sua base a transferência para um particular do exercício de uma actividade pública legalmente reservada à Administração (a exploração de recursos naturais constitui uma actividade reservada do *Estado*, ainda que a reserva seja relativa). Por outro lado, a actividade transferida será exercida por conta e risco do particular (ou particulares) que a exploram, mas no interesse geral. No caso concreto, trata-se de transferir para um particular (ou conjunto de particulares) o exercício da actividade de conceber, projectar, construir e explorar *gás natural em estado líquido* (LNG). Trata-se de uma actividade que por natureza (e por lei) deve ser exercida ao abrigo do regime jurídico-administrativo. Contratos de natureza administrativa são, pois, aqueles que têm um objecto público.

Tertio, trata-se de um contrato de natureza administrativa *por vontade das partes*. Tal como dissemos anteriormente, o objectivo último (ou primeiro, dependendo do ângulo de análise) do Contrato de Investimento é o de concretizar a regulação do Projecto Angola LNG prevista no Decreto-Lei. Ora, não se entende como podem as partes operacionalizar o Decreto-Lei, senão através de um instrumento contratual de natureza idêntica ou semelhante ao Decreto, isto é, um instrumento contratual de natureza administrativa. Só assim, *inter alia*, se justifica a presença do próprio Estado angolano como parte contratante (quer o *Estado* quer a *Sonangol* fazem parte da Administração Pública e intervêm nas negociações nessa qualidade), ainda que despida de determinados poderes soberanos. Uma coisa é o Estado angolano ser parte contratante despida de determinados poderes soberanos, outra, com a qual não podemos nem devemos confundir, é a natureza administrativa do Contrato de Investimento. A nota dominante nesta modalidade contratual não é, por conseguinte, a presença necessária da Administração Pública mas, ao invés, *a regulação jurídica de uma actividade da Administração Pública*.

23. Repetimos, agora com mais desenvolvimento: a principal consequência da qualificação do Contrato de Investimento como um contrato de natureza administrativa é a da sua submissão a um regime jurídico-administrativo, quer na perspectiva substantiva, quer na perspectiva adjectiva. Senão vejamos.

Do ponto de vista substantivo, o Contrato rege-se, para além das cláusulas nele expressamente previstas, pelo Decreto-Lei, bem como pelos demais diplomas nele previstos, dos quais cumpre destacar, no plano da lei ordinária, a Lei das Actividades Petrolíferas, a Lei sobre a Tributação das Actividades Petrolíferas, a Lei Cambial, e a Lei Aduaneira, e ainda, no plano constitucional, a Constituição da República de Angola (mesmo que não expressamente referida pelo Decreto-Lei).

Do ponto de vista adjectivo, a natureza administrativa do Contrato de Investimento tem como consequência a atribuição de competência à jurisdição administrativa para conhecimento dos litígios respeitantes ao mesmo, podendo, no entanto, e como previsto no próprio Contrato de Investimento, a resolução de *certo* tipo de litígios ser submetida a tribunais arbitrais nacionais ou internacionais.

24. Importa, todavia, evitar equívocos. Ao dizermos que o Contrato de Investimento tem natureza administrativa, não estamos a excluir a possibilidade (legal e lógica) de uma parte do objecto deste contrato ser passível de um contrato de direito privado, o mesmo é dizer, de ter como objecto situações jurídicas que podem constituir objecto de contrato de direito privado. Clarifiquemos a nossa posição.

O Contrato de Investimento tem natureza administrativa. Ora, o carácter administrativo não tem de ser absoluto, podendo, aliás como vimos anteriormente, ser *relativo* (mas maioritário). Isto que dizer que uma parte do objecto do Contrato de Investimento (sempre minoritária) poderá produzir direitos e deveres que podem, em teoria, tanto ser passíveis de um contrato de natureza administrativa como de um contrato privado. *Nessa parte* (e apenas nessa!), sempre minoritária diga-se, estamos perante um contrato de natureza mista.

25. Admita-se, ainda que não concedendo, que o *Estado* e a *Sonangol* tiveram a intenção de recorrer a uma instrumento inteiramente de natureza privada. *Quid juris?*

Note-se que o uso do direito privado por parte da Administração Pública difere completamente do uso do direito privado por parte de duas ou mais entidades privadas. No último caso estamos perante o *Direito Privado puro*, enquanto que no primeiro caso, onde participa a Administração Pública, estamos perante um *direito privado especial*. E porquê? Porque há princípios que vinculam sempre a Administração Pública, seja quando esta usa o Direito Público seja quando esta recorre ao Direito Privado: *os princípios da legalidade, justiça, imparcialidade, proporcionalidade* e, acima de tudo, da *prossecução do interesse público e da protecção dos interesses dos particulares.*

26. Numa palavra: o Direito Privado enquanto Direito utilizado pela Administração Pública nunca se apresenta no seu estado puro. Isto resulta do facto de a Administração Pública, independentemente da natureza jurídica do instrumento utilizado, actuar sempre para prossecução do interesse público (mas com respeito pelos interesses particulares). Enquanto for utilizado pela Administração, o Direito Privado nunca será *genuíno*, havendo sempre como que uma *mestiçagem* entre este e os princípios e regras do Direito Público.

27. A terminar, gostaríamos de chamar a atenção para a relevância prática (e não apenas teórica) da natureza jurídica do contrato. Para tanto, nem precisamos sair do âmbito do artigo 2.º do Contrato de Investimento. Este preceito ressalva a cláusula de resolução (arbitral) de litígios da natureza jurídica do Contrato de Investimento: independentemente da natureza jurídica do Contrato, o artigo 72.º aplica-se.

Se o contrato tiver natureza privada, então não há mais nada a dizer. Ao invés, tendo o Contrato natureza administrativa, coloca-se a dúvida quanto ao escopo do artigo 72.º. É que, tendo o Contrato natureza administrativa a cláusula arbitral vincula apenas e tão só as partes do contrato. Qualquer interessado, não parte do contrato, poderá ter legitimidade processual para recorrer à jurisdição administrativa angolana, nos termos da lei nacional.

Por outro lado, nos litígios onde existam contra-interessados colocam-se dúvidas à possibilidade de recurso à arbitragem, excepto se os contra-interessados aceitarem o compromisso arbitral.

iii. *Síntese*

28. Em síntese:

a) O objectivo do Contrato de Investimento é o de concretizar o regime jurídico do Decreto-Lei;

b) O Contrato de Investimento é um contrato de natureza administrativa por força de lei, pela natureza do contrato, e por vontade das partes.

C. Conclusões

Quanto ao Memorando de Entendimento:

a) O MoU é o único instrumento jurídico que se encontra actualmente em vigor regulador das relações jurídicas emergentes do Projecto Angola LNG;

b) O âmbito de aplicação subjectiva do MoU é menor quando comparado com o Contrato de Investimento;

c) As obrigações jurídicas da Sonangol no âmbito do MoU são obrigações jurídicas de meios e não de resultado. A Sonangol obriga-se a "envidar os seus melhores esforços" (art. 17.º, n.º 3) e não a produzir determinados resultados;

d) Com a aprovação do Decreto-Lei e a celebração do Contrato de Investimento, o MoU perderá a sua força jurídica, sendo substituído por estes instrumentos jurídicos. Mas não perderá a sua relevância jurídica, agindo como elemento contextual interpretativo;

e) O MoU determina como regime jurídico aplicável a Lei das Actividades Petrolíferas, o Decreto-Lei, a Lei de Bases do Investimento Privado (pelo menos, o artigo 3.º, n.º 1), a Lei sobre a Tributação das Actividades Petrolíferas, a Lei Cambial, a Lei Aduaneira e o Contrato de Investimento (artigo 2.º);

f) A cláusula de estabilidade contida no artigo 13.º do MoU não prevê uma excepção que nos parece óbvia: a sua não aplicação quando se verificar uma situação de alteração das circunstancias.

Quanto ao Decreto-Lei:

a) O instrumento principal de regulação da actividade LNG é o Decreto-Lei. Todos os demais diplomas e instrumentos previstos no artigo 4.º são aplicados a título subsidiário;

b) A natureza jurídica da actividade LNG deve ter-se por *administrativa*, excepto quando, pela natureza das coisas, se trate de uma actividade de cariz meramente comercial;

c) Sugere-se o aditamento de um artigo ou número que regule a contratação de pessoal/trabalhadores angolanos;

d) Sugere-se que a epígrafe do artigo 48.º seja «*Applicable regime and minimum local content*», isto para que não fiquem dúvidas de que o objectivo da norma é o de garantir às empresas nacionais um *local content* mínimo;

e) Recomenda-se que a redacção da norma sobre expropriação permeneça nos termos actualmente propostos, sem mais aditamentos;

f) À cláusula de garantia e estabilidade deve ser aditada um novo número contendo a previsão de uma excepção;

g) Sugere-se uma cláusula de protecção do ambiente, à semelhança do que tem vindo a acontecer nos modernos instrumentos de petróleo e gás;

h) Propomos o aditamento de uma cláusula de força maior;

i) A decisão do Conselho de Ministros prevista no artigo 52.º não está sujeita a jurisdição arbitral;

j) O que pode ser submetido à arbitragem são tão só os efeitos negativos que a decisão pode vir a ter no âmbito do Contrato de Investimento.

Quanto ao Contrato de Investimento:

a) O objectivo do Contrato de Investimento é o de concretizar o regime jurídico do Decreto-Lei;

b) O Contrato de Investimento é um contrato de natureza administrativa por força de lei, por natureza do contrato, e por vontade das partes.

Este é, salvo melhor opinião, o parecer de

CARLOS FEIJÓ & N'GUNU TINY

Cambridge, Boston, MA, 30 de Setembro de 2005

VI.

Contrato de Investimento Angola LNG: Lei Aplicável e Resolução de Litígios

Consulta

A Consulente solicitou o nosso parecer jurídico sobre as seguintes questões:

1. À luz das regras legais e contratuais pertinentes, é ou não – e, em caso negativo, como tornar – juridicamente vantajoso para o Estado angolano e para a *Sonangol, E.P.* a redacção da *cláusula da lei aplicável* da versão preliminar do contrato de investimento Angola LNG?
2. À luz das regras legais e contratuais pertinentes, é ou não – e, em caso negativo, como tornar – juridicamente vantajoso para o Estado angolano e para a *Sonangol E.P.* a redacção da *cláusula de resolução de litígios* da versão preliminar do contrato de investimento Angola LNG?

Quid Juris?

Para realizarmos este estudo foram-nos facultadas cópias de uma versão preliminar dos seguintes documentos: Contrato de Investimento Angola LNG; Projecto de Decreto-Lei que Aprova o Projecto Angola LNG; e Memorando de Entendimento sobre Enquadramento Legal, Estrutura Societária, Questões Fiscais e Questões Conexas Relacionadas com o Projecto Angola LNG.

Parecer

A. Introdução

1. Na resolução das questões sobre as quais é pedido o nosso parecer adoptaremos a seguinte sequência:

Da cláusula da lei aplicável (§ 1.º): a cláusula da lei aplicável; exame da cláusula da lei aplicável; síntese e proposta de *lege ferenda*.

Da cláusula de resolução de conflitos (§ 2.º): a cláusula de resolução de conflitos; exame da cláusula de resolução de conflitos; síntese e proposta de *lege ferenda*.

Por último, apresentaremos as nossas conclusões.

B. Da cláusula da lei aplicável e da resolução de litígios

§ 1.º
Da lei aplicável

ii. *A cláusula da lei aplicável*

2. É *mister* iniciar com um duplo esclarecimento. A primeira nota é de cariz metodológico. Para a presente consulta, optou-se por tomar em consideração na análise das cláusulas da lei aplicável e de resolução de litígios (bem como em relação a outras cláusulas pertinentes) não só o texto originalmente proposto, mas também as alterações propostas por algumas das partes do Contrato de Investimento. Cremos que esta metodologia é a que melhor aproveita à consulente, na medida em que analisa não só as soluções originariamente previstas mas também aquelas que, no decorrer das discussões, foram naturalmente surgindo.

A segunda nota, complementar à primeira, tem que ver com os elementos auxiliares de interpretação da cláusula da lei aplicável da versão preliminar do Contrato de Investimento. É que, note-se bem, o artigo 71.º da versão preliminar do Contrato de Investimento deve ser interpretado à luz, e conjuntamente, *inter alia*, com as seguintes disposições:

– Artigo 62.º (Interpretação)[58], art. 72.º (Resolução de Litígios) e Artigo 55.º (Cláusula de Estabilização)[59] da versão preliminar do Contrato de Investimento;
– Artigo 15.º (Lei Aplicável e Litígios)[60] do Memorando de Entendimento[61]; e
– Artigo 4.º (Âmbito de Aplicação), art. 51.º (Cláusula de Estabilização) e art. 52.º (Interpretação)[62] da versão preliminar do Decreto-Lei que aprova o Projecto Angola LNG.

Em suma: para efeitos da resposta à primeira questão da nossa Consulta, é necessário proceder a uma análise (intra[63] e inter[64]) sistemática da cláusula da lei aplicável, fazendo jogar o artigo 71.º da versão preliminar do Contrato de Investimento com outras regras jurídicas pertinentes. A seu tempo, voltaremos a esta temática.

---

[58] Que estabelece o princípio da interpretação favorável aos *standards* industriais.

[59] Que estabelece que, em termos gerais e sujeito a certas limitações, o regime jurídico aplicável ao Contrato não poderá ser alterado durante determinado período de tempo, actuando, assim, como elemento estabilizador da vontade e legítimas expectativas das Partes.

[60] Note-se que este artigo prevê que ao Memorando de Entendimento seja aplicável a lei angolana bem como os princípios gerais do direito internacional aplicáveis. Note-se, porém, que o Memorando de Entendimento não prevalece em relação ao Contrato de Investimento quando e se este for assinado.

[61] Note-se que o Memorando de Entendimento constitui um acordo preliminar de manifestação da vontade de ambas às partes – Estado angolano/Sonangol, E.P. e investidores privados – de contratar (isto é, *acordos de intenção de investimento*) e não um acordo definitivo de investimento previsto na legislação interna angolana (isto é, *acordos definitivos de investimento*).

Note-se, que os contratos internacionais (de investimento) podem ser, quanto ao grau de vinculação para o Estado angolano, agrupados em dois grupos: os *acordos de intenção de investimento* ("soft law agreements") e os *acordos definitivos de investimento* ("hard law agreements"). Os primeiros, como a própria denominação indica, são acordos para-jurídicos em que as partes declaram a mútua intenção de iniciar negociações e consultas recíprocas para a obtenção de um contrato futuro e definitivo. O seu grau de vinculação jurídico é, pois, mínimo. No entanto, convém sublinhar que apesar de mínima a vinculação jurídica existe, dando origem nomeadamente a deveres e obrigações resultantes da regra geral da boa fé e do princípio geral *pacta sunt servanda* (os pactos devem ser cumpridos).

O Contrato de Investimento objecto da nossa Consulta deve, por conseguinte, ser interpretado à luz e em conjunto com o Memorando de Entendimento.

[62] Que estabelece o princípio da prevalência do Decreto-Lei, quando aprovado, sobre o Contrato de Investimento, quando assinado.

[63] Tendo em conta as normas jurídicas internas ao próprio Contrato de Investimento.

[64] Tendo em conta as normas jurídicas externas ao Contrato de Investimento.

100   *A Regulação do Gás Natural em Angola*

3. A redacção do artigo 71.º da versão preliminar do Contrato de Investimento é a seguinte:[65]

ARTICLE 71
Governing law

1. This Contract is governed by Angolan law.
2. The following rules of international law shall also apply:
(a) the right to enforce contractual rights against a State party (the rule "pacta sunt servanda");
(b) the right to prompt, adequate and effective compensation in case of expropriation of tangible properties or property rights or interference with contract rights.

4. De entre essas regras, cumpre destacar:

Primo, o Contrato de Investimento será regulado pela lei angolana, isto é, por todas as regras substantivas do ordenamento jurídico angolano aplicáveis ao Contrato, incluindo, note-se bem, as regras e princípios de resolução de conflitos do âmbito do direito internacional privado.

Secundo, o contrato não será regulado, em termos gerais, pelos princípios gerais de direito internacional.

Tertio, o contrato será regulado, no entanto, por dois regimes específicos do direito internacional: o prípcípio de *pacta sunt servanda* (isto é, os contratos devem ser integralmente cumpridos) e o direito à justa, pronta e adequada indemnização em caso de expropriação por utilidade pública ou actos de natureza análoga.

5. Percebe-se, refira-se a findar, a solução contratualmente exposta.

É que, compreendemos correctamente a vontade declarada, as partes contratantes pretenderam submeter o Contrato às regras pertinentes da ordem jurídica angolana, salvaguardando com o recurso ao direito internacional duas ideias chaves nos contratos internacionais de petróleo e gás: a ideia de cumprimento integral das obrigações contratuais e a ideia da justa compensação. Sob este prisma, repete-se, compreendemos bem o que as partes pretenderam.

---

[65] Com as alterações sugeridas pelas Partes contratantes.

6. Ora bem, é ou não esta cláusula juridicamente vantajosa para Estado angolano e para a *Sonangol, E.P.*?
Responde-se pela negativa. Vejamos.

ii. *Exame da cláusula da lei aplicável*

7. A primeira questão da consulta consiste em saber se, à luz das regras legais e contratuais pertinentes, é ou não – e, em caso negativo, como tornar – juridicamente vantajoso para o Estado angolano e para a *Sonangol, E.P.* a redacção da *cláusula da lei aplicável* da versão preliminar do contrato de investimento Angola LNG?

Para tal, é *mister* distinguirmos dois horizontes analíticos: um que diz respeito ao Contrato de Investimento em geral e outro que diz respeito aos interesses do Estado angolano e da *Sonangol, E.P.*

É isto que faremos de seguida.

a) *A questão à luz do contrato de investimento:*

8. Um dos aspectos mais relevantes na negociação dos contratos internacionais de petróleo e gás prende-se, precisamente, com a escolha da lei aplicável. Tendo isso em mente, não é de estranhar que a maioria dos contratos prevê como lei aplicável a lei local. Esta solução, hoje, vigora em quase todos os instrumentos contratuais internacionais na área do petróleo e gás. Sendo assim, não é de estranhar, mas antes de aplaudir, que o Contrato de Investimento tenha escolhido como direito aplicável a lei angolana.

9. No entanto, alguns contratos internacionais de investimento, prevêem ou antecipam situações em que a lei local não é aplicável, contém lacunas ou omissões, ou não é de todo conveniente ou vantajosa (ou mesmo credível). Assim, também é frequente, ainda que não natural, a referência a certas regras e princípios gerais do direito, nomeadamente do direito internacional.

10. É de referir também que, nos dias de hoje, muitos instrumentos contratuais internacionais têm vindo a adoptar técnicas de estabilização dos contratos de investimento. Esta cláusula, em termos gerais, estabelece que certos princípios e regras do regime jurídico aplicável ao contrato internacional de investimento são imutáveis

durante um certo período de tempo. Note-se que esta cláusula serve de complemento ou mesmo substituição à aplicação de alguns princípios gerais de direito internacional. O que se pretende é tão-só a protecção de forma mais rigorosa e transparente dos direitos das partes bem como das suas legítimas expectativas. Como já vimos, o Contrato de Investimento objecto da presente consulta contém uma cláusula de estabilização.

11. Com este enquadramento em mente, enunciemos as opções de conteúdo da *cláusula da lei aplicável* susceptíveis de controversia. Elas são duas: a *primeira*, diz respeito à *não* expressa exclusão das regras e princípios de conflito de leis da lei angolana. Este aspecto, como se verá, é de vital interesse para o Estado angolano e para a *Sonangol, E.P*, pois sem esta protecção, as suas legítimas expectativas poderão vir a ser seriamente goradas; a *segunda* opção polémica, tem que ver com o recurso a regras de direito internacional no n.º 2, do artigo 71.º.

Analisemos estas duas opções.

b) *A questão à luz do interesse do Estado angolano e da Sonangol E.P.*

12. As partes podiam ter acordado que o direito aplicável é o direito angolano com exclusão das regras e princípios de conflitos de leis. Mais: as partes podiam ter acordado a não referência em absoluto ao direito internacional.

Mas não: este não foi o entendimento das Partes. Vamos por partes.

13. Pergunta-se: *é possível a exclusão das regras e princípios de conflito de leis vigentes no ordenamento jurídico angolano?*

Cremos bem que sim.

É que, se assim não fosse, veríamos goradas a intenção das partes: aplicar o direito local! O ponto é este: sendo aplicáveis as regras e princípios de conflitos de leis do direito angolano, seria então possível, *ex vi* dessas regras, a aplicação ao Contrato de Investimento de um direito estrangeiro, desde que esse tivesse conexão com o contrato. Por exemplo, o direito da ordem jurídica de uma das partes do Contrato de Investimento podia, por esta via, vir a ser chamado a regular o contrato.

É manifesto que a intenção das partes do Contrato de Investimento, agindo estas de boa-fé, vai no sentido de aplicar apenas e tãosó o direito angolano, com exclusão de qualquer direito estrangeiro. Ora, a presente redacção do artigo 71.º não nos garante isso.

14. Logo, a referência ao direito angolano deve ser acompanhada da expressa exclusão das regras de conflitos. Com isso, repetimos, pretende-se evitar o chamamento ou aplicação de um qualquer direito estrangeiro em conexão com o Contrato de Investimento, *ex vi* das regras de conflito do direito angolano.

15. Voltemo-nos agora para a referência ao direito internacional público. A questão agora consiste em saber: se o Contrato faz referência a princípios de direito internacional; exactamente quais os princípios de direito internacional é que são referidos; e, finalmente, como é que estes princípios se relacionam com o direito angolano.

16. É bom notar que a jurisprudência constante dos tribunais internacionais adopta como critério de internacionalização dos contratos a referência aos princípios gerais do direito internacional, abrindo, desta forma, as portas à aplicação do direito estrangeiro (e, por esta via, sujeitando o contrato de investimento ao direito internacional costumeiro) e, por outro lado, atribuindo aos tribunais internacionais ou arbitrais um amplo poder discricionário na concretização destes princípios de direito internacional[66]. Daí a nossa chamada de atenção no sentido de manter estes princípios fora do âmbito de regulação do Contrato de Investimento.

17. Pergunta-se: *será a referência aos princípios de direito internacional a melhor forma de garantir a estabilização de um contrato de investimento?*

Não é este, diga-se em abono da verdade, o entendimento hoje dominante. Hoje a doutrina internacional sustenta que o recurso aos princípios internacionais não é a única e, talvez, nem é a melhor forma de se garantir a estabilização de um contrato de investimento. A estabilização contratual, é hoje geralmente garantida através de

---

[66] Que, em boa verdade se diga, são geralmente aplicáveis de modo a favorecer os investidores. V., por todos, M. Sornarajah, *The International Law on Foreign Investment* (Cambridge, Cambridge University Press, 2004); e Y. Dezalay e B. Garth, *Dealing in Virtue: International Commercial Arbitration and the Construction of a Transnational Legal Order* (Chicago, the University of Chicago Press, 1996).

uma cláusula de estabilização (como vimos prevista no artigo 55.º da versão preliminar do Contrato de Investimento). A referência ao direito internacional, ao invés, tem sido progressivamente eliminada ou duplamente constrangida, sendo feita uma referência a regimes ou regras específicas de direito internacional ou sujeitando a aplicação deste a certos condicionalismos, como por exemplo: a existência de lacuna legislativa, a compatibilidade com regras do direito nacional, ou ainda, a compatibilidade com outros princípios jurídicos (por exemplo da *common law*). Por conseguinte, a referência ao direito internacional geral é, na maior parte dos casos, feita de forma casuística ou condicionada.

18. É também esta a lição do Direito Comparado.

Vejamos, por todos, os seguintes casos no âmbito dos contratos internacionais de petróleo e gás: no *Azerbeijão*, existe uma referência casuística a regra da *pacta sunt servanda* (tal como está previsto no Contrato de Investimento objecto da nossa Consulta); na *China*, país que cada vez assume maior relevo na cena mundial, os princípios do direito internacional só são aplicáveis nos casos de inexistência de princípios do direito chinês (o direito internacional tem, pois, carácter subsidiário); na *Índia*, outra potência emergente, o direito internacional é aplicável se e apenas quando não contrariar o direito indiano; no *Kazaquistão*, o direito internacional é aplicável em caso de lacuna do direito kazaquistanês, isto é, quando o direito local não regula determinada matéria. Como se pode verificar, este tipo de soluções jurídicas são aplicadas em várias jurisdicções.

19. Com este pano de fundo, recolocamos então a questão formulada: d*eve ou não constar da versão preliminar a menção a regras de direito internacional?*

Repete-se: a prudência aconselha a que, a existir referência a regras de direito internacional, estas sejam bem recortadas e especificadas.

20. Na verdade, não vemos qualquer obstáculo à referência à regra-mãe *pacta sunt servanda* [artigo 71.º, n. º 2, alínea a)].

21. Já, ao invés, a regra da justa compensação [artigo 71.º, n.º 2, alínea b)], merece-nos sérias reservas. E porquê? Porque com esta formulação convoca-se a possibilidade de, em caso de expropriação ou actos análogos, ser aplicável o princípio do *"minimum*

standard"[67], isto é, aplicar-se ao cálculo da justa indemnização[68] o *standard* mínimo vigente no direito internacional do investimento, entre outros[69]. Ora, ao contrário do que é sugerido pelo nome, o *minimum standard* é, na verdade, uma cláusula de *maximum standard*, pela qual se aplicam os *standards* máximos na protecção dos investidores, *vis-à-vis* os Estados inadimplentes. Trata-se, como é fácil de se ver, de um termo impreciso e suficientemente vago para colocar nas mãos do árbitro um poder discricionário muito amplo, usado as mais das vezes em detrimento dos interesses dos Estados.

iii. *Síntese e proposta de* lege ferenda

22. É chegada a altura de seriar os principais resultados da análise efectuada. Por um lado, a referência ao direito angolano deve ser clarificada. Em primeiro lugar, por direito angolano deve ser entendido o direito substantivo angolano. Em segundo lugar, a referência ao direito substantivo angolano, pelas razões atrás expostas, não deve incluir as regras e princípios de resolução de conflitos do âmbito do direito internacional privado[70]. Assim, *ex vi* das regras e princípios de resolução de conflitos, evita-se o chamamento de uma regra de um qualquer direito estrangeiro em conexão com o contrato ou, conforme o caso, com o fundo da causa.

---

[67] Inicialmente também referido por "costumary international law standards of foreign investment proctetion". Para um panorama da jurisprudência internacional sobre o assunto, veja, por exemplo, *Mondev v. United States* (2003) 42 ILM 85; *UPS v. CanadaPost* (2003); *ADF v. United States* (2003) ARB (AF)/00/1; e *AAPL v. Sri Lanka* (1991) 30 ILM 577.

[68] Há quem reclame, ao abrigo da cláusula de *minimum standard*, o máximo *quantum* da indemnização (*full market value as compensation*), incluindo os lucros cessantes.

[69] Protecção da propriedade, acesso à justiça e *due process*, responsabilidade do Estado, etc..

[70] É que, esclareça-se de uma vez por todas, estas regras embora denominadas de direito internacional privado, pertencem ao âmbito substantivo do ordenamento jurídico interno.

23. Nestes termos, a nossa proposta de *lege ferenda* é a seguinte:

«ARTICLE 71
Governing Law

This Contract shall be governed by, construed, interpreted and enforced in accordance with the substantive laws of Angola, to the exclusion of any conflicts of law rules and principles which would refer the matter to the laws of another jurisdiction.»

24. A decidir-se pela introdução da referência ao direito internacional, esta deverá ser feita de forma casuística[71], isto é, em relação a regimes jurídicos específicos, evitando-se sempre, pelas razões atrás expostas, a referência aos princípios gerais do direito internacional. Assim, a haver referência ao direito internacional, a nossa proposta de *lege ferenda* é a seguinte:

«ARTICLE 71
Governing Law

1. This Contract shall be governed by, construed, interpreted and enforced in accordance with the substantive laws of Angola, to the exclusion of any conflicts of law rules and principles which would refer the matter to the laws of another jurisdiction.

2. The following rules of international law shall also apply:

(a) the right to enforce contractual rights against a State party (the rule "pacta sunt servanda");

(b) the right to prompt, adequate and effective compensation in case of expropriation of tangible properties or property rights or interference with contract rights.»

Estas são, em suma, as nossas propostas de *lege ferenda* para a cláusula da lei aplicável.

Debrucemo-nos agora sobre a segunda questão da Consulta.

---

[71] Mas veja-se, porém, as ressalvas e dúvidas *supra* enumeradas.

§ 2.º
Da cláusula de resolução de litígios

i. *A cláusula de resolução de litígios*

25. Importa, logicamente, principiar por apresentar os traços gerais da cláusula de resolução de litígios.

De acordo com a versão preliminar do Contrato de Investimento o artigo 72.º apresenta a seguinte redacção[72]:

> *«ARTICLE 72*
> ***Settlement of disputes***
>
> *1. Any disputes, differences or claims arising from or relating to the interpretation or application of this Contract or the breach, termination or validity thereof, for which it has not been possible or the Parties have failed to reach an amicable settlement, shall be resolved exclusively and definitively by arbitration.*
>
> *2. If any dispute arises, the aggrieved Party shall notify in writing the other Party giving full details of and reasons for the dispute. If the dispute is not resolved within 30 days after the date of such aggrieved Party's written notice, the aggrieved Party may refer the dispute to arbitration in accordance with this Article 72.*
>
> *3. Except as otherwise provided for in this Article, disputes submitted to arbitration shall be settled in accordance with the UNCITRAL Arbitration Rules in force at the time of the arbitration.*
>
> *4. Any arbitration commenced shall be administered by the London Court of International Arbitration (LCIA).*
>
> *5. The arbitral tribunal shall comprise three arbitrators, one appointed by the Claimant, another by the Respondent and the third, who will chair the proceedings, chosen jointly by the first two appointees.*
>
> *6. The appointing authority, in the event a Party fails to appoint as provide above or the two appointed arbitrators fail to agree on a third, shall be the LCIA and the standard LCIA administrative procedures and schedule of costs shall apply.*
>
> *7. The arbitral tribunal shall find in accordance with Angolan substantive law and the relevant principles of international law.*

---

[72] Com as alterações introduzidas pelas Partes contratantes.

8. The arbitral tribunal shall hold its proceedings in Geneva, Switzerland, and the arbitration shall be conducted in the English language.

9. This arbitration clause constitutes explicit waiver of any immunity or privilege which any of the Parties, including the State and Sonangol, may have in relation to the validity or enforceability of the arbitral award or any decision relating to the same.

10. The award shall be final and binding and enforceable against any litigant in any court having jurisdiction in accordance with its laws.

11. No consequential or punitive damages shall be included in the award.»

26. Dentre as regras que se acabam de trancrever cumpre destacar:

Primeiro, o recurso a arbitragem como meio de resolução de litígios[73].

Segundo, as regras processuais da arbitragem são as regras jurídicas da UNCITRAL.

Terceiro, o tribunal arbitral competente é o *London Court of International Arbitration* (LCIA); o local da arbitragem é Genebra, Suiça.

Quarto, o direito aplicável ao fundo da causa é o direito angolano, bem como os princípios gerais do direito internacional.

Quinto, a decisão arbitral é final e possui força executiva.

27. Antes de enunciarmos as questões pertinentes nesta sede, devemos brevemente qualificar a natureza jurídica da arbitragem em análise. Quanto ao critério da vontade das partes, estamos perante uma *arbitragem voluntária* (e não necessária), na medida em que a existência desta resulta da vontade contratual das partes e não de uma imposição legal.

Quanto à natureza funcional da arbitragem, estamos perante uma *arbitragem institucionalizada* (e não *ad hoc*), na medida em que esta se caracteriza pela intervenção de uma instituição especializada de carácter permanente, isto é, de um centro de arbitragem (a *London Court of International Arbitration*).

---

[73] Diga-se, a título de curiosidade, que a ideia moderna de arbitragem surgiu com o Tratado de Jay (1794), assinado pelos Estados Unidos e pelo Reino Unido, o qual previa um sistema arbitral através de comissões mistas.

Quanto ao padrão jurídico regulador do litígio, estamos perante uma *arbitragem segundo a lei* (e não segundo a equidade), na medida em que os árbitros decidem segundo uma lei, a lei angolana e certas regras de direito internacional, e não de acordo com razões de conveniência, de oportunidade, e de justiça concreta.

Finalmente, quanto à natureza dos interesses que constituem o objecto da arbitragem, estamos perante uma *arbitragem internacional* (e não interna), na medida em que esta versa sobre litígios emergentes de relações jurídicas internacionais (como é o caso do Contrato de Investimento objecto da nossa consulta)[74].

28. São três as questões que importa abordar. *São as regras da UNCITRAL juridicamente vantajosas (ou desvantajosas) para o Estado angolano e para a Sonangol, E.P? Como pode o tribunal arbitral competente ser em Londres, Reino Unido, e o local de arbitragem em Genebra, Suíça? Como pode o artigo 72.º fazer referência aos princípios gerais do direito internacional quando o artigo 71.º (Lei Aplicável) faz referência apenas a duas regras concretas do direito internacional?*

A estas questões dedicaremos os próximos parágrafos.

ii. *Exame da cláusula de resolução de litígios*

29. Com estas dúvidas em mente, enfrentemos agora a segunda questão da Consulta. Recorde-se: saber se à luz das regras legais e contratuais pertinentes, é ou não – e, em caso negativo, como tornar – juridicamente vantajoso, para o Estado angolano e para a *Sonangol, E.P.*, a redacção da *cláusula de resolução de litígios* da versão preliminar do Contrato de Investimento do Projecto Angola LNG.

Vamos por partes.

Analisemos, em primeiro lugar, a questão à luz do Contrato de Investimento em geral.

---

[74] Sobre a tipologia das arbitragens, veja, por exemplo, ESQUIVEL, J.L., *Os Contratos Administrativos e a Arbitragem,* Coimbra, Almedina, 2004, pp. 113 e ss.

a) *A questão à luz do contrato de investimento*

30. Duas curtas notas. O recurso à arbitragem tem vindo a constituir cada vez mais a solução adoptada nos contratos internacionais de petróleo e gás. Como tal, deve ser visto como natural o recurso à arbitragem no Contrato de Investimento objecto da nossa Consulta.

31. Por outra banda, a escolha das regras da UNCITRAL como sendo as regras aplicáveis ao *procedimento* arbitral (mas não ao fundo da causa como veremos) afigura-se-nos uma escolha manifestamente acertada. Trata-se de um conjunto de regras modernas e *neutras* (prova disso é que foram elaboradas e aprovadas sob os auspícios das Nações Unidas).

32. A nossa dúvida prende-se, antes, com a escolha do direito aplicável ao fundo da causa e com o local escolhido para a arbitragem. E vejamos porquê.

b) *A questão à luz do interesse do Estado Angolano e da Sonangol, E.P.*

33. Concretizemos os termos do primeiro problema. *É possível prever-se na cláusula de resolução de conflitos de interesses que o tribunal arbitral competente é o London Court of International Arbitration, em Londres, e o local da arbitragem em Genebra, Suíça?*

Que pensar?

34. Tal cláusula apresenta uma contradição nos termos. Das duas uma: ou o tribunal arbitral competente é o *London Court of International Arbitration* e a arbitragem realizar-se-á em Londres (ainda que uma das Partes do Contrato tenha a sua sede em Londres – a BP), ou a arbitragem tem lugar em Genebra, sob os auspícios de um outro tribunal arbitral. Cremos ser esta a melhor solução.

35. O segundo problema tem que ver com a lei aplicável ao fundo da causa pelo tribunal arbitral. É que o artigo 72.º prevê, no seu n.º 7, que o direito aplicável é o direito substantivo angolano, bem como os princípios gerais do direito internacional aplicáveis. Esta formulação entra em flagrante contradição com o artigo 71.º acima analisado. Por tudo o que dissemos anteriormente, a referência aos princípios gerais do direito deverá ser suprimida, prevalecendo a formulação do artigo 71.º.

36. Acrescentemos duas notas mais.

A primeira tem que ver com a língua a ser utilizada no procedimento arbitral. Propomos o aditamento de um novo número ao artigo 72.º, que estipule claramente que a língua a ser utilizada na arbitragem dever ser o inglês e que os árbitros escolhidos devem, logicamente, ser fluentes em inglês.

37. A segunda nota, tem que ver com o regime jurídico da confidencialidade na arbitragem. Propomos que o dever de confidencialidade seja estendido aos procedimentos arbitrais. O artigo 61.º (Confidencialidade) tem como objecto o conteúdo do Contrato de Investimento e a sua implementação. Cremos ser vantajoso, em sede de arbitragem, criar um direito autónomo das Partes à confidencialidade.

Por aqui nos quedamos.

iii. *Síntese e proposta de* lege ferenda

38. Resumindo, em resposta à segunda questão da Consulta concluímos o seguinte:

Primeiro, o direito aplicável ao fundo da causa deve, logicamente, reflectir o preceituado no artigo 71.º. Logo, o tribunal arbitral deve aplicar o direito angolano (com exclusão das regras de conflito, caso essa parte venha a ser introduzida no artigo 71.º) e as regras de direito internacional (apenas essas!) mencionadas no artigo 71º.

Segundo, quanto ao local da arbitragem, a norma deve prever o caso de as partes, por mútuo acordo, poderem proceder à sua alteração.

Terceiro, recomenda-se a introdução de uma cláusula autónoma que regule a língua do procedimento arbitral, prevendo-se que a língua a ser utilizada na arbitragem deve ser o inglês e que os árbitros escolhidos devem, logicamente, ser fluentes em inglês.

Quarto, recomenda-se a introdução de uma cláusula autónoma prevendo um direito igualmente autónomo das partes à confidencialidade nos procedimentos arbitrais.

39. Eis as nossas sugestões em sede de *lege ferenda*:

a) Em relação ao direito aplicável ao fundo da causa (art. 72.º, n.º 7):

> «7. Regarding the merits, the arbitrators shall decide on substantive Angolan laws.»

Ou, ao invés:

> «7. The arbitration tribunal shall decide according to this Contract, Angolan substantive Law, and the principles of international law mentioned by and in accordance with Article 71.»

b) Local da arbitragem (art. 72.º, n.º 8):

> «8. Unless otherwise expressly agreed in writing by the Parties to the arbitration proceedings, the arbitration proceedings shall be held in London, United Kingdom.»

Ou, ao invés:

> «8. Unless otherwise agreed by all parties to the Dispute, the place of arbitration shall be London, United Kingdom.»

c) Língua (novo número: n.º 12, do artigo 72.º):

> «12. The arbitration proceedings shall be conducted in the English language and the arbitrators shall be fluent in the English language.»

d) Confidencialidade na arbitragem (novo número: n.º 13, do artigo 72.º):

> «13. All negotiations, arbitration, and expert determinations relating to a Dispute (including a settlement resulting from negotiation, an arbitral award, documents exchanged or produced during a negotiation or arbitration proceeding, and memorials, briefs or other documents prepared for the arbitration) are confidential and may not be disclosed by the Parties, their employees, officers, directors, counsels, consultants, and expert witnesses, except (in accordance with Article 61) to the extent necessary to enforce this Article 72 or any arbitration award, to enforce other rights of a Party, or as required by law; provided, however, that breach of this confidentiality provision shall not void any settlement, expert determination or award.»

Estas são, em suma, as nossas propostas de *lege ferenda* para a cláusula de resolução de litígios.

C. **Conclusões**

Quanto à cláusula da lei aplicável:

a) A referência ao direito angolano deve ser clarificada: por Direito Angolano deve ser entendido "o direito substantivo angolano";

b) A referência ao direito substantivo angolano não deve incluir as regras e princípios de resolução de conflitos, do âmbito do direito internacional privado, evitando-se, assim, *ex vi* das regras e princípios de resolução de conflitos, o chamamento de uma regra de um qualquer Direito estrangeiro em conexão com o contrato ou, conforme o caso, com o fundo da causa;

c) A decidir-se pela introdução da referência ao direito internacional, esta deverá ser feita de forma casuística, isto é, em relação a regimes jurídicos específicos, evitando-se sempre a referência aos princípios gerais do direito internacional.

Quanto à cláusula de resolução de litígios:

d) Quanto ao direito aplicável ao fundo da causa, este deve, logicamente, reflectir o preceituado no artigo 71.º. Logo, o tribunal arbitral deve aplicar o direito angolano (com exclusão das regras de conflito, caso essa parte seja introduzida no artigo 71.º) e as regras do direito internacional, apenas essas, mencionadas no artigo 71.º;

e) Quanto ao local da arbitragem, prevê-se que a mesma tenha lugar em Londres, no Reino Unido. Propõe-se, no entanto, que as Partes por mútuo acordo possam indicar outro local para a arbitragem;

f) Recomenda-se a introdução de uma cláusula autónoma que regule a língua do procedimento arbitral, prevendo-se que a língua a ser usada seja o inglês. Complementarmente os árbitros devem ser fluentes na língua inglesa;

g) Recomenda-se a introdução de uma cláusula autónoma prevendo um direito igualmente autónomo das partes à confidencialidade nos procedimentos arbitrais.

Este é, salvo melhor opinião, o parecer de

Carlos Feijó & N'Gunu Tiny

Cambridge, Boston, MA, 26 de Setembro de 2005

CONCLUSÃO

A história do LNG tem evoluído desde que a primeira planta de liquefacção de gás foi construída em Cleveland, Ohio, Estados Unidos da América, no ano de 1942.

Com o efeito, a partir daí o LNG passou a ser o meio através do qual reservas de gás passariam a ser comercialmente exploradas. Neste contexto, se tivermos em conta o peso do gás natural em relação à média mundial estimada das matrizes energéticas, teremos em termos percentuais, 39.2% para o Petróleo e 22.1% para o gás natural.

Hoje, os projectos de LNG viabilizam a exploração e comercialização de reservas de gás natural mesmo em locais de difícil acesso, o que permite dizer que é cada vez maior a percentagem da produção mundial de gás transportada como LNG, demononstrando ser de facto uma alternativa mais económica ao transporte por gasodutos, em particular quando as distâncias são grandes.

Em Angola, calcula-se em 12 triliões de pés cúbicos as reservas de gás que precisam de ser exploradas e comercializadas. Por conseguinte, Angola pode posicionar-se no cenário mundial de gás como um importante exportador de LNG, para além da possibilidade da construção de plantas de regasificação de LNG em vários pontos estratégicas do litoral angolano.

Ao longo das páginas do presente estudo, podemos concluir que um projecto de LNG coloca enormes desafios económicos, financeiros, tecnológicos, logísticos e legais. Ainda assim, o mercado de LNG continua a crescer e o exemplo angolano pode tornar-ser num *case study* para projectos similares. Em particular, como ficou demonstrado, pelo facto de Angola ter adaptado o projecto LNG à sua realidade local, especialmente no tocante aos aspectos económicos, fiscais, contratuais e legais.

Neste contexto, a SONANGOL, E.P. e a sua subsidiária SONAGÁS estarão em condições de tornar-se *key players* mundiais no sector. Para tanto, é de todo útil que participem em toda a cadeia de valor do projecto e que, por outro lado, possam criar condições para lidar com o mercado final de LNG por conta própria.

Por fim, vale a pena dizer que cada projecto de LNG é único e não existe um modelo universal. A estrutura de um projecto LNG é sempre determinada por diversos factores, nomeadamente o apetite pelo risco das partes envolvidas, a procura disponível nos respectivos mercados de dívida (*debit markets*) e, *last but not the least*, os aspectos da tributação local.

Como facilmente se infere da presente obra foram estes, de igual modo, os factores que determinaram a estrutura legal e contratual do projecto LNG que, claramente, através de cláusulas de estabilização e protecção legislativa conferiram garantias aos investidores estrangeiros, por exemplo em matérias fiscais.

Oxalá projectos desta natureza estratégica possam alavancar a indústria petrolífera angolana e, por essa via, a economia angolana e seu desenvolvimento sustentado, na sua generalidade.

ANEXO
(Legislação)

Resolução da Assembleia Nacional que autoriza o governo a legislar sobre o quadro legal aplicável ao Projecto Angola LNG

Resolução n.º 17/07, de 25 de Abril[75]

Considerando que o Governo solicitou à Assembleia Nacional autorização para legislar sobre o quadro jurídico legal aplicável ao «Projecto Angola LNG», projecto de aproveitamento, transporte, tratamento, processamento de gás natural associado e de gás natural não associado, gás natural liquefeito (LNG), gás «seco», condensados e líquidos extraídos do gás natural;

Considerando a necessidade de aprovar o contrato de concessão petrolífera para a avaliação, desenvolvimento e produção de gás natural, condensados e líquidos extraídos do gás natural «das áreas designadas por Quiluma, Enguia-Norte, Atum e Polvo», com vista ao seu fornecimento ao Projecto Angola LNG, incluindo a obrigação de fornecimento de gás doméstico à SONANGOL – Gás Natural, Limitada, para utilização no complexo industrial no Soyo, em conformidade com os compromissos contratuais no âmbito do Projecto Angola LNG;

Considerando que, nos termos da alínea f), do artigo 90.º da Lei Constitucional, as matérias de natureza fiscal são de reserva relativa de competência legislativa da Assembleia Nacional e que, assim sendo, pode esta conceder ao Governo autorização para legislar sobre essas matérias;

Considerando ainda que o artigo 11.º, da Lei n.º 13/04, de 24 de Dezembro, habilita o Governo, mediante autorização legislativa, a conceder isenções dos encargos tributários, a estabelecer e reduzir taxas, bem como a implementar outras alterações às regras fiscais aplicáveis a projectos de gás natural;

Havendo necessidade de dotar o Governo de competência legislativa para o efeito;

Nestes termos, ao abrigo das disposições combinadas da alínea r), do artigo 88.º e do n.º 6, do artigo 92.º, ambos da Lei Constitucional, a Assembleia Nacional emite a seguinte resolução:

---

[75] Publicada no Diário da República, I Série, n.º 50, de 25 de Abril de 2007.

1.° – Fica o Governo autorizado a legislar sobre as seguintes matérias:

Quadro jurídico-legal da exploração do gás, no âmbito do «Projecto Angola LNG» e sobre a concessão petrolífera para avaliação, desenvolvimento e produção de gás natural.

2.° – A conceder no âmbito da autorização legislativa:

a) incentivos fiscais sob a forma de isenção, fixação e redução de impostos, taxas, incluindo de natureza aduaneira, bem como mecanismos de transparência fiscal, concessão de crédito fiscal, de alteração à determinação da matéria colectável e do regime das amortizações;

b) a criar uma taxa de gás e a estabelecer uma metodologia para determinação das receitas de referência fiscal provenientes dos produtos vendidos pelo Projecto;

c) a emitir regras complementares à legislação petrolífera vigente, relacionadas com o transporte, tratamento e processamento de gás natural em gás liquefeito, condensados e líquidos extraídos do gás natural.

3.° – A presente autorização legislativa é conferida por um período de 180 dias.

Vista e aprovada pela Assembleia Nacional, em Luanda, aos 27 de Março de 2007.

Publique-se.

O Presidente da Assembleia Nacional, *Roberto António Víctor Francisco de Almeida.*

Decreto-lei de concessão os direitos mineiros de avaliação, desenvolvimento e produção de gás natural, condensados e líquidos extraídos do gás natural

Decreto-Lei n.º 11/07, de 5 de Outubro

Considerando que a Lei Constitucional e a Lei n.º 10/04, de 12 de Novembro (Lei das Actividades Petrolíferas) determinam que todos os jazigos de hidrocarbonetos líquidos e gasosos existentes nas áreas disponíveis da superfície e submersas do território nacional, nas águas interiores, no mar territorial, na zona económica exclusiva e na plataforma continental fazem parte integrante do domínio público do Estado;

Considerando que a referida Lei n.º 10/04, de 12 de Novembro, determina também que os direitos mineiros para a prospecção, pesquisa, desenvolvimento e produção de hidrocarbonetos líquidos e gasosos serão concedidos à Sociedade Nacional de Combustíveis de Angola, Empresa Pública (Sonangol, E.P.);

Considerando que, nos termos da mesma Lei n.º 10/04, de 12 de Novembro, a Sociedade Nacional de Combustíveis de Angola, Empresa Pública (Sonangol, E.P.) é autorizada a associar-se a outras sociedades para realizar operações petrolíferas na área da concessão;

Considerando que a Sonangol Gás Natural, Limitada, e as empresas petrolíferas estrangeiras Cabinda Gulf Oil Company Limited, BP Exploration (Angola) Limited e Total LNG Angola Limited, (as "empresas promotoras") são responsáveis pelo desenvolvimento do "Projecto Angola LNG";

Considerando que o Governo através da Resolução n.º 17/01, de 12 de Outubro, considerou o Projecto Angola LNG de interesse público, criou uma Comissão Inter-Ministerial para acompanhar o projecto e recomendou o estudo dos incentivos fiscais, aduaneiros e cambiais necessários para apoiar a sua viabilidade económica, e, através da Resolução n.º 13/05, de 9 de Maio, deu o seu apoio, embora com determinadas clarificações, aos princípios contidos no Memorando de Entendimento sobre Enquadramento Legal, Estrutura Societária, Questões Fiscais e Questões Conexas Relacionadas com o Projecto, datado de 23 de Agosto de 2004;

Considerando que no contexto do Projecto Angola LNG foi celebrado, no dia 4 de Agosto de 2004, um Acordo de Intenções relativo ao Fornecimento de Gás Não-Associado ao Projecto Angola LNG;

Considerando que o Projecto Angola LNG foi objecto de aprovação por parte do Estado, incluindo no que respeita ao seu enquadramento legal, através de um decreto-lei, com vista a garantir a necessária unidade e coerência do quadro jurídico aplicável ao Projecto Angola LNG, foi aprovado em simultâneo com o presente decreto-lei um contrato de investimento a ser celebrado entre o Estado, a Sonangol E.P., as empresas promotoras e a Angola LNG Limited;

Considerando que o Projecto Angola LNG prevê a avaliação, desenvolvimento e produção de reservas de gás não-associado para fornecimento ao Projecto;

Considerando que, através do Decreto Executivo n.º 100/04, de 31 de Agosto, foi emitida uma licença de prospecção tendo por objecto as áreas designadas por Quiluma, Enguia-Norte, Atum e Polvo;

Considerando que os trabalhos realizados ao abrigo da referida licença revelaram a existência de reservas de gás não-associado com potencial para serem desenvolvidas para fornecimento ao Projecto Angola LNG;

Nestes termos, no uso da autorização legislativa concedida pela Resolução da Assembleia Nacional n.º 17/07, de 25 de Abril, o Governo, tendo em conta o disposto no artigo 92.º da Lei n.º 10/04, de 12 de Novembro, e nos termos das disposições combinadas da alínea f) do artigo 90.º e do artigo 113.º, ambos da Constituição, decreta o seguinte:

ARTIGO 1.º

Atribuição de direitos mineiros

1. O Governo, nos termos do número 2 do artigo 44.º da Lei n.º 10/04, de 12 de Novembro, concede à Sociedade Nacional de Combustíveis de Angola, Empresa Pública (Sonangol, E.P.), adiante designada por Concessionária, os direitos mineiros de avaliação, desenvolvimento e produção de gás natural, condensados e líquidos extraídos do gás natural.

2. O gás natural, condensados e líquidos extraídos do gás natural produzidos no exercício dos direitos mineiros atribuídos no número anterior destinam-se a abastecer o Projecto Angola LNG.

ARTIGO 2.º

Área da Concessão

1. A área da concessão encontra-se descrita no Anexo A e cartografada nos Anexos B1, B2 e B3 do presente decreto-lei.

2. .Em caso de discrepância entre o Anexo A e os Anexos B1, B2 ou B3, prevalecerá a descrição da área da concessão que é feita no Anexo A.

Artigo 3.º
Duração da concessão

1. A duração dos períodos da concessão é a seguinte:

a) Período de pesquisa: 35 (trinta e cinco) anos a partir da data efectiva do contrato de prestação de serviços com risco;
b) Período de produção: para cada área de desenvolvimento, o período de tempo que decorrer entre a declaração de descoberta comercial relativa à área de desenvolvimento em causa e o termo do período de pesquisa.

2. Nos termos do número 3 do artigo 12.º da Lei n.º 10/04, de 12 de Novembro, os períodos da concessão referidos no número 1 do presente artigo podem ser prorrogados a requerimento da Concessionária.

Artigo 4.º
Operador

1. A Angola LNG Limited assume a função de operador.

2. Na qualidade de operador, a Angola LNG Limited é responsável por executar, ou fazer com que sejam executados, todos os trabalhos relacionados com as operações de avaliação, desenvolvimento e produção de gás natural, condensados e líquidos extraídos do gás natural na área da concessão, bem como o seu armazenamento, transporte e fornecimento ao Projecto Angola LNG.

3. Sem prejuízo do disposto no número 1 do presente artigo, a Angola LNG Limited tem o direito de subcontratar a execução dos trabalhos acima referidos, a uma sociedade cuja denominação social ainda não está escolhida (mas que, para efeitos do presente decreto-lei, é designada por "Sociedade Operacional Angola LNG"). A referida subcontratação é realizada ao abrigo de um contrato de serviços operacionais, e será a preço de custo, conforme previsto no artigo 20.º do Decreto-Lei n.º 10/07, de 3 de Outubro (o decreto-lei do Projecto Angola LNG).

4. Sem prejuízo do disposto no número 1 do presente artigo, a Angola LNG Limited tem o direito de subcontratar a execução das operações relaciona- das com a rede de gasodutos de gás não-associado a uma sociedade cuja deno- minação social ainda não está escolhida (mas que, para efeitos do presente de- creto-lei, será designada por "Sociedade Operadora dos Gasodutos de Angola"). A referida subcontratação é realizada ao abrigo de um contrato de prestação de serviços dos gasodutos e será a preço de custo, conforme previsto no artigo 20.º do decreto-lei do Projecto Angola LNG.

5. O operador deve cumprir escrupulosamente o disposto no presente decre- to-lei e na legislação aplicável, bem como as disposições do contrato de prestação de serviços com risco e do contrato de investimento do Projecto Angola LNG.

Artigo 5.º
Regime fiscal. Isenção

1. Relativamente às suas actividades no âmbito do presente decreto-lei, a Concessionária e a Angola LNG Limited estão isentas de todos e quaisquer impostos, taxas, comissões, obrigações, direitos (com excepção do previsto na Lei n.º 11/04, de 12 de Novembro), contribuições ou outros encargos, incluindo os impostos previstos na Lei n.º 13/04, de 24 de Dezembro, seja qual for a respectiva designação ou natureza, ordinários ou extraordinários, nacionais, provinciais ou municipais, regionais ou locais e presentes ou futuros.

2. Qualquer cessão de interesses realizada pela Angola LNG Limited da sua posição no contrato de prestação de serviços com risco encontra-se isenta de quaisquer impostos, taxas, direitos, contribuições ou outros encargos fiscais de qualquer natureza, contanto que essa cessão não seja geradora de qualquer ganho. Não é presumida a obtenção de qualquer ganho tributável caso a cessão não gere efectivamente um ganho.

3. Os custos incorridos pela Angola LNG Limited na execução das actividades previstas no presente decreto-lei são dedutíveis para efeito do imposto sobre o rendimento do petróleo nos termos estabelecidos no decreto-lei que aprova o Projecto Angola LNG.

Artigo 6.º
Regime aduaneiro

1. Sem prejuízo do disposto no número 2 do presente artigo, o regime aduaneiro aplicável às operações e actividades realizadas no âmbito do presente decreto-lei é o constante da Lei n.º 11/04, de 12 de Dezembro (Lei Sobre o Regime Aduaneiro Aplicável ao Sector Petrolífero).

2. Para além das mercadorias constantes da lista anexa à Lei n.º 11/04, de 12 de Dezembro, ficam ainda isentas de direitos aduaneiros, ao abrigo do artigo 4.º do citado diploma, as seguintes mercadorias:

a) Equipamento relativo ao gasoduto de transporte do gás para a fábrica de LNG e a ele associado: gasodutos, tubos ascendentes, conectores, medidores subaquáticos e deslizadores para movimentação de equipamento.

Artigo 7.º
Regime cambial

O regime cambial aplicável às operações petrolíferas contempladas neste decreto-lei é o constante do Anexo C.

Artigo 8.º
Contrato de prestação de serviços com risco

1. Para a execução das operações petrolíferas necessárias ao exercício dos direitos mineiros referidos no presente decreto-lei, a Concessionária é autorizada a celebrar um contrato de prestação de serviços com risco com a Angola LNG Limited. O contrato de prestação de serviços com risco para a área da concessão, conforme negociado entre a Concessionária e a Angola LNG Limited, é aprovado pelo presente decreto-lei.

2. O contrato de prestação de serviços com risco deve ser celebrado no prazo de trinta dias contados a partir da data da entrada em vigor do presente diploma, e tem a data efectiva na data em que for celebrado o contrato de investimento. Caso o contrato de investimento não seja celebrado no prazo previsto no decreto-lei que aprova o Projecto Angola LNG, e, consequentemente, o referido decreto-lei deixe de vigorar devido à não celebração do contrato de investimento, o presente decreto-lei deixa igualmente de vigorar na mesma data em que deixar de vigorar o decreto-lei do Projecto Angola LNG.

3. As operações petrolíferas executadas ao abrigo do contrato de prestação de serviços com risco são conduzidas, ou feitas conduzir, pela Angola LNG Limited de forma a satisfazer as necessidades do Projecto Angola LNG.

Artigo 9.º
Unidade

1. O Projecto Angola LNG é primariamente suportado pelo fornecimento de gás natural associado, condensados e líquidos do gás natural provenientes de concessões petrolíferas, e complementarmente pelo fornecimento de gás natural não-associado, condensados e líquidos do gás natural provenientes de concessões petrolíferas afectas a esse fim.

2. O presente decreto-lei e o decreto-lei do Projecto Angola LNG devem ser aplicados de forma consistente e harmoniosa, com vista a optimizar a unidade e coerência do quadro legal de suporte ao Projecto Angola LNG.

Artigo 10.º
Estabilidade

1. As disposições do presente decreto-lei manter-se-ão estáveis por todo o período de implementação da primeira unidade de liquefacção do Projecto Angola LNG, independentemente de o Projecto Angola LNG poder prosseguir para além da mesma e virem a ser acordadas novas condições para unidades de liquefacção subsequentes.

2. Caso ocorra qualquer alteração de legislação após a entrada em vigor do presente decreto-lei que, de modo desfavorável, afecte, directa ou indirectamente, as obrigações, os direitos e benefícios atribuídos à Concessionária e/ou à Angola LNG Limited, seja por via da alteração, revogação ou suspensão de um diploma actualmente em vigor ou pela publicação de nova legislação, imposto, direito, taxa, comissão, obrigação, liquidação ou encargo, o Estado, através dos órgãos competentes para o efeito, deve adoptar as medidas necessárias para restabelecer os direitos, obrigações e benefícios previstos por forma a garantir que a Concessionária e/ou a Angola LNG Limited sejam colocadas na mesma situação económica em que se encontrariam caso a alteração de legislação não tivesse ocorrido, devendo obter o acordo da Concessionária e/ou da Angola LNG Limited, na medida em que sejam afectadas, em relação às referidas medidas. Para efeitos do disposto no presente número, a palavra "legislação" abrange qualquer lei, decreto-lei, decreto, despacho, regulamento, resolução, acto administrativo ou instrumento legal ou acto semelhante, e "alteração" significa qualquer alteração ao conteúdo ou ao modo de aplicação da legislação por parte de qualquer autoridade pública central ou local em Angola, quer tenha natureza legislativa, administrativa ou judicial.

3. A reposição do equilíbrio económico prevista no número anterior pode ser realizada através de alterações ao presente decreto-lei ou ao contrato de prestação de serviços com risco, ou por qualquer outro meio que seja adequado.

Artigo 11.º

Interpretação e integração de lacunas

1. Quaisquer dúvidas ou omissões resultantes da interpretação e aplicação do presente diploma são resolvidas por decreto do Conselho de Ministros, com excepção das matérias de natureza fiscal que são resolvidas por meio de decreto--lei.

2. Antes da emissão do instrumento legal destinado a resolver a dúvida ou omissão, o órgão competente do Estado deve consultar a Concessionária e a Angola LNG Limited.

Artigo 12.º

Entrada em vigor

O presente Decreto-Lei entra em vigor na data da sua publicação.

Visto e aprovado em Conselho de Ministros, em Luanda, aos 24 de Janeiro de 2007.

O Primeiro-Ministro, *Fernando da Piedade Dias dos Santos*

Promulgado em 23 de Julho de 2007.

Publique-se.

O Presidente da República, JOSÉ EDUARDO DOS SANTOS.

ANEXO A

Descrição da Área da Concessão

O presente Anexo é parte do Decreto-Lei n.º 11/07, de 5 de Outubro.

1. As Áreas da Concessão constantes dos Anexos B1, B2 e B3 encontram-se limitadas pelas linhas definidas pelos pontos 1 a 6 no que respeita ao campo Quiluma (Anexo B1), pelos pontos 1 a 5 no que respeita aos campos Atum e Polvo (Anexo B2) e pelos pontos 1 a 8 no que respeita ao campo Enguia Norte (Anexo B3).

Quiluma

O sistema de coordenadas utilizado é UTM33 S Camacupa Bloco 2
A Área aproximada é de 463 km²

Pontos	Coordenadas UTM		Coordenadas Geográficas	
	X	Y	Latitude Sul	Longitude Este
1	159,580.07 m	9,287,851.56 m	6° 26' 02.67" S	11° 55' 22.73" E
2	175,099.29 m	9,300,109.79 m	6° 19' 26.93" S	12° 03' 49.53" E
3	185,600.03 m	9,286,824.91 m	6° 26' 40.97" S	12° 09' 28.49" E
4	181,731.00 m	9,278,513.00 m	6° 31' 10.63" S	12° 07' 21.16" E
5	182,721.64 m	9,270,632.59 m	6° 35' 27.15" S	12° 07' 51.91" E
6	176,886.05 m	9,266,000.48 m	6° 37' 56.71" S	12° 04' 41.23" E

128   *A Regulação do Gás Natural em Angola*

Atum e Polvo

O sistema de coordenadas utilizado é UTM33 S Camacupa Bloco 2
A Área aproximada é de 116.47 km²

	Coordenadas UTM		Coordenadas Geográficas	
Pontos	X	Y	Latitude Sul	Longitude Este
1	194,409 m	9,271,142 m	6° 35' 12.72" S	12° 14' 12.14" E
2	201,571 m	9,274,910 m	6° 33' 11.41" S	12° 18' 05.77" E
3	207,907 m	9,265,716 m	6° 38' 11.62" S	12° 21' 30.28" E
4	207,744 m	9,263,368 m	6° 39' 27.99" S	12° 21' 24.57" E
5	200,054 m	9,259,554 m	6° 41' 30.70" S	12° 17' 13.70" E

Enguia Norte

O sistema de coordenadas utilizado é UTM33 S Camacupa Bloco 2
A Área aproximada é de 40.28 km²

	Coordenadas UTM		Coordenadas Geográficas	
Pontos				
	X	Y	Latitude Sul	Longitude Este
1	186,217.6 m	9,308,872.2 m	6° 14' 43.90" S	12° 09' 52.50" E
2	188,170.5 m	9,308,884.0 m	6° 14' 43.86" S	12° 10' 55.98" E
3	190,619.0 m	9,309,193.0 m	6° 14' 34.23" S	12° 12' 15.62" E
4	193,260.0 m	9,304,906.0 m	6° 16' 54.15" S	12° 13' 40.76" E
5	192,494.0 m	9,302,849.0 m	6° 18' 00.93" S	12° 13' 15.47" E
6	190,691.0 m	9,301,264.0 m	6° 18' 52.18" S	12° 12' 16.58" E
7	187,966.0 m	9,302,677.0 m	6° 18' 05.73" S	12° 10' 48.24" E
8	185,755.0 m	9,305,654.0 m	6° 16' 28.51" S	12° 09' 36.90" E

2. As áreas demarcadas pelos pontos indicados no número 1. são limitadas pelos paralelos e meridianos que passam sobre os referidos pontos.

Anexo (Legislação) 129

ANEXO B1

Mapa do campo de Quiluma

Blocos 1 e 2 – Campo de Quiluma

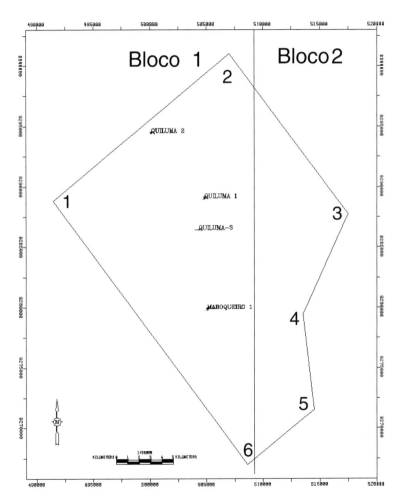

O sistema de coordenadas utilizado é UTM33 S Camacupa Bloco 2
A Área aproximada é de 463 km^2

	Coordenadas UTM		*Coordenadas Geográficas*	
Pontos	*X*	*Y*	*Latitude Sul*	*Longitude Este*
1	*159,580.07 m*	*9,287,851.56 m*	*6° 26' 02.67" S*	*11° 55' 22.73" E*
2	*175,099.29 m*	*9,300,109.79 m*	*6° 19' 26.93" S*	*12° 03' 49.53" E*
3	*185,600.03 m*	*9,286,824.91 m*	*6° 26' 40.97" S*	*12° 09' 28.49" E*
4	*181,731.00 m*	*9,278,513.00 m*	*6° 31' 10.63" S*	*12° 07' 21.16" E*
5	*182,721.64 m*	*9,270,632.59 m*	*6° 35' 27.15" S*	*12° 07' 51.91" E*
6	*176,886.05 m*	*9,266,000.48 m*	*6° 37' 56.71" S*	*12° 04' 41.23" E*

ANEXO B2

Mapa dos campos Atum e Polvo

Bloco 2 – Campos Atum e Polvo

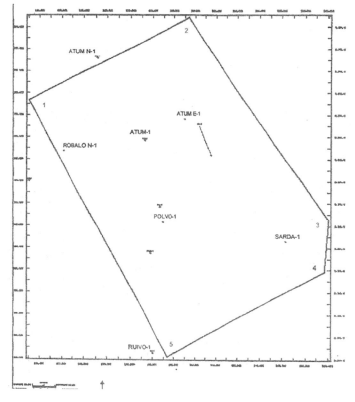

O sistema de coordenadas utilizado é UTM33 S Camacupa Bloco 2
A Área aproximada é de 116,47 km^2

Anexo (Legislação) 131

Ponto	Coordenadas UTM X	Y	Coordenadas Geográficas Latitude Sul	Longitude Este
1	194,409m	9,271,142m	6° 35' 12.72" S	12° 14' 12.14" E
2	201,571m	9,274,910m	6° 33' 11.41" S	12° 18' 05.77" E
3	207,907m	9,265,716m	6° 38' 11.62" S	12° 21' 30.28" E
4	207,744m	9,263,368m	6° 39' 27.99" S	12° 21' 24.57" E
5	200,054m	9,259,554m	6° 41' 30.70" S	12° 17' 13.70" E

ANEXO B3

Mapa do campo Enguia Norte

Bloco 2 Campo Enguia Norte

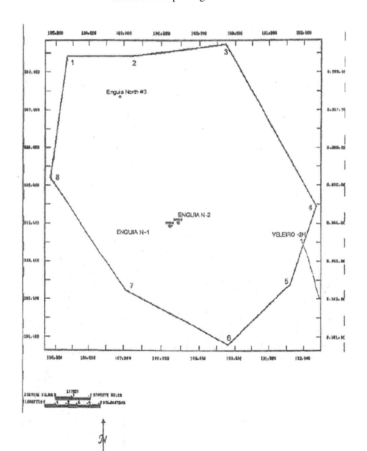

O sistema de coordenadas utilizado é UTM33 S Camacupa Bloco 2
A Área aproximada é de 40,28 km²

Pontos	Coordenadas UTM		Coordenadas Geográficas	
	X	Y	Latitude Sul	Longitude Este
1	186,217.6 m	9,308,872.2 m	6°14' 43.90" S	12°09' 52.50" E
2	188,170.5 m	9,308,884.0 m	6°14' 43.86" S	12°10' 55.98" E
3	190,619.0 m	9,309,193.0 m	6°14' 34.23" S	12°12' 15.62" E
4	193,260.0 m	9,304,906.0 m	6°16' 54.15" S	12°13' 40.76" E
5	192,494.0 m	9,302,849.0 m	6°18' 00.93" S	12°13' 15.47" E
6	190,691.0 m	9,301,264.0 m	6°18' 52.18" S	12°12' 16.58" E
7	187,966.0 m	9,302,677.0 m	6°18' 05.73" S	12°10' 48.24" E
8	185,755.0 m	9,305,654.0 m	6°16' 28.51" S	12°09' 36.90" E

ANEXO C

Regime cambial

ARTIGO 1.º

Regime cambial

1. Na execução das actividades de avaliação, desenvolvimento e produção de gás natural, condensados e líquidos extraídos do gás natural previstas no presente decreto-lei, a Concessionária, a Angola LNG Limited, a Sociedade Operacional Angola LNG e a Sociedade Operadora dos Gasodutos de Angola estão sujeitas ao regime cambial estabelecido no presente Anexo.

2. Em tudo o que não estiver previsto pelo presente anexo, é aplicada a legislação cambial em vigor.

ARTIGO 2.º

Operações cambiais

1. A Angola LNG Limited tem o direito de abrir contas em instituições de crédito domiciliadas no exterior do país e de receber e dispor nessas contas dos fundos depositados pelos seus accionistas e dos juros que se vençam sobre os saldos existentes.

2. A Sociedade Operacional Angola LNG e a Sociedade Operadora dos Gasodutos de Angola têm o direito de abrir contas em instituições de crédito domiciliadas no exterior do país e de receber e dispor nessas contas dos pagamentos efectuados pela Angola LNG Limited ao abrigo do contrato de serviços operacionais e do contrato de prestação de serviços dos gasodutos, referidos, respectivamente, no número 3 e no número 4 do artigo 4.º do corpo do presente decreto-lei, dos fundos depositados pelos seus accionistas e, bem assim, dos juros que se vençam sobre os saldos existentes.

3. As contas referidas nos números 1 e 2 deste artigo são debitadas pela liquidação de bens e serviços dos fornecedores domiciliados no exterior do país, e de outras entidades quando devidamente autorizadas, e pelos fundos transferidos para contas bancárias junto de instituições de crédito domiciliadas em Angola.

Anexo (Legislação) 133

4. O saldo das contas referidas nos números 1 e 2 deste artigo deve ser prioritariamente utilizado no pagamento das despesas correntes, nomeadamente os montantes devidos à Sociedade Operacional Angola LNG no âmbito do contrato de serviços operacionais, e à Sociedade Operadora dos Gasodutos de Angola ao abrigo do contrato de prestação de serviços de gasodutos.

5. A Angola LNG Limited, a Sociedade Operacional Angola LNG e a Sociedade Operadora dos Gasodutos de Angola devem transferir para a República de Angola apenas as divisas necessárias para satisfazer as suas obrigações, em moeda nacional.

6. Desde que para tal seja obtida autorização do Banco Nacional de Angola, quaisquer rendimentos obtidos em moeda local pela Angola LNG Limited, pela Sociedade Operacional Angola LNG ou pela Sociedade Operadora dos Gasodutos de Angola, em resultado das actividades relacionadas com o Projecto Angola LNG, podem ser utilizados para cumprimento das obrigações previstas no número 5 deste artigo.

7. A Angola LNG Limited, a Sociedade Operacional Angola LNG e a Sociedade Operadora dos Gasodutos de Angola podem, de acordo com o seu livre critério, considerar a abertura de contas em bancos domiciliados em Angola para efeitos de pagamento, no todo ou em parte, das suas importações de bens e serviços desde que os termos e condições oferecidos pelos bancos domiciliados em Angola para a movimentação dessas contas não sejam mais onerosos do que os oferecidos pelos bancos domiciliados no exterior do país para movimentação de contas no exterior. Os termos e condições a considerar previamente à decisão de abrir as contas devem incluir, entre outros, o direito de transferir livremente fundos de forma expedita para dentro e para fora do país, a aplicação de taxas e comissões razoáveis consistentes com as práticas bancárias internacionais, a cotação de crédito dos bancos angolanos e a inexistência de outros requisitos na movimentação das contas locais que tenham um impacto negativo para a Angola LNG Limited, a Sociedade Operacional Angola LNG, a Sociedade Operadora dos Gasodutos de Angola ou as empresas promotoras.

Artigo 3.º
Entrega de gás ao Governo

Qualquer pagamento ou compensação recebida em Angola pela Angola LNG Limited ou respectivos accionistas em virtude da entrega ao Governo de gás natural e/ou condensados e/ou líquidos extraídos do gás natural, deve ser efectuado em moeda livremente conversível aceite pelas referidas empresas, sendo livremente transferível para o exterior de Angola.

Artigo 4.º
Contratos de aquisição de bens e serviços

1. A Angola LNG Limited, a Sociedade Operacional Angola LNG e a Sociedade Operadora dos Gasodutos de Angola devem apresentar ao Banco Nacional de Angola, trimestralmente, para efeitos de registo, uma lista detalhada de todos os contratos assinados com entidades não residentes fornecedoras de bens e serviços.

2. O Banco Nacional de Angola pode, sempre que entender necessário, determinar a apresentação da cópia de quaisquer desses contratos.

Artigo 5.º

Registo de operações cambiais

1. A Angola LNG Limited, a Sociedade Operacional Angola LNG e a Sociedade Operadora dos Gasodutos de Angola são obrigadas a proceder, nos termos da legislação vigente, ao registo de todas as suas operações cambiais, nomeadamente a exportação, reexportação e a importação de mercadorias, o recebimento e o pagamento de invisíveis correntes e a importação e exportação de capitais, incluindo a abertura de contas no exterior do país.

2. O processo de registo referido no número anterior não deve afectar qualquer operação cambial ou qualquer outra actividade conduzida no âmbito do presente decreto-lei, ou ainda qualquer direito garantido à Angola LNG Limited, à Sociedade Operacional Angola LNG e à Sociedade Operadora dos Gasodutos de Angola, com salvaguarda, no entanto, do direito de controlo de tal processo de registo por parte das autoridades cambiais.

Artigo 6.º

Previsão de orçamento de despesas cambiais

1. Com vista à execução das operações cambiais decorrentes do regime definido no presente anexo, a Angola LNG Limited, a Sociedade Operacional Angola LNG e a Sociedade Operadora dos Gasodutos de Angola devem apresentar individualmente ao Banco Nacional de Angola, até ao dia 30 de Novembro de cada ano, uma previsão do orçamento de despesas cambiais para o ano seguinte.

2. A Angola LNG Limited, a Sociedade Operacional Angola LNG e a Sociedade Operadora dos Gasodutos de Angola devem ainda apresentar individualmente ao Banco Nacional de Angola, dentro do prazo referido no número anterior, uma cópia do plano de trabalho e orçamento anuais relativos às actividades petrolíferas realizadas ao abrigo do presente decreto-lei.

Artigo 7.º

Estatísticas da balança de pagamentos

O Banco Nacional de Angola deve emitir instruções específicas sobre o tipo e forma de apresentação dos elementos de informação necessários ao registo e contabilização da balança de pagamentos e sua periodicidade.

Artigo 8.º

Taxa de câmbio

Para efeito do disposto no presente anexo, a taxa de câmbio a praticar pelo Banco Nacional de Angola nas operações de compra e venda de moeda estrangeira é a taxa de referência em vigor, nos termos da legislação aplicável.

Artigo 9.º
Sociedades contratadas

1. As sociedades não residentes que colaborem com a Angola LNG Limited, a Sociedade Operacional Angola LNG e/ou a Sociedade Operadora dos Gasodutos de Angola na execução das operações ao abrigo do presente decreto-lei podem dispor livremente, em todas as circunstâncias, das divisas externas recebidas no exterior do país.

2. Sem prejuízo do disposto no número anterior, as sociedades não residentes aí referidas ficam sujeitas às leis cambiais em vigor em Angola que lhes forem aplicáveis.

Projecto de Decreto-Lei que aprova a implementação do Projecto Angola LNG e define o respectivo regime jurídico

Decreto-Lei n.º 10/07 de 3 de Outubro

Considerando que o aproveitamento económico do potencial de gás natural existente em Angola, bem como a eliminação da respectiva queima constituem princípios da legislação petrolífera angolana que o Governo pretende implementar a curto prazo;

Tendo em conta que a Concessionária Nacional e um conjunto de afiliadas de companhias estrangeiras com significativos interesses na exploração petrolífera no país – Chevron, BP e Total – desenvolveram um projecto de aproveitamento do gás natural mediante a sua conversão em gás natural liquefeito, com vista à exportação e venda nos mercados externos;

Considerando que o Governo, através da Resolução n.º 17/01, de 12 de Outubro, considerou o Projecto Angola LNG de interesse público, criou uma Comissão Inter-Ministerial para acompanhar o projecto e recomendou o estudo dos incentivos fiscais, aduaneiros e cambiais necessários para apoiar a sua viabilidade económica e através da Resolução n.º 13/05, de 9 de Maio, reconheceu, com clarificações, os princípios contidos no Memorando de Entendimento sobre Enquadramento Legal, Estrutura Societária, Questões Fiscais e Questões Conexas Relacionadas com o Projecto, datado de 23 de Agosto de 2004;

Considerando que os estudos de viabilidade realizados na fase de concepção do projecto indicam a necessidade do mesmo ser, efectivamente, suportado por um quadro de incentivos no domínio fiscal, cambial, e aduaneiro, nomeadamente, que permitam que os promotores obtenham um justo retorno do seu investimento e uma compensação pelo risco, com salvaguarda dos legítimos interesses do Estado;

Considerando que em matéria fiscal, os rendimentos decorrentes da execução do projecto ficam sujeitos a imposto sobre o rendimento de acordo com as regras aplicáveis ao Imposto sobre o Rendimento do Petróleo ao qual, nos termos da Lei sobre a Tributação das Actividades Petrolíferas, se introduziram algumas alterações no que respeita ao método de cálculo da matéria colectável daquele imposto e à taxa de imposto aplicável, bem como se estabeleceu o regime de a responsabilidade fiscal recair sobre os accionistas da entidade – a Angola LNG Limited – que irá desenvolver o Projecto Angola LNG, e não sobre essa mesma entidade;

Considerando que o regime aduaneiro adoptado segue a Lei sobre o Regime Aduaneiro Aplicável ao Sector Petrolífero, ao qual, nos termos da própria lei e em função da natureza e das necessidades específicas do Projecto Angola LNG, se acrescentaram, à lista a que se refere o artigo 4.º da citada lei, algumas mercadorias;

Considerando que o regime cambial segue os princípios gerais constantes dos mais recentes decretos e decretos-lei publicados em Angola relativos a concessões petrolíferas, ao qual foram introduzidas as necessárias alterações em atenção à especificidade do Projecto;

Considerando que para garantir a necessária unidade e coerência do quadro jurídico aplicável ao Projecto Angola LNG, o presente decreto-lei foi preparado simultaneamente com o Decreto-Lei de Concessão, o qual atribui direitos em relação às concessões de Gás Não-Associado inicialmente afectas ao Projecto;

Nessa conformidade, e ao abrigo do disposto na alínea f) do artigo 90.º da Constituição e no número 3 do artigo 11.º da Lei sobre a Tributação das Actividades Petrolíferas, a Assembleia Nacional, através da Resolução de Autorização Legislativa n.º 17/07, de 25 de Abril, autorizou o Governo a legislar em assuntos fiscais relacionados com o Projecto Angola LNG;

Nestes termos, e ao abrigo da referida autorização legislativa e do artigo 111.º da Lei Constitucional, o Governo decreta o seguinte:

CAPÍTULO I
Disposições gerais

SECÇÃO I
Objecto, âmbito, definições e regime jurídico do Projecto Angola LNG

Artigo 1.º
Objecto e âmbito

1. O presente decreto-lei tem por objecto aprovar a implementação do Projecto Angola LNG e definir o respectivo regime jurídico.

Anexo (Legislação) 139

2. As condições económicas estabelecidas neste decreto-lei e no Contrato de Investimento por ele aprovado aplicam-se apenas aos direitos, interesses e obrigações relacionados com a Primeira Unidade de Liquefacção do Projecto.

3. Caso venham a ser desenvolvidas outras unidades de liquefacção do Projecto, as condições económicas aplicáveis a essas unidades subsequentes são definidas nessa altura, através de diploma próprio, atendendo às circunstâncias então existentes.

ARTIGO 2.º

Definições

1. Para efeitos do presente diploma, e salvo se de outro modo for expressamente indicado, as palavras e expressões nele utilizadas têm o seguinte significado, sendo que as definições no singular se aplicam igualmente no plural, e vice-versa:

1.1. *"Afiliada"* significa, em relação a uma Entidade:

a) Uma sociedade ou qualquer outra entidade na qual uma Entidade detenha, directa ou indirectamente, a maioria absoluta de votos na assembleia geral de sócios ou órgão equivalente dessa sociedade ou entidade, ou detenha mais de 50% (cinquenta por cento) dos direitos e interesses que conferem o poder de direcção e controlo sobre essa sociedade ou entidade;

b) Uma sociedade ou qualquer outra entidade que, directa ou indirectamente, detenha a maioria absoluta de votos na assembleia geral de sócios ou órgão equivalente dessa Entidade, ou detenha mais de 50% (cinquenta por cento) dos direitos e interesses que conferem o poder de direcção e controlo sobre essa Entidade;

c) Uma sociedade ou qualquer outra entidade na qual a maioria absoluta de votos na assembleia geral de sócios ou órgão equivalente dessa sociedade ou entidade, ou os direitos e interesses que conferem o poder de direcção e controlo sobre essa sociedade ou entidade sejam, directa ou indirectamente, detidos por uma sociedade ou qualquer outra entidade que detenha, directa ou indirectamente, a maioria absoluta dos votos na assembleia geral de sócios ou órgão equivalente dessa Entidade, ou detenha mais de 50% (cinquenta por cento) dos direitos e interesses que conferem o poder de direcção e controlo sobre essa Entidade.

1.2. *"Afiliada de Bloco"* significa, em relação a uma Empresa Promotora, uma Afiliada detentora de um interesse participativo num Bloco através de um Contrato de Produção celebrado com a Sonangol.

1.3. *"Angola LNG Limited"* significa a sociedade referida na alínea a) do número 1 do artigo 7.º.

1.4. *"Autoridade Pública"* significa qualquer autoridade pública em Angola de âmbito central ou local com competência legislativa, administrativa ou judicial.

1.5. *"Bloco"* significa a área terrestre ou marítima abrangida por uma concessão petrolífera concedida à Sonangol ao abrigo da legislação petrolífera.

1.6. *"Bloco Fornecedor"* significa as sociedades que celebraram um Contrato de Produção com a Sonangol relativamente a um Bloco e que são responsáveis por colocar Gás Associado à disposição da Sonangol para ser fornecido ao Projecto.

1.7. *"Capacidade Operacional"* significa a taxa diária de processamento de LNG à temperatura operacional média garantida pelo empreiteiro responsável pela construção das Instalações da Fábrica e aceite pela Angola LNG Limited.

1.8. *"Condensado"* significa predominantemente pentano e hidrocarbonetos pesados produzidos em associação com Gás.

1.9. *"Contratos de Fornecimento de Gás"* significa os contratos celebrados ou a celebrar entre a Sonangol, cada Bloco Fornecedor e a Angola LNG Limited para i) o fornecimento de determinados volumes de Gás Associado à Sonangol no separador nas instalações marítimas do Bloco Fornecedor, e ii) o transporte das referidas quantidades de Gás Associado a partir do separador e sua entrega à Angola LNG Limited no Ponto de Entrega.

1.10. *"Contrato de Investimento"* significa o contrato referido no artigo 5º.

1.11. *"Contrato de Produção"* significa os contratos de partilha de produção ou contratos de associação celebrados entre a Sonangol e cada um dos Blocos Fornecedores.

1.12. *"Contrato de Transporte de Gás"* significa o contrato celebrado ou a celebrar entre a Sonangol e a Angola LNG Limited para o transporte de Gás do Ponto de Entrega até às Instalações da Fábrica.

1.13. *"Data da Produção Comercial"* significa 60 (sessenta) dias a contar da data em que o primeiro carregamento de LNG tenha sido integralmente realizado e exportado, ou a data de emissão pela Angola LNG Limited de um certificado de aceitação final a favor do(s) empreiteiro(s) principal(ais) responsável(eis) pela construção e colocação em funcionamento das Instalações da Fábrica, certificando que as Instalações da Fábrica obtiveram aprovação nos testes de desempenho em conformidade com o previsto no contrato celebrado entre a Angola LNG Limited e o(s) empreiteiro(s) principal(ais), consoante o que ocorrer primeiro.

1.14. *"Decreto-Lei de Concessão"* significa o decreto-lei que concede à Sonangol direitos mineiros para a avaliação, desenvolvimento e produção de Gás Não-Associado nas áreas denominadas Quiluma, Enguia Norte, Atum e Polvo, com vista ao seu fornecimento ao Projecto.

1.15. *"Despesas de Capital"* significa as despesas relativas ao desenvolvimento e construção de todas as Instalações Terrestres e Instalações Marítimas.

Anexo (Legislação) 141

1.16. *"Despesas Operacionais"* significa as despesas que não sejam de considerar como Despesas de Capital incorridas com o objectivo de assegurar a produção, transporte, armazenamento e processamento de Gás, LNG e NGL relacionado com o Projecto.

1.17. *"Empresas Promotoras"* significa a Cabinda Gulf Oil Company Limited, a Sonangol Gás Natural, Limitada, a BP Exploration (Angola) Limited e a Total LNG Angola Limited, incluindo os seus respectivos transmissários ou cessionários.

1.18. *"Entidade"* significa uma união ou associação de pessoas singulares ou colectivas organizada ao abrigo das leis de qualquer Estado ou jurisdição numa estrutura com personalidade jurídica com vista ao exercício de uma actividade comercial ou industrial, nomeadamente, sociedade, empresa pública, *"partnership"*, associação em participação ou consórcio.

1.19. *"Gás"* significa quaisquer hidrocarbonetos, ou mistura de hidrocarbonetos e outros gases, constituídos principalmente por metano, os quais, à temperatura de 15 Graus Celsius e 101.325 KPA, se encontrem predominantemente no estado gasoso, incluindo (sem prejuízo do carácter geral do anteriormente disposto) NGL.

1.20. *"Gás Associado"* ou *"GA"* significa o Gás que existe em solução com o Petróleo Bruto, incluindo o que é vulgarmente conhecido por Gás de cobertura (*"gas-cap Gas"*), o qual cobre e está em contacto com o Petróleo Bruto, abrangendo especificamente o Gás produzido a partir de reservatórios de Gás Condensado que, nas condições do reservatório, existe apenas no estado gasoso, e do qual podem ser recuperados hidrocarbonetos líquidos em instalações à superfície.

1.21. *"Gás Doméstico"* significa o gás processado "a seco" a ser fornecido gratuitamente pela Angola LNG Limited à Sonangol Gás Natural, Limitada, no ponto de saída das instalações de extracção de Condensado e GPL para fins de uso doméstico em Angola.

1.22. *"Gás de Petróleo Liquefeito"* ou *"GPL"* significa qualquer mistura de propano e butano ou qualquer uma destas substâncias em separado.

1.23. *"Gás Não-Associado"* ou *"GNA"* significa o Gás que é avaliado, desenvolvido e/ou produzido pela Angola LNG Limited ao abrigo de uma concessão atribuída nos termos da Lei das Actividades Petrolíferas.

1.24. *"Gás Natural Liquefeito"* ou *"LNG"* significa o Gás em estado líquido aproximadamente à temperatura da pressão atmosférica.

1.25. *"Índice de Comercialização"* significa o(s) índice(s) público(s) de comercialização, conforme previsto no Decreto Executivo Conjunto do LNG referido no número 5 do artigo 11.º do presente decreto-lei.

1.26. *"Instalações"* significa as estruturas, unidades e equipamentos localizados em Angola, em terra e no mar (incluindo as Instalações Terrestres e as

Instalações Marítimas, mas excluindo a Rede de Gasodutos de Gás Associado e quaisquer instalações controladas pelos Blocos Fornecedores), destinados à produção, recolha, armazenamento, processamento e transporte de Gás Associado e de Gás Não-Associado para o Projecto com vista à produção, armazenamento e transporte de LNG e NGL.

1.27. *"Instalações da Fábrica"* significa a fábrica destinada à recepção, tratamento, liquefacção, armazenamento e carregamento de Gás que a Angola LNG Limited construirá no âmbito do Projecto, e que é relativa à primeira unidade de liquefacção, incluindo a recuperação e fraccionamento de NGL, a estabilização de Condensado e instalações de entrega de Gás Doméstico, com início na saída a jusante da Rede de Gasodutos de Gás Associado e da Rede de Gasodutos de Gás Não-Associado até, nomeadamente, quaisquer instalações de armazenamento e carregamento, incluindo as modificações que eventualmente lhe sejam introduzidas.

1.28. *"Instalações Marítimas"* significa quaisquer estruturas, equipamentos ou infraestruturas relacionadas com a avaliação, desenvolvimento, produção, armazenamento e transporte de Gás Não-Associado para o Projecto, incluindo a Rede de Gasodutos de Gás Não-Associado e quaisquer poços de avaliação ou produção.

1.29. *"Instalações Terrestres"* significa as Instalações da Fábrica e instalações conexas, nomeadamente, estruturas de suporte tais como alojamentos de empregados, estaleiros, áreas de colocação, construção da doca de importação e caminhos de acesso para materiais pesados.

1.30. *"Lei das Actividades Petrolíferas"* significa a Lei n.º 10/04, de 12 de Novembro, publicada no Diário da República, I série, n.º 91, de 12 de Novembro de 2004.

1.31. *"Lei Sobre o Regime Aduaneiro Aplicável ao Sector Petrolífero"* significa a Lei n.º 11/04, de 12 de Novembro, publicada no Diário da República, I série, n.º 91, de 12 de Novembro de 2004.

1.32. *"Lei Sobre a Tributação das Actividades Petrolíferas"* significa a Lei n.º 13/04, de 24 de Dezembro, publicada no Diário da República, I série, n.º 103, de 24 de Dezembro de 2004.

1.33. *"LIBOR"* significa os juros calculados mensalmente à taxa anual equivalente à taxa *"London Interbank Offered Rate"* a 1 (um) mês para depósitos em Dólares dos Estados Unidos da América, conforme publicada no *"Wall Street Journal"*, ou, se não for publicada neste jornal, no *"Financial Times"* de Londres.

1.34. *"Líquidos do Gás Natural"* ou *"NGL"* significa os produtos liquefeitos extraídos do Gás, ou produzidos em associação com este, nomeadamente, etano, propano, butano e Condensado.

1.35. "*Matéria Colectável*" significa o produto das receitas obtidas pela Angola LNG Limited subtraídas de todas as deduções fiscais, calculadas nos termos do artigo 10.º.

1.36. "*mmbtu*" significa milhões de unidades térmicas do Reino Unido.

1.37. "*Petróleo Bruto*", para efeitos do presente decreto-lei, significa todo o petróleo produzido que se encontre em estado líquido à cabeça do poço ou no separador, excluindo NGL.

1.38. "*Plano de Abandono*" significa o plano aprovado pelo Ministério dos Petróleos em conformidade com o disposto no artigo 40.º do Contrato de Investimento.

1.39. "*Ponto de Entrega*" significa o(s) ponto(s) numa flange, válvula ou colector que se situe junto a uma das instalações de produção marítima de Gás do Bloco Fornecedor, tal como uma base de uma coluna de elevação ou um colector de entrada de gasoduto, conforme se encontra descrito nos respectivos Contratos de Fornecimento de Gás, no qual a propriedade do Gás Associado se transferirá para a Angola LNG Limited.

1.40. "*Primeira Unidade de Liquefacção*" significa a fase do Projecto necessária para a operação das Instalações da Fábrica, a qual é composta por uma unidade de liquefacção, com as alterações que eventualmente lhe forem introduzidas, incluindo melhoramentos ou aumentos na capacidade da referida unidade.

1.41. "*Projecto Angola LNG*" ou "*Projecto*" significa as actividades e Instalações, e todas as ampliações e aditamentos às mesmas, com vista à recepção e processamento de Gás em Angola, à produção em Angola de LNG e NGL e respectiva comercialização, que incluem i) a recepção de Gás a partir de Blocos marítimos em Angola, ii) a avaliação, desenvolvimento e produção de Gás Não-Associado a partir de Blocos marítimos em Angola, iii) o processamento, armazenamento e transporte de Gás em Angola, incluindo o fornecimento de Gás Doméstico e butano, iv) a exportação, transporte e processamento de LNG e NGL, v) a venda de LNG e NGL, vi) a construção, operação e manutenção das Instalações, e vii) a operação e manutenção da Rede de Gasodutos de Gás Associado.

1.42. "*Receitas de Referência Fiscal*" ou "*RRF*" significa as receitas de referência fiscal tal como se encontram definidas no artigo 11.º.

1.43. "*Rede de Gasodutos de Gás Associado*" significa a rede de gasodutos e suas dependências (incluindo o sistema de gasodutos para a travessia do Rio Congo), e as travessias por terra, a qual liga o Ponto de Entrega às Instalações da Fábrica.

1.44. "*Rede de Gasodutos de Gás Não-Associado*" significa a rede de gasodutos e suas dependências, a qual liga as Instalações da Fábrica às instalações de produção de Gás Não-Associado desenvolvidas no âmbito do Projecto.

1.45. *"Resolução de Autorização Legislativa"* significa a Resolução da Assembleia Nacional n.º 17/07, de 25 de Abril, publicada no Diário da República n.º 50, Iª Série.

1.46. *"Sociedade Operacional Angola LNG"* significa a sociedade referida na alínea b) do número 1 do artigo 7.º. Para efeitos do presente decreto-lei, esta sociedade é referida como "Sociedade Operacional Angola LNG", apesar de a sua denominação não ter sido ainda definida.

1.47. *"Sociedade Operadora dos Gasodutos de Angola"* significa a sociedade referida na alínea c) do número 1 do artigo 7.º. Para efeitos do presente decreto-lei, esta sociedade é referida como "Sociedade Operadora dos Gasodutos de Angola", apesar de a sua denominação não ter sido ainda definida.

1.48. *"Trimestre"* significa cada um dos quatro períodos de 3 (três) meses em que se divide o exercício fiscal, sendo que o primeiro trimestre de um determinado exercício é sempre o trimestre com início a 1 de Janeiro desse ano e termo a 31 de Março.

2. As palavras e expressões não especificamente definidas pelo presente artigo têm o significado que às mesmas é atribuído pela Lei das Actividades Petrolíferas, Lei sobre a Tributação das Actividades Petrolíferas e Lei Sobre o Regime Aduaneiro das Operações Petrolíferas, consoante o caso.

3. Excepto para efeitos do disposto no artigo 63.º, todas as referências feitas no presente diploma a qualquer lei vigente são tidas como feitas de igual modo a quaisquer leis ulteriores que venham a dispor sobre as mesmas matérias.

Artigo 3.º

Regime jurídico

1. É aprovada a implementação do Projecto Angola LNG e o respectivo regime jurídico previsto no presente decreto-lei, incluindo os aspectos de natureza fiscal, aduaneira e cambial.

2. O Projecto Angola LNG está sujeito à legislação aplicável às actividades petrolíferas, nomeadamente, a Lei das Actividades Petrolíferas, a Lei sobre a Tributação das Actividades Petrolíferas e a Lei Sobre o Regime Aduaneiro Aplicável ao Sector Petrolífero, conforme complementada e adaptada pelo presente diploma.

3. Devido à natureza do Projecto Angola LNG, e salvo no que respeita às operações de avaliação, desenvolvimento e produção de Gás Não-Associado, não lhe são aplicáveis determinadas disposições da legislação relativas a concessões petrolíferas, nomeadamente, as normas da Lei das Actividades Petrolíferas relacionadas com a Concessionária Nacional e com as licenças de prospecção.

Artigo 4.º
Duração do Projecto

O Projecto Angola LNG continua em vigor enquanto a Angola LNG Limited, ou qualquer seu sucessor ou cessionário, existir e desenvolver a actividade de produção e comercialização de LNG e/ou NGL.

Artigo 5.º
Contrato de Investimento e diplomas complementares

1. Para além do presente decreto-lei, os diplomas a seguir indicados, os quais já foram publicados ou sê-lo-ão no futuro, destinam-se igualmente a permitir a implementação do Projecto:

a) O Decreto-Lei de Concessão;
b) Os decretos executivos conjuntos dos Ministros das Finanças e dos Petróleos relativos ao cálculo das Receitas de Referência Fiscal, conforme previsto no artigo 11.º;
c) Um decreto executivo conjunto dos Ministros das Finanças e dos Petróleos relativo a cada Bloco Fornecedor relacionado com a dedução fiscal e a recuperação de custos nas respectivas concessões petrolíferas das despesas incorridas com a construção da Rede de Gasodutos de Gás Associado;
d) O decreto que transfere os terrenos do domínio público afectos ao Projecto para o domínio privado do Estado;
e) O decreto que exclui a zona de implantação do Projecto da área de jurisdição do Porto do Soyo, bem como do âmbito de aplicação do plano de ordenamento da orla costeira.

2. Os termos ao abrigo dos quais o Projecto é implementado são objecto de maior detalhe no Contrato de Investimento a celebrar entre o Estado, representado pelo Ministério dos Petróleos, a Sonangol, as Empresas Promotoras e a Angola LNG Limited.

3. O Contrato de Investimento rubricado pelas partes no dia 3 de Maio de 2007 é aprovado pelo presente decreto-lei.

4. As partes no Contrato de Investimento têm um prazo de 90 (noventa) dias a contar da data da publicação do presente decreto-lei, ou de 30 (trinta) dias a contar da data em que ocorrer a última publicação dos diplomas referidos no número 1 do presente artigo, consoante o que se verificar mais tarde, para celebrar o Contrato de Investimento. Caso o Contrato de Investimento não seja celebrado dentro do referido prazo, o presente decreto-lei deixará de vigorar.

5. As partes no Contrato de Investimento devem observar o disposto nesse contrato na execução do Projecto.

146 *A Regulação do Gás Natural em Angola*

6. Qualquer litígio entre as partes do Contrato de Investimento resultante do Projecto ou do Contrato de Investimento que essas partes não consigam resolver entre si, deve ser solucionado em termos definitivos através de arbitragem internacional a realizar fora de Angola, conforme permitido pela Lei da Arbitragem Voluntária (Lei n.º 16/03, de 25 de Julho), nos termos constantes do Contrato de Investimento.

ARTIGO 6.º

Unidade

1. O Projecto é primariamente suportado pelo fornecimento de Gás Associado produzido a partir de concessões petrolíferas e, complementarmente pelo fornecimento de Gás Não-Associado produzido a partir de concessões petrolíferas afectas a esse fim.

2. Pretende-se que o presente decreto-lei e o Decreto-Lei de Concessão sejam interpretados e aplicados de forma consistente e harmoniosa, com vista a optimizar a unidade e coerência do quadro legal aplicável ao Projecto.

SECÇÃO II

Empresas executoras do Projecto Angola LNG

ARTIGO 7.º

Empresas

1. O Projecto é executado pela Angola LNG Limited, pela Sociedade Operacional Angola LNG e pela Sociedade Operadora dos Gasodutos de Angola, nos seguintes termos:

a) A Angola LNG Limited é a principal entidade encarregue de executar o Projecto, através da qual as Empresas Promotoras detêm o seu investimento e os direitos atribuídos para efeitos do Projecto, incluindo a obtenção das receitas das vendas de LNG e NGL;

b) A Sociedade Operacional Angola LNG realiza, em representação da Angola LNG Limited, as operações relacionadas com as Instalações Terrestres e as Instalações Marítimas nos termos constantes de um contrato de prestação de serviços operacionais a celebrar com a Angola LNG Limited;

c) A Sociedade Operadora dos Gasodutos de Angola realiza, em representação da Angola LNG Limited, as operações relacionadas com a Rede de Gasodutos de Gás Associado e a Rede de Gasodutos de Gás Não-Associado nos termos constantes de um contrato de prestação de serviços dos gasodutos a celebrar com a Angola LNG Limited. Após o decurso de um certo período de tempo, a Sociedade Operadora dos Gasodutos de Angola pode optar por assumir a responsabilidade directa pelas operações relacionadas com a Rede de Gasodutos de Gás Associado e a Rede de Gasodutos de Gás Não-Associado, em substituição da Angola LNG Limited, em conformidade com o Contrato de Investimento e acordos conexos celebrados com a Angola LNG Limited.

2. As Empresas Promotoras são os accionistas iniciais da Angola LNG Limited. Os accionistas iniciais da Sociedade Operacional Angola LNG e da Sociedade Operadora dos Gasodutos de Angola são as Empresas Promotoras ou suas Afiliadas.

3. Para além das sociedades referidas no número 1 do presente artigo, as Empresas Promotoras podem, directa ou indirectamente, constituir outras sociedades na medida do que se revele necessário à plena implementação do Projecto, nomeadamente para efeitos de comercialização ou transporte do LNG e NGL. Essas outras sociedades que venham a ser constituídas são consideradas como entidades separadas e independentes da Angola LNG Limited, da Sociedade Operacional Angola LNG e da Sociedade Operadora dos Gasodutos de Angola para efeitos legais, fiscais e outros tidos por relevantes.

CAPÍTULO II
Regime Fiscal

SECÇÃO I
Imposto sobre o Rendimento do Petróleo

Artigo 8.º
Incidência

1. O imposto de rendimento aplicável ao Projecto é o Imposto sobre o Rendimento do Petróleo constante da Lei sobre a Tributação das Actividades Petrolíferas com as adaptações contidas no presente diploma.

2. Atendendo à sua natureza especial, tal como previsto e autorizado pela Resolução de Autorização Legislativa, as disposições deste decreto-lei, bem como a Lei sobre a Tributação das Actividades Petrolíferas, estabelecem o regime jurídico do Imposto de Rendimento do Petróleo.

148   *A Regulação do Gás Natural em Angola*

ARTIGO 9.º

Sujeitos passivos

1. Para efeitos da aplicação do Imposto sobre o Rendimento do Petróleo ao Projecto, cada uma das Empresas Promotoras é considerada, enquanto accionista da Angola LNG Limited, responsável pelo pagamento deste imposto. Tais accionistas são tidos como sujeitos passivos do imposto.

2. É imputada aos sujeitos passivos, na proporção da respectiva participação na Angola LNG Limited, a Matéria Colectável calculada pela Angola LNG Limited.

3. O Imposto sobre o Rendimento do Petróleo devido pelos sujeitos passivos deste imposto no âmbito do Projecto é o resultante da aplicação da taxa prevista no presente diploma à Matéria Colectável calculada pela Angola LNG Limited e imputada nos termos do número anterior.

4. A imputação a que se refere o número 2 do presente artigo ocorre sempre que sejam efectuadas liquidações provisórias ou definitivas do Imposto sobre o Rendimento do Petróleo, nos termos do presente diploma.

5. Em conformidade com disposto nos números anteriores, a Angola LNG Limited não está sujeita ao Imposto sobre o Rendimento do Petróleo que se mostre devido em resultado da actividade exercida no âmbito do Projecto Angola LNG, sendo este imposto suportado pelas Empresas Promotoras enquanto accionistas da Angola LNG Limited.

SECÇÃO II

**Determinação da Matéria Colectável
pela Angola LNG Limited**

ARTIGO 10.º

Base do imposto e determinação da Matéria Colectável

1. O cálculo da Matéria Colectável pela Angola LNG Limited para imputação aos sujeitos passivos de imposto é, com as necessárias adaptações e salvo o disposto no presente decreto-lei, determinado com base nas regras relativas ao apuramento do Imposto sobre o Rendimento do Petróleo constantes da Lei sobre a Tributação das Actividades Petrolíferas.

2. A Matéria Colectável corresponde ao lucro apurado no final de cada exercício fiscal, por referência à contabilidade organizada nos termos previstos na lei angolana, no presente diploma e em obediência aos princípios e práticas contabilísticas geralmente aceites, corrigido nos termos do disposto no presente decreto-lei e nas disposições aplicáveis constantes da Lei sobre a Tributação das

Actividades Petrolíferas, e consiste na diferença entre todos os proveitos ou ganhos realizados pela Angola LNG Limited e os custos ou perdas imputáveis ao mesmo exercício fiscal, determinado nos termos dos artigos 20.º, 21.º, 22.º e número 1 do artigo 23.º da Lei sobre a Tributação das Actividades Petrolíferas, salvo o disposto em contrário no presente decreto-lei.

3. Enquanto o fornecimento for efectuado de forma gratuita, o Gás Doméstico a ser fornecido à Sonangol Gás Natural, Limitada, não gera, nem se presume que gere, qualquer rendimento ou ganho para a Angola LNG Limited e, nessa medida, não é considerado para efeitos de cálculo da Matéria Colectável.

ARTIGO 11.º

Receitas de Referência Fiscal

1. Para efeitos do cálculo da Matéria Colectável, o rendimento decorrente das vendas de LNG e NGL é apurado com base em Receitas de Referência Fiscal ("RRF"), as quais devem corresponder às receitas efectivamente auferidas pela Angola LNG Limited a partir da venda do LNG e NGL por esta produzido nas Instalações da Fábrica.

2. Para efeitos do cálculo da Matéria Colectável, as outras substâncias que não o LNG e o NGL, nomeadamente o gás seco vendido em Angola para além do Gás Doméstico fornecido à Sonagás, são valorizadas ao preço de venda praticado, excepto se a peculiar natureza dessas substâncias e as especiais condições da respectiva comercialização exigirem que sejam acordados procedimentos específicos entre a Angola LNG Limited e o Ministério das Finanças.

3. Caso a Angola LNG Limited venda LNG à Angola LNG Supply Services LLC, uma Entidade constituída, directa ou indirectamente, pelas Empresas Promotoras ("Angola LNG Supply Services") com o objectivo de prover todos os serviços necessários à entrega de LNG regaseificado no mercado às Afiliadas das Empresas Promotoras ("Compradores Afiliados"), as RRF devem corresponder às receitas auferidas pela Angola LNG Limited como resultado das vendas à Angola LNG Supply Services, sendo reconhecido que tais receitas, com sujeição ao direito de análise e auditoria do Ministério das Finanças, representam um justo valor de mercado nas instalações de carregamento em Angola.

4. a) Para efeitos do disposto número 3, a Angola LNG Limited deve preencher e entregar o Anexo G mensalmente ao Ministério das Finanças. O Anexo G e as sub-alíneas i) a xiv) da alínea a) do presente artigo estabelecem uma metodologia de cálculo que permite demonstrar que as RRF têm por base receitas determinadas a partir dos pontos dos índices comerciais publicados e utilizados como referência para cada transacção, subtraídos de todos os custos efectivamente incorridos, comissões cobradas e margens associadas à entrega do produto nesses pontos de índices comerciais publicados. No preenchimento do Anexo G, a Angola LNG Limited deve utilizar a seguinte informação:

i) Receitas a valor de mercado – A soma de todas as receitas auferidas numa base diária num determinado mês, como previsto no(s) Contrato(s) de Compra e Venda de Gás ("CCV de Gás") entre a Angola LNG Supply Services e os Compradores Afiliados, conforme venha(m) a ser periodicamente alterado(s). O preço tem por base um índice comercial publicado relativo a transacções que ocorram num determinado local, ou um composto de índices relativos a diferentes locais correspondentes ao mercado em causa. O preço inclui igualmente uma combinação de índices de preços diários e mensais relativos a cada local ou locais correspondentes ao mercado em causa. Todos os preços são publicados pelo *"Gas Daily"* ou outra publicação fiável e publicamente reconhecida. A combinação de índices de preços diários e mensais utilizados e a composição dos índices de preços são estabelecidas no CCV de Gás e podem sofrer variações. Por razões de clareza, a referida soma baseia-se nos índices de preços publicados multiplicada pelos volumes líquidos entregues aos Compradores Afiliados, não incluindo quaisquer deduções relativas a comissões ou custos.

ii) Outras receitas da Angola LNG Supply Services – Quaisquer outras receitas, que eventualmente existam, auferidas pela Angola LNG Supply Services que não as receitas a receber ao abrigo do CCV de Gás.

iii) Comissão dos Compradores Afiliados – A comissão cobrada pelos Compradores Afiliados a título de compensação pelos custos internos e o risco incorrido, correspondente quer A) a uma comissão calculada multiplicando-se as quantidades efectivamente entregues à saída do terminal de regaseificação, ajustadas em função das quantidades utilizadas como combustível pelos gasodutos e uma percentagem para perdas, caso exista, por uma taxa expressa em Dólares dos Estados Unidos da América/ por mmbtu ou B) a uma comissão compreendendo as duas seguintes componentes: (x) uma componente fixa acordada para compensar os Compradores Afiliados pelos seus custos internos de carácter geral e administrativos, acrescida de (y) uma componente variável por mmbtu, calculada multiplicando-se as quantidades efectivamente entregues à saída do terminal de regaseificação, ajustadas em função das quantidades utilizadas como combustível pelos gasodutos e uma percentagem para perdas, caso exista, para compensar os Compradores Afiliados pelos seus riscos. Esta comissão é estabelecida no CCV de Gás e deve ser deduzida às receitas auferidas pela Angola LNG Supply Services a partir dos Compradores Afiliados. Em ambos os casos, a parte da referida comissão destinada a cobrir os custos de carácter geral e administrativos dos Compradores Afiliados pode ser sujeita a aumentos graduais por forma a cobrir acréscimos dos referidos custos nos termos previstos no CCV de Gás. Os aumentos graduais têm por base um índice de inflação, que seja público, tal como o Índice de Preços ao Consumidor dos Estados Unidos.

iv) Custos com gasodutos/processamento efectivamente incorridos pelos Compradores Afiliados – Todos os custos efectivamente incorridos, caso existam, pelos Compradores Afiliados com serviços relativos aos gasodutos ou processamento de serviços prestados entre o ponto de transferência de propriedade e os pontos dos índices referidos na sub-alínea i). Estes custos são estabelecidos no CCV de Gás e são deduzidos às receitas auferidas pela Angola LNG Supply Services a partir dos Compradores Afiliados.

v) <u>Margem efectivamente obtida pela Angola LNG Supply Services</u> – A margem efectivamente obtida pela Angola LNG Supply Services deve ser igual às receitas por esta efectivamente recebidas deduzidas dos custos efectivamente incorridos, nomeadamente, os custos com a aquisição de LNG, os custos incorridos com terceiros e entidades relacionadas e os custos internos. O custo com a aquisição de LNG é previsto no Contrato de Compra e Venda de LNG ("CCV de LNG") entre a Angola LNG Supply Services e a Angola LNG Limited, conforme venha a ser periodicamente alterado. A Angola LNG Supply Services pode incorrer em custos em momento anterior ao início da produção de LNG tais como custos internos, podendo igualmente incorrer noutros custos tais como custos com regaseificação, com transporte marítimo e com gasodutos e processamento. A metodologia a utilizar para que a Angola LNG Supply Services possa recuperar os referidos custos deve ser prevista pelo CCV de LNG. A comissão a ser estabelecida no CCV de LNG encontra-se incluída na margem da Angola LNG Supply Services. Tal comissão é calculada multiplicando-se uma taxa expressa em Dólares dos Estados Unidos da América/ por mmbtu pelo volume líquido de LNG entregue à entrada do terminal de regaseificação, multiplicado por um montante fixo para perdas de combustível, retenção e outras perdas a jusante.

vi) <u>Custos internos efectivamente incorridos pela Angola LNG Supply Services</u> – Todos os custos internos de carácter geral e administrativo efectivamente incorridos pela Angola LNG Supply Services, incluindo os custos com pessoal e outros custos e encargos diversos, nomeadamente os custos decorrentes de contratos de prestação de serviços celebrados com entidades relacionadas ou não, rendas de escritórios, contas telefónicas, seguros e material de escritório.

vii) <u>Custos com serviços de regaseificação efectivamente incorridos pela Angola LNG Supply Services</u> – Todos os custos efectivamente incorridos pela Angola LNG Supply Services por serviços de regaseificação nos termos de um contrato de utilização de terminal celebrado entre a Angola LNG Supply Services e um prestador de serviços de regaseificação.

viii) <u>Custos com gasodutos/processamento/armazenamento efectivamente incorridos pela Angola LNG Supply Services</u> – Todos os custos, caso existam, efectivamente incorridos pela Angola LNG Supply Serviços com serviços de gasodutos e/ou processamento de serviços e/ou serviços de armazenamento prestados antes do ponto de transferência de propriedade da Angola LNG Supply Services para os Compradores Afiliados.

ix) <u>Custos com transporte marítimo efectivamente incorridos pela Angola LNG Supply Services</u> – Todos os custos, caso existam, efectivamente incorridos pela Angola LNG Supply Services com serviços directamente prestados por um prestador de serviços de transporte marítimo que não uma empresa de transporte marítimo, constituída e detida, directa ou indirectamente, pelas Empresas Promotoras ("Empresa de Transporte Marítimo"), como previsto num contrato de serviços de transporte marítimo, conforme venha a ser periodicamente alterado.

x) <u>Custos com terceiros efectivamente incorridos pela Empresa de Transporte Marítimo</u> – Todos os custos, caso existam, efectivamente pagos pela Angola LNG Supply Services à Empresa de Transporte Marítimo por forma a compensar a Empresa de Transporte Marítimo por todos os custos efectivamente incorridos com terceiros prestadores de serviços de transporte marítimo que a Empresa de Transporte Marítimo tenha pago a esses terceiros. Tais custos com terceiros são estabelecidos num Contrato de Transporte Marítimo ("CTM") a celebrar entre a Angola LNG Supply Services e a Empresa de Transporte Marítimo, conforme venha a ser periodicamente alterado, e devem reflectir os custos previstos num contrato de serviços de transporte marítimo entre a Empresa de Transporte Marítimo e um terceiro prestador de serviços de transporte marítimo. Se as Empresas Promotoras não constituírem uma Empresa de Transporte Marítimo, não são incluídos no Anexo G quaisquer custos com terceiros incorridos pela Empresa de Transporte Marítimo.

xi) <u>Custos internos efectivamente incorridos pela Empresa de Transporte Marítimo</u> – Todos os custos, caso existam, e pagos pela Angola LNG Supply Services à Empresa de Transporte Marítimo por forma a compensar a Empresa de Transporte Marítimo por todos os custos internos efectivamente incorridos de carácter geral e administrativo, incluindo os custos com pessoal e outros custos e encargos diversos, nomeadamente todos os custos decorrentes de contratos de prestação de serviços celebrados com entidades relacionadas ou não, rendas de escritórios, contas telefónicas, seguros e material de escritório, conforme previsto no CTM. Se as Empresas Promotoras não constituírem uma Empresa de Transporte Marítimo, não são incluídos no Anexo G quaisquer custos internos da Empresa de Transporte Marítimo.

xii) <u>Comissão da Empresa de Transporte Marítimo</u> – A comissão, caso exista, cobrada pela Empresa de Transporte Marítimo à Angola LNG Supply Services nos termos do CTM a título de compensação pelo risco assumido por esta última na prestação de serviços de transporte marítimo à Angola LNG Supply Services. Se as Empresas Promotoras não constituírem uma Empresa de Transporte Marítimo, não deve ser incluída no Anexo G qualquer comissão da Empresa de Transporte Marítimo.

xiii) <u>Comissão para recuperação de capital da Empresa de Transporte Marítimo</u> – A comissão, caso exista, cobrada pela Empresa de Transporte Marítimo à

Angola LNG Supply Services a título de compensação pelo risco assumido por esta última para efeitos de recuperação do capital, no caso de a Empresa de Transporte Marítimo vir a ser a proprietária de navios. A comissão para recuperação de capital a estabelecer no CTM baseia-se em valores justos de mercado de acordo com as práticas internacionais. Se a Empresa de Transporte Marítimo não for proprietária de quaisquer navios, não é incluída no Anexo G qualquer comissão para recuperação de capital da Empresa de Transporte Marítimo.

xiv) <u>Outros custos da Angola LNG Supply Services</u> – Quaisquer outros custos, caso existam, efectivamente incorridos, nomeadamente penalidades e danos contratuais pagos pela Angola LNG Supply Services, não abrangidos pelas demais categorias de custos referidas no Anexo G.

b) A Angola LNG Limited deve obter um parecer independente com base nas informações de mercado disponíveis, confirmativo de que as comissões relativas às vendas de LNG referidas nas sub-alíneas iii), v), xii) e xiii) (as quais devem corresponder às comissões previstas nos contratos celebrados entre a Angola LNG Limited e a Angola LNG Supply Services, entre a Angola LNG Supply Services e as Empresas Promotoras ou suas Afiliadas e entre a Angola LNG Supply Services e a Empresa de Transporte Marítimo) são conformes com as práticas internacionais semelhantes, tendo em conta a viabilidade da estrutura comercial do Projecto. As referidas comissões são fixadas no Decreto Executivo Conjunto a que se refere a alínea b) do número 5 após análise do referido parecer independente. Caso tais comissões, ou a estrutura comercial do Projecto, tenham necessidade de ser alteradas após a celebração do Contrato de Investimento por forma a reflectir as mudanças no mercado, a assegurar ao Projecto estabilidade no escoamento dos produtos, bem como a reflectir a natureza do risco de fornecimento de gás a montante ou assegurar a viabilidade da estrutura comercial do Projecto, o resultado do parecer independente, ou de qualquer das suas partes, pode ser revisto, através de novos pareceres independentes, na medida do necessário para justificar tal alteração, quer seja pela iniciativa dos Ministérios das Finanças e dos Petróleos quer pela Angola LNG Limited.

c) Reconhece-se a necessidade de terem de ser celebrados contratos a longo prazo, nomeadamente para efeitos de transporte marítimo, regaseificação, gasodutos e/ou processamento e serviços relacionados com a venda de LNG no mercado, sendo que tais contratos a longo prazo são tidos como indicadores de condições justas de mercado ao longo da vida do Projecto. Caso o parecer independente seja actualizado nos termos da alínea b) do presente número, tal actualização não deve ser utilizada para determinar se os referidos contratos a longo prazo reflectem um valor de mercado actualizado.

d) Todos os custos e receitas consideradas para efeitos de demonstrar o justo valor de mercado das RRF, utilizando a metodologia prevista na alínea a) do número 4, do presente artigo e no Anexo G, são suportados, sempre que solicitado, por cópias de documentos justificativos apropriados, nomeadamente, o CCV de Gás, o CCV de LNG, o CTM, contratos com terceiros prestadores de serviços, facturas, demonstrações financeiras auditadas por auditor independente da Angola LNG Supply Services e da Empresa de Transporte Marítimo, caso venha a ser constituída, informações públicas relativas a preços, documentação justificativa dos volumes entregues e o parecer independente previsto na alínea b) do número 4 do presente artigo.

e) A Angola LNG Limited apresentará um rol da documentação de suporte relativa ao Anexo G, sendo que tal documentação pode ser analisada pelo Ministério das Finanças no decurso da auditoria anual à declaração fiscal por forma a confirmar a exactidão dos cálculos por referência à metodologia prevista na alínea a) do número 4 do presente artigo e no Anexo G. Tal documentação deve estar disponível para consulta pelos auditores do Ministério das Finanças nos escritórios da Angola LNG Limited em Angola.

5. a) Os elementos necessários para determinar as receitas e custos ao longo da cadeia de valor decorrentes da venda de LNG à Angola LNG Supply Services são estabelecidos por decreto executivo conjunto do Ministério das Finanças e do Ministério dos Petróleos ("Decreto Executivo Conjunto para o LNG"). Tal Decreto Executivo Conjunto para o LNG deve ser publicado previamente à celebração do Contrato de Investimento. Após tal publicação, o Decreto Executivo Conjunto para o LNG pode ser alterado para, no todo ou em parte, incluir elementos adicionais, reflectir alterações no mercado, assegurar ao Projecto estabilidade no escoamento dos produtos, bem como reflectir a natureza do risco de fornecimento a montante de Gás ao Projecto ou assegurar a viabilidade da estrutura comercial do Projecto. Sem prejuízo do disposto no artigo 63.º do presente diploma, quaisquer alterações nesse sentido devem ser aprovadas pelos Ministérios das Finanças e dos Petróleos sob proposta da Angola LNG Limited.

b) Os elementos a incluir no Decreto Executivo Conjunto para o LNG são os seguintes:

i) Para efeitos de determinação das receitas ao valor de mercado referidas na sub-alínea i) da alínea a), do número 4 do presente artigo, o Decreto Executivo Conjunto para o LNG deve aprovar a fórmula a ser utilizada para calcular as receitas previstas no CCV de Gás, incluindo a identificação dos índices comerciais publicados, o processo utilizado para definição da combinação dos índices de preços diários e mensais e o processo para estabelecer uma multiplicidade de locais caso exista mais do que um local;

ii) Para efeitos de determinação da comissão dos Compradores Afiliados referida na sub-alínea iii) da alínea a) do número 4, o Decreto Executivo Conjunto para o LNG deve confirmar e aprovar a comissão praticada, assim como a respectiva tabela de actualização, caso exista, prevista no CCV de Gás;

iii) Para efeitos de determinação dos custos com gasodutos e com o processamento efectivamente incorridos pelos Compradores Afiliados a que se refere a sub-alínea iv) da alínea a) do número 4, o Decreto Executivo Conjunto para o LNG deve reconhecer os custos decorrentes dos contratos relativos a gasodutos e processamento por forma a que os mesmos sejam declarados no Anexo G podendo estabelecer a respectiva base de cálculo;

iv) Para efeitos de determinação da margem efectivamente obtida pela Angola LNG Supply Services a que se refere a sub-alínea v) da alínea a), do número 4, o Decreto Executivo Conjunto para o LNG deve confirmar e aprovar a comissão prevista no CCV de Gás, podendo igualmente estabelecer a respectiva base de cálculo, em conformidade com o CCV de Gás;

v) Para efeitos de determinação dos custos com serviços de regaseificação efectivamente incorridos pela Angola LNG Supply Services a que se refere a sub-alínea vii) da alínea a) do número 4, o Decreto Executivo Conjunto para o LNG deve reconhecer os custos decorrentes do contrato de utilização de terminal por forma a que os mesmos sejam declarados no Anexo G, podendo igualmente estabelecer a respectiva base de cálculo;

vi) Para efeitos de determinação dos custos com serviços de gasodutos, processamento e armazenamento efectivamente incorridos pela Angola LNG Supply Services a que se refere a sub-alínea viii) da alínea a) do número 4, o Decreto Executivo Conjunto para o LNG deve reconhecer os custos decorrentes dos contratos relativos a serviços de gasodutos, processamento e armazenamento por forma a que os mesmos sejam declarados no Anexo G podendo estabelecer a respectiva base de cálculo;

vii) Para efeitos de determinação dos custos com serviços de transporte marítimo efectivamente incorridos pela Angola LNG Supply Services a que se refere a sub-alínea ix), da alínea a) do número 4, o Decreto Executivo Conjunto para o LNG deve reconhecer os custos decorrentes dos contratos de transporte marítimo por forma a que os mesmos sejam declarados no Anexo G, podendo igualmente estabelecer a respectiva base de cálculo;

viii) Para efeitos de determinação dos custos com terceiros efectivamente incorridos pela Empresa de Transporte Marítimo a que se refere a sub-alínea x) da alínea a) do número 4, o Decreto Executivo Conjunto para o LNG deve reconhecer os custos decorrentes do CTM e de contratos de serviços de transporte marítimo por forma a que os mesmos sejam declarados no Anexo G e pode estabelecer a respectiva base de cálculo;

ix) Para efeitos de determinação da comissão da Empresa de Transporte Marítimo referida na sub-alínea xii) da alínea a) do número 4, o Decreto Executivo Conjunto para o LNG deve confirmar e aprovar a comissão prevista no CTM;

x) Para efeitos de determinação da comissão para recuperação de capital da Empresa de Transporte Marítimo referida na sub-alínea xiii) da alínea a) do número 4, o Decreto Executivo Conjunto para o LNG deve confirmar e aprovar a comissão prevista no CTM.

c) Reconhece-se que os índices de mercado previstos no CCV de Gás podem ser alterados ao longo da vida do Projecto. Se tais índices deixarem de ser publicados ou deixarem de possuir a liquidez necessária para reflectir o valor de mercado no ponto onde o gás regaseificado é vendido aos Compradores Afiliados, um novo Decreto Executivo Conjunto para o LNG alterado será aprovado pelos Ministérios das Finanças e dos Petróleos, sob proposta da Angola LNG Limited, definindo os índices de preços ou publicações tidos por apropriados para serem utilizados como base para reportar os referidos índices de preços.

6. Caso ocorram perturbações operacionais, quer sejam planeadas ou não, a jusante das Instalações da Fábrica que obriguem a Angola LNG Supply Services a contratar temporariamente serviços adicionais, nomeadamente, serviços alternativos de transporte marítimo, regaseificação, gasodutos e processamento, os quais possam resultar na necessidade de serem utilizados índices alternativos, bem como em custos diferentes com serviços de transporte marítimo, regaseificação, gasodutos ou processamento, o(s) índice(s) aplicável(eis) ao(s) ponto(s) de referência utilizado deve(m) ser revisto(s) em conformidade e os custos a deduzir, para além dos custos a que se refere a alínea a) do número 4 do presente artigo, são os custos efectivamente incorridos com esses serviços e devem ser declarados no Anexo G.

7. a) Caso a Angola LNG Limited venda NGL a Afiliadas das Empresas Promotoras ("Compradores Afiliados de NGL"), incluindo a venda de butano doméstico à Sonangol Gás Natural, Limitada, conforme estabelecido nos contratos de venda aplicáveis, as RRF devem corresponder às receitas auferidas pela Angola LNG Limited a partir dos referidos Compradores Afiliados de LNG, sendo reconhecido que tais receitas, com sujeição ao direito de análise e auditoria do Ministério das Finanças, representam o justo valor de mercado nas instalações de carregamento em Angola. As RRF têm por base as receitas determinadas a partir de um índice comercial publicado dos Estados Unidos da América, utilizado como referência em cada transacção, deduzidas de todos os custos a jusante do ponto "*Free on Board*" ("FOB"), até ao ponto do índice de preços, incluindo, nomeadamente, os custos de fretamento, os custos de terminal e fraccionamento, os custos portuários de carregamento e descarregamento e uma comissão do Comprador Afiliado de NGL.

i) Para vendas de Propano (C3) e Butano refrigerado ou pressurizado (C4) – As RRF são calculadas da seguinte forma:

NGL (C3/C4) RRF = (P (índice) – (Custos) x (volume carregado no ponto FOB)

Em que:

P (índice) = preço do índice comercial publicado e transparente de *"Mont Belvieu"* expresso pela média de Dólares dos Estados Unidos da América por galão para os cinco dias seguintes à data da guia de transporte excluindo Sábados, Domingos ou outros dias em que os bancos da cidade de Nova Yorque se encontrem autorizados a encerrar. O índice de preços utilizado pode ser alterado se o mesmo deixar de ser publicado ou deixar de possuir suficiente liquidez para reflectir o valor de mercado.

Custos = todos os custos expressos em Dólares dos Estados Unidos da América por galão a jusante do ponto FOB, até ao ponto do índice de preços, inclusive, nomeadamente, os custos de fretamento, os custos de terminal e fraccionamento, os custos portuários de carregamento e descarregamento e uma comissão do Comprador Afiliado de NGL expressa em Dólares dos Estados Unidos da América por galão (destinada a reflectir os custos administrativos e riscos comerciais do Comprador Afiliado de NGL e a ser estabelecida num contrato entre a Angola LNG Limited e os Compradores Afiliados de NGL).

Volume carregado no ponto FOB = volume de propano ou butano, medido em galões, carregado no ponto FOB em Angola.

ii) <u>Para vendas de Condensado (C5+) com as propriedades da gasolina natural</u> – As RFF são calculadas da seguinte forma:

NGL (C5+ com as propriedades da gasolina natural) RRF = (P(índice) – Custos) x (volume carregado no ponto FOB)

Em que:

P (índice) = preço do índice publicado e transparente de *"Mont Belvieu"* expresso pela média de Dólares dos Estados Unidos da América / por galão para os cinco dias seguintes à data da guia de transporte excluindo Sábados, Domingos ou outros dias em que os bancos da cidade de Nova Yorque se encontrem autorizados a encerrar. O índice de preços utilizado pode ser alterado se o mesmo deixar de ser publicado ou deixar de possuir suficiente liquidez para reflectir o valor de mercado.

Custos = todos os custos expressos em Dólares dos Estados Unidos da América por galão a jusante do ponto FOB, até ao ponto do índice de preços, inclusive, nomeadamente, os custos de fretamento, os custos de terminal e fraccionamento, os custos portuários de carregamento e descarregamento e uma comissão do Comprador Afiliado de NGL expresso em Dólares dos Estados Unidos da América por galão (destinada a reflectir os custos administrativos e riscos comerciais do Comprador Afiliado de NGL e a ser estabelecida num contrato entre a Angola LNG Limited e os Compradores Afiliados de NGL).

Volume carregado no ponto FOB = volume de Condensado com as propriedades de gasolina natural, medido em barris, carregado no ponto FOB em Angola.

iii) <u>Para vendas de Condensado (C5+) com as propriedades de Petróleo Bruto</u> – As RRF são calculadas da seguinte forma:

NGL (C5+ com as propriedades de petróleo bruto) RRF = (P(índice) + Y - Custos) x (volume carregado no ponto FOB)

Em que:

P (índice) = um índice adequado de petróleo bruto de acordo com a *West Texas Intermediate* fornecido pela base de dados *Platts Crude Oil Market Wire*, expresso pela média de Dólares dos Estados Unidos da América por barril para os cinco dias seguintes à data da guia de transporte excluindo Sábados, Domingos ou outros dias em que os bancos da cidade de Nova Yorque se encontrem autorizados a encerrar. O índice de preços utilizado pode ser alterado se o mesmo deixar de ser publicado ou deixar de possuir suficiente liquidez para reflectir o valor de mercado.

Y = Um prémio ou desconto expresso em Dólares dos Estados Unidos da América por barril, determinado com base nas condições de mercado, sujeito às especificações do produto e tendo a "*West Texas Intermediate*" como parâmetro, conforme estabelecido num contrato entre a Angola LNG Limited e os Compradores Afiliados de NGL.

Custos = todos os custos expressos em Dólares dos Estados Unidos da América por barril a jusante do ponto FOB até ao ponto do índice de preços, inclusive, nomeadamente, os custos de fretamento, os custos portuários de carregamento e descarregamento e uma comissão do Comprador Afiliado de NGL expresso em Dólares dos Estados Unidos da América por barril (destinada a reflectir os custos administrativos e riscos comerciais do Comprador Afiliado de NGL e a ser estabelecida num contrato entre a Angola LNG Limited e os Compradores Afiliados de NGL.

Volume carregado no ponto FOB = volume de condensado com as propriedades de petróleo bruto, medido em barris, carregado no ponto FOB em Angola medido em barris.

b) A qualidade do Condensado é definida tendo por base a comparação de amostras de Condensado recolhidas pela Angola LNG Limited com as especificações de qualidade em vigor no mercado. Consequentemente, a valorização do Condensado para efeitos das RRF tendo as propriedades de gasolina natural conforme previsto na sub-alínea ii) da alínea a) do presente número, ou tendo as propriedades do Petróleo Bruto conforme previsto na sub-alínea iii) da alínea a) do presente número, baseia-se na determinação de qualidade resultante das amostras recolhidas pela Angola LNG Limited.

8. a) Os elementos necessários para determinar as receitas e custos ao longo da cadeia de valor decorrentes da venda de NGL são estabelecidos num decreto executivo conjunto do Ministério das Finanças e do Ministério dos Petróleos ("Decreto Executivo Conjunto para os NGL"). Após a publicação inicial, o Decreto Executivo Conjunto para os NGL pode ser periodicamente alterado, no todo ou em parte ou para incluir elementos adicionais, na medida do necessário para reflectir alterações no mercado, assegurar ao Projecto estabilidade nos levantamentos e reflectir a natureza do risco de fornecimento. Sem prejuízo do disposto no artigo 63.º do presente diploma, quaisquer alterações nesse sentido deverão ser aprovadas pelos Ministérios das Finanças e dos Petróleos sob proposta da Angola LNG Limited.

b) Os elementos a incluir no Decreto Executivo Conjunto para os NGL são os seguintes:

i) Para efeitos de determinação das receitas a valor de mercado decorrentes das vendas de propano (C3), butano (C4), Condensado (C5+) com as propriedades da gasolina natural e Condensado (C5+) com as propriedades do petróleo bruto, conforme referido na alínea a) do número 7 do presente artigo, o Decreto Executivo Conjunto para o NGL deve confirmar e aprovar os índices de preços utilizados, devendo ser alterado, na medida do necessário, caso os preços seleccionados deixem de ser publicados ou deixem de possuir suficiente liquidez para estabelecer o valor de mercado;

ii) Para efeitos de determinação dos custos com fretamento, custos com terminal e fraccionamento, custos portuários de carregamento e a comissão do Comprador Afiliado de NGL, conforme referido na alínea a) do número 7 do presente artigo, assim como o prémio ou desconto referido na sub-alínea iii) da alínea a) do número 7 do presente artigo, o Decreto Executivo Conjunto para os NGL deve aprovar a referida comissão do Comprador Afiliado de NGL, os referidos custos e prémios ou descontos, podendo ainda estabelecer a base de cálculo para os referidos custos, prémios ou descontos.

9. Caso a Angola LNG Limited venda LNG ou NGL a terceiros, as RRF devem corresponder às receitas efectivamente auferidas no ponto de venda, nos seguintes termos:

(a) No caso de vendas directas de LNG ou NGL a terceiros em Angola em condições FOB, as RRF devem corresponder às receitas efectivamente auferidas nas instalações de carregamento.

(b) No caso de vendas directas de LNG ou NGL a terceiros em condições "*ex ship*" ("DES"), as RRF devem corresponder às receitas efectivamente auferidas no ponto de venda. Quaisquer custos de transporte pagos pela Angola LNG Limited são considerados fiscalmente dedutíveis no ano em que forem pagos para efeitos de determinação da Matéria Colectável.

160   *A Regulação do Gás Natural em Angola*

(c) No caso de vendas directas a terceiros de LNG a qual seja entregue após regaseificação, as RRF devem corresponder às receitas efectivamente auferidas no ponto de venda. Quaisquer custos de transporte e regaseificação a pagar pela Angola LNG Limited são considerados fiscalmente dedutíveis no ano em que forem incorridos para efeitos de determinação da Matéria Colectável.

10. Caso o Ministério das Finanças não concorde com as RRF declaradas pela Angola LNG Limited para o LNG ou NGL, a questão pode ser submetida a um perito independente qualificado, especialista na análise de cálculo de RRF, a nomear por mútuo acordo entre o Ministério das Finanças e as Empresas Promotoras no prazo de 15 (quinze) dias a contar da comunicação, pelo Ministério das Finanças, do seu desacordo relativamente às RRF declaradas. Se o Ministério das Finanças e as Empresas Promotoras não chegarem a acordo quanto à escolha do perito, o perito deve ser nomeado pelo *"London Court of International Arbitration"* ("LCIA") mediante solicitação do Ministério das Finanças ou de qualquer Empresa Promotora. O referido perito deve analisar a informação enviada pela Angola LNG Limited, os diversos contratos, o Decreto Executivo Conjunto para o LNG ou o Decreto Executivo Conjunto para os NGL, consoante o que seja aplicável, o presente decreto-lei e qualquer outra informação relevante, e deve apresentar ao Ministério das Finanças, para posterior distribuição às Empresas Promotoras, no prazo de 30 (trinta) dias após receber a referida informação, um relatório sobre o valor que considera correcto das RRF, tendo por base os dados disponibilizados. No prazo de 20 (vinte) dias a contar da recepção do referido relatório, o Ministério das Finanças reunir-se-á com as Empresas Promotoras para a análise das conclusões do relatório e de forma a alcançar RRF mutuamente aceitáveis. O Ministério das Finanças, tendo em conta o relatório do perito, concordará com as RRF utilizadas pela Angola LNG Limited ou tomará uma decisão final diferente quanto ao cálculo das RRF a utilizar. Neste último caso, o Ministério das Finanças fornecerá uma exposição escrita devidamente fundamentada sobre as razões em que baseou o cálculo das RRF. Os custos incorridos com o perito são suportados pela Angola LNG Limited e aceites como fiscalmente dedutíveis nos termos do número 2 do artigo 12.º.

ARTIGO 12.º

**Custos e perdas dedutíveis para efeitos
de cálculo da Matéria Colectável**

1. Os custos e perdas imputados ao exercício são todos aqueles que, dentro dos limites considerados razoáveis pelo Ministério das Finanças, tendo em conta a prática comum da indústria petrolífera internacional e a legislação angolana aplicável, sejam relativos ao Projecto e seja necessário incorrer, dentro e fora de Angola, para a obtenção dos proveitos e ganhos sujeitos a tributação e manutenção da fonte produtora.

Anexo (Legislação)

2. Sem prejuízo do disposto no número anterior, consideram-se necessários para a obtenção dos proveitos ou ganhos sujeitos a tributação e manutenção da fonte produtora os encargos incorridos com, nomeadamente:

a) Despesas Operacionais incorridas com relação à Rede de Gasodutos de Gás Associado, nomeadamente, quaisquer custos incorridos com a coordenação, concepção, construção e seguro da referida rede, e, bem assim, quaisquer trabalhos de manutenção ou reparação que venham a ser realizados e ainda quaisquer pagamentos efectuados em relação à utilização da Rede de Gasodutos de Gás Associado nos termos do Contrato de Transporte de Gás;

b) Encargos de qualquer natureza (quer Despesas Operacionais, quer de Capital) incorridos com vista a assegurar o fornecimento de GNA às Instalações da Fábrica, nomeadamente todos os custos inerentes às actividades de avaliação, desenvolvimento, produção e transporte de GNA, incluindo quaisquer pagamentos que venham a ser efectuados relativos à utilização da Rede de Gasodutos de Gás Não-Associado;

c) Despesas relacionadas com o fornecimento de Gás Doméstico e butano à Sonangol Gás Natural, Limitada;

d) Despesas sobre estadias de navios tanque de LNG e NGL;

e) As reintegrações nos termos previstos no artigo 13.º;

f) Todas as despesas suportadas com actividades de natureza social ou assistencial, previstas no artigo 60.º, bem como com a administração desses projectos sociais e respectiva gestão financeira, com excepção das despesas geradoras de créditos fiscais nos termos do número 5 do artigo 16.º;

g) Encargos de natureza financeira, nomeadamente juros, prémios, comissões e quaisquer outras formas de remuneração de empréstimos obtidos pela Angola LNG Limited junto de bancos ou instituições financeiras, situados ou não em território nacional, ou junto dos respectivos sócios ou suas Afiliadas, quer tais empréstimos possuam, ou não, a natureza de suprimentos;

h) O pagamento da Taxa de Gás a que se refere o artigo 38.º do presente diploma;

i) O pagamento pela utilização da Rede de Gasodutos de Gás Associado previsto no Contrato de Investimento;

j) Quaisquer custos e encargos relacionados com a aquisição ou uso de terrenos ou servidões de passagem;

k) Provisões calculadas de acordo com o Plano de Abandono e custos incorridos com as responsabilidades decorrentes do abandono ou retirada de serviço das Instalações, numa base efectiva ou estimada conforme permitido por lei;

l) Despesas de carácter social em benefício dos trabalhadores angolanos desde que aprovadas pelo Ministério dos Petróleos;

m) Despesas efectuadas nos programas de formação do pessoal angolano integrado nas operações do Projecto e em outros planos de formação desde que aprovados pelo Ministério dos Petróleos;

n) Despesas relacionadas com os planos estabelecidos para seguros de vida, assistência médica, pensões e outras regalias ou benefícios laborais de natureza semelhante desde que concedidos à generalidade dos trabalhadores em conformidade com as suas políticas internas aprovadas pelo Ministério dos Petróleos e a legislação aplicável;

o) Os custos ou perdas sofridos em consequência de acidentes ou danos ocorridos durante as operações, na parte que exceda o valor recebido ao abrigo de seguro;

p) Os prémios e outros encargos pagos relativamente a seguros, os quais devem ser suportados por documentação apropriada;

q) As despesas relativas ao transporte de LNG e NGL na medida em que não sejam consideradas no cálculo das RRF;

r) As despesas relativas à regaseificação de LNG na medida em que não sejam consideradas no cálculo das RRF;

s) As compensações de natureza contratual pagas aos compradores nos termos dos contratos de compra e venda de LNG e NGL celebrados pela Angola LNG Limited.

3. Na medida do permitido por lei, os custos deferidos ("*accruals*") são igualmente dedutíveis desde que registados de modo consistente e de acordo com os princípios contabilísticos geralmente aceites.

ARTIGO 13.º

Regime das reintegrações

As reintegrações estão sujeitas às seguintes regras:

a) As Despesas de Capital relativas à concepção, desenvolvimento e construção de todas as Instalações Terrestres são integralmente reintegradas à taxa constante de 4,545% a partir do ano em que se verificar a despesa ou do ano da Data da Produção Comercial, consoante o que mais tarde ocorrer;

b) As Despesas de Capital relativas às Instalações Marítimas e quaisquer despesas de capital incorridas pela Angola LNG Limited relativas ao transporte do Gás Associado para as Instalações da Fábrica são integralmente reintegradas à taxa constante de 25% a partir do ano em que se verificar a despesa ou do ano da Data da Produção Comercial, consoante o que mais tarde ocorrer.

Anexo (Legislação)

ARTIGO 14.º

Custos e despesas anteriores à produção

1. Todos os custos e despesas relacionados com o Projecto que hajam sido incorridos antes da celebração do Contrato de Investimento são capitalizados no ano da Data da Produção Comercial e a partir desse momento amortizados à taxa aplicável estabelecida no artigo 13.º, consoante o custo respeite às Instalações Terrestres ou às Instalações Marítimas.

2. Todos os custos e despesas relacionados com o Projecto incorridos após a celebração do Contrato de Investimento e até à Data da Produção Comercial, nomeadamente os custos e despesas normalmente dedutíveis em conformidade com o número 2 do artigo 12.º, são capitalizados no ano da Data da Produção Comercial e a partir desse momento amortizados à taxa prevista na alínea a) do artigo 13.º, excepto se forem especificamente relativos às Instalações Marítimas, em cujo caso a taxa de amortização aplicável é a que se encontra prevista na alínea b) do artigo 13.º.

3. O Contrato de Investimento estabelecerá a natureza e montantes dos custos e despesas referidos no número 1 deste artigo.

ARTIGO 15.º

Transporte de prejuízos fiscais

1. Quando, no final de cada exercício, se verificar que o montante dos custos passíveis de serem deduzidos para efeitos da determinação da Matéria Colectável excede o rendimento bruto anual obtido a partir das actividades do Projecto, tal excesso deve ser transportado para os exercícios seguintes e aí considerado como uma dedução adicional para efeitos da determinação da Matéria Colectável desse exercício.

2. Tal dedução adicional deve ser considerada no primeiro ano tributável subsequente e, no caso de não poder ter lugar nesse ano, no ano tributável seguinte e assim sucessivamente, mas nunca para além do quinto ano seguinte, e só pode efectuar-se desde que se verifique, pelo sistema de contabilidade usado, que essas importâncias não foram já deduzidas por outra forma.

SECÇÃO III
Crédito fiscal das Empresas Promotoras

ARTIGO 16.º
Crédito fiscal

1. Durante um período de cento e quarenta e quatro meses a contar do mês em que ocorrer a Data da Produção Comercial, as Empresas Promotoras beneficiam de um crédito fiscal dedutível à colecta do Imposto sobre o Rendimento do Petróleo apurada em qualquer uma das concessões petrolíferas nas quais, directamente ou através de uma ou mais das suas Afiliadas de Bloco, possuam interesses participativos.

2. O crédito fiscal que pode ser utilizado por cada Empresa Promotora ou Afiliada de Bloco é igual ao Imposto sobre o Rendimento do Petróleo que, a título provisório ou definitivo, se mostre devido no âmbito do Projecto por essa Empresa Promotora, acrescido do crédito fiscal resultante de eventuais pagamentos efectuados nos termos do número 5 deste artigo.

3. Cada crédito fiscal é utilizável mediante a dedução do valor correspondente às colectas provisórias ou definitivas de Imposto sobre o Rendimento do Petróleo apurado na(s) concessão(ões) petrolífera(s) eleita(s) pela Empresa Promotora ou pela(s) Afiliada(s) de Bloco para a utilização do crédito fiscal.

4. Caso o valor do crédito fiscal a utilizar num determinado exercício seja de montante superior à colecta definitiva de Imposto sobre o Rendimento do Petróleo apurada na concessão ou concessões petrolíferas eleitas para a utilização do mesmo, o montante de crédito não utilizado é transportado para os exercícios subsequentes por forma a reduzir a responsabilidade fiscal em sede de Imposto sobre o Rendimento do Petróleo da concessão ou concessões em causa nesses anos até que tal crédito possa ser integralmente utilizado, ainda que uma parte desse crédito excedente subsista mais de cento e quarenta e quatro meses após a Data de Produção Comercial.

5. Caso a Angola LNG Limited venha a desenvolver projectos de natureza social adicionais em conformidade com o disposto no número 3 do artigo 60.º, as Empresas Promotoras ou as Afiliadas de Bloco beneficiam de um crédito fiscal adicional autónomo correspondente ao exacto montante dos encargos incorridos, incluindo custos administrativos e de gestão dos projectos, com essas actividades adicionais, a utilizar para efeitos de dedução à colecta do Imposto sobre o Rendimento do Petróleo devido em qualquer concessão petrolífera em que as Empresas Promotoras ou Afiliadas de Bloco detenham um interesse participativo nos mesmos termos previstos nos números 2 e 3 do presente artigo, sem prejuízo das regras sobre transporte de prejuízos estabelecidas no número 7.

6. Para efeitos de reconhecimento da utilização do crédito fiscal previsto no número anterior de acordo com o mecanismo estabelecido no número 1 do artigo 17.º, o Ministério dos Petróleos deve, previamente ao início de um projecto adicional ou alargamento do âmbito de um projecto existente, emitir uma carta a confirmar a totalidade dos encargos com o projecto elegíveis para a utilização de tais créditos, incluindo custos administrativos e de gestão. Tais encargos podem ser utilizados como créditos fiscais pelas Empresas Promotoras ou Afiliadas do Bloco imediatamente após a Angola LNG Limited ter efectuado pagamentos para efeitos do disposto no número 5.

7. O crédito fiscal referido no número anterior que não possa ser utilizado no exercício a que respeita pode ser transportado e utilizado em um ou mais dos 5 (cinco) exercícios seguintes, contanto que essa utilização seja efectuada, tanto quanto possível, no primeiro ano tributável subsequente e, no caso de não poder ser integralmente utilizada nesse ano, no ano tributável seguinte e assim sucessivamente. Contudo, o referido crédito só pode ser utilizado desde que se verifique, pelo sistema de contabilidade usado que essas importâncias não foram já creditadas por outra forma.

8. Caso o funcionamento das Instalações da Fábrica seja reduzido de forma significativa (por outra causa que não seja a manutenção planeada), e não sejam geradas quaisquer receitas de vendas de LNG durante um período superior a trinta dias por motivo de força maior ou outra circunstância não imputável às Empresas Promotoras, à Angola LNG Limited, à Sociedade Operacional Angola LNG ou à Sociedade Operadora dos Gasodutos de Angola (mas apenas até ao momento em que todas as Empresas Promotoras, com excepção da Sonangol Gás Natural, Limitada, deixem de ser accionistas da Sociedade Operadora dos Gasodutos de Angola), o período de crédito fiscal previsto no número 1 do presente artigo deve ser suspenso a partir do termo do referido período de trinta dias mediante notificação, por escrito, enviada pela Angola LNG Limited ao Ministério das Finanças. A suspensão manter-se-á até que o funcionamento das Instalações da Fábrica seja restabelecido e se tornem a gerar receitas das vendas de LNG.

9. Qualquer redução do funcionamento das Instalações da Fábrica que seja devido à existência de defeitos na concepção das Instalações da Fábrica não é imputável às Empresas Promotoras, Angola LNG Limited, Sociedade Operacional Angola LNG ou Sociedade Operadora dos Gasodutos de Angola para efeitos do disposto no número anterior.

Artigo 17.º
Utilização do crédito fiscal

1. O crédito fiscal pode ser utilizado por cada Empresa Promotora ou pela(s) suas Afiliada(s) de Bloco imediatamente após i) a Empresa Promotora ter efectuado cada pagamento de Imposto sobre o Rendimento do Petróleo que se mostre devido no âmbito do Projecto, quer a titulo provisório ou definitivo, ou ii) a Angola LNG Limited ter efectuado pagamentos nos termos do disposto no número 5 do artigo 16.º.

2. De acordo com o disposto no número anterior, cada Empresa Promotora ou a(s) suas Afiliada(s) de Bloco podem reduzir o montante do Imposto sobre o Rendimento de Petróleo que se mostre devido nas concessões petrolíferas em que for utilizado o crédito fiscal pelo valor do crédito gerado no mesmo período a que se reporta o referido pagamento de Imposto sobre o Rendimento do Petróleo.

3. O crédito fiscal pode ser utilizado da forma que permitir à Empresa Promotora ou à(s) Afiliada(s) de Bloco obter o maior benefício económico desse crédito, sem quaisquer restrições ou limitações para além do facto de que o crédito fiscal utilizado não pode ser superior ao Imposto sobre o Rendimento do Petróleo que seja devido e pago pela Empresa Promotora no âmbito do Projecto, acrescido de quaisquer pagamentos efectuados pela Angola LNG Limited nos termos do número 5 do artigo 16.º.

4. Em conformidade com o disposto no número anterior, a Empresa Promotora ou a(s) Afiliada(s) de Bloco podem:

    a) Utilizar o crédito fiscal em uma ou mais concessões petrolíferas durante o ano fiscal, quer a utilização em várias concessões seja feita por relação ao mesmo período ou em diferentes períodos;

    b) Alterar, no todo ou em parte, a(s) concessão(ões) petrolífera(s) eleita(s) de um período para o período seguinte;

    c) Afectar o crédito fiscal por várias concessões de acordo com o critério da Empresa Promotora ou Afiliada(s) de Bloco, bem como alterar essa afectação de um período para o período seguinte;

    d) Durante o mesmo ano fiscal, efectuar quaisquer alterações em relação às concessões petrolíferas escolhidas e/ou a afectação do crédito fiscal entre as várias concessões na medida em que tal seja necessário para permitir a máxima utilização possível do crédito disponível no ano fiscal em causa, contanto que a declaração fiscal definitiva reporte uma correcta utilização dos créditos fiscais.

5. A Empresa Promotora ou a(s) Afiliada(s) de Bloco podem dar prioridade à utilização do crédito fiscal relativos aos projectos de natureza social referidos no número 5 do artigo 16.º em relação ao crédito fiscal gerado pelo pagamento do Imposto sobre o Rendimento do Petróleo devido no âmbito do Projecto,

Anexo (Legislação) 167

sempre que não seja possível utilizar plenamente ambos os tipos de créditos fiscais em simultâneo.

6. Caso a liquidação do Imposto sobre o Rendimento do Petróleo devido pela Empresa Promotora seja revista nos termos do artigo 30.° por forma a que a Empresa Promotora seja obrigada a pagar imposto adicional, o crédito fiscal adicional daí resultante pode ser utilizado pela Empresa Promotora ou pela(s) Afiliada(s) de Bloco para diminuir o montante do Imposto sobre o Rendimento do Petróleo relativo a qualquer concessão petrolífera que seja devido imediatamente após o pagamento daquele imposto adicional.

7. Se, no momento em que uma Empresa Promotora ou uma Afiliada do Bloco realizar um pagamento de Imposto sobre o Rendimento do Petróleo, em relação a qualquer uma das concessões petrolíferas nas quais detenha um interesse participativo, a mesma se encontrar impossibilitada de reduzir esse pagamento por via da utilização dos créditos fiscais referidos no artigo 16.° através do mecanismo previsto no número 1 devido a causa que não seja imputável às Empresas Promotoras ou suas Afiliadas, nomeadamente, por não ter recebido em tempo útil a documentação de suporte que permita justificar a utilização dos créditos fiscais ou devido a outros atrasos administrativos, tais créditos são dedutíveis ao pagamento seguinte de Imposto sobre o Rendimento do Petróleo a efectuar pela Empresa Promotora ou pela(s) Afiliada(s) do Bloco. Esta dedução não prejudica a dedução de créditos fiscais adicionais gerados por pagamentos subsequentes de Imposto sobre o Rendimento do Petróleo a efectuar pelo Projecto.

8. Cada Empresa Promotora deve apresentar mensalmente na respectiva repartição fiscal o formulário constante do Anexo A, reportando a utilização dos créditos fiscais no período em causa e o valor acumulado no respectivo ano.

9. O formulário referido no número anterior deve ser apresentado até ao último dia útil do mês a que disser respeito.

10. A Empresa Promotora ou a(s) Afiliada(s) de Bloco que utilizam o crédito fiscal devem registar essa utilização no campo respectivo da declaração fiscal definitiva referida no número 4 do artigo 31.°, e anexar os respectivos Documentos de Arrecadação de Receitas (DAR) comprovativos do pagamento do Imposto sobre o Rendimento do Petróleo no âmbito do Projecto.

SECÇÃO IV
Taxa do Imposto sobre o Rendimento do Petróleo

ARTIGO 18.º
Taxa aplicável

A taxa do Imposto sobre o Rendimento do Petróleo aplicável ao Projecto é de 35%.

SECÇÃO V
Imposto Industrial

ARTIGO 19.º
Incidência

Os rendimentos obtidos pela Sociedade Operacional Angola LNG e pela Sociedade Operadora dos Gasodutos de Angola decorrentes das suas actividades no âmbito do Projecto encontram-se sujeitos a Imposto Industrial, com aplicação das regras constantes dos artigos 20.º e 21.º.

ARTIGO 20.º
Base do imposto e determinação da Matéria Colectável

1. Sem prejuízo do disposto nos números 2 e 3 do artigo 20.º, a Matéria Colectável da Sociedade Operacional Angola LNG e da Sociedade Operadora dos Gasodutos de Angola é determinada de acordo com as regras constantes do Código do Imposto Industrial.

2. Nos negócios a realizar entre i) a Sociedade Operacional Angola LNG e a Angola LNG Limited, ii) a Sociedade Operadora dos Gasodutos de Angola e a Angola LNG Limited, e iii) a Sociedade Operacional Angola LNG e a Sociedade Operadora dos Gasodutos de Angola, é permitido praticar condições comerciais diferentes das que seriam normalmente acordadas e estabelecidas entre entidades independentes, incluindo a transferência de activos a preço de custo ou a preço contabilístico ajustado, preços aos quais não se encontre associada a obtenção de qualquer margem de lucro e o reembolso de encargos sem qualquer acréscimo ("*mark-up*") ("Preço de Custo"). Neste caso, às referidas transacções não deve ser imputada, nem presumida, qualquer margem de lucro e, consequentemente, não podem ser efectuadas correcções à Matéria Colectável ou à matéria colectável da Sociedade Operacional Angola LNG ou da Sociedade

Operadora dos Gasodutos de Angola ao abrigo do disposto do artigo 55.° do Código do Imposto Industrial ou de qualquer outra norma existente ou futura sobre preços de transferência.

3. Todos os custos incorridos pela Sociedade Operacional Angola LNG ou pela Sociedade Operadora dos Gasodutos de Angola na prestação de serviços à Angola LNG Limited são fiscalmente dedutíveis.

4. O previsto nos números 2 e 3 do presente artigo não é aplicável aos negócios a realizar entre a Sociedade Operadora dos Gasodutos de Angola e entidades terceiras não relacionadas com o Projecto na medida em que tais transacções comerciais não sejam realizadas a "Preço de Custo".

Artigo 21.°

Retenções na fonte

Os pagamentos efectuados pela Angola LNG Limited à Sociedade Operacional Angola LNG e à Sociedade Operadora dos Gasodutos de Angola, bem como os pagamentos efectuados entre si pela Sociedade Operacional Angola LNG e a Sociedade Operadora dos Gasodutos de Angola, relativos à execução de qualquer contrato de prestação de serviços, de empreitada ou similar, não se encontram sujeitos ao disposto na Lei n.° 7/97, de 10 de Outubro, relativa à tributação de empreitadas e contratos de prestação de serviços.

SECÇÃO VI

Isenções fiscais

Artigo 22.°

Isenção de Imposto sobre a Aplicação de Capitais

1. Os juros auferidos em resultado de suprimentos ou empréstimos concedidos pelas Empresas Promotoras, respectivas Afiliadas ou terceiros em benefício da Angola LNG Limited, da Sociedade Operacional Angola LNG, da Sociedade Operadora dos Gasodutos de Angola ou das entidades referidas no número 3 do artigo 7.°, encontram-se isentos de Imposto sobre a Aplicação de Capitais.

2. A isenção prevista no número anterior é igualmente aplicável aos juros auferidos em resultado de empréstimos concedidos pelas Empresas Promotoras entre si, directamente ou através de Afiliadas, mas apenas na parte dos juros auferidos que não ultrapasse a taxa LIBOR acrescida de 150 pontos básicos (1,5%). Sempre que a taxa de juro exceda a taxa de referência LIBOR acrescida de 150 pontos básicos (1,5%), o Imposto sobre a Aplicação de Capitais incidirá unicamente sobre a parte dos juros correspondente a tal excesso.

3. A Angola LNG Limited, a Sociedade Operacional Angola LNG, a Sociedade Operadora dos Gasodutos de Angola ou qualquer outra Entidade prevista no número 3 do artigo 7.º não se encontram obrigadas a reter Imposto sobre a Aplicação de Capitais em relação a qualquer contrato de locação para o uso de qualquer instalação ou equipamento industrial, comercial ou científico, ou quaisquer contratos para a prestação de informações respeitantes a uma experiência adquirida no sector industrial, comercial ou científico ou ainda por quaisquer "*royalties*" devidos pela concessão do uso de um direito de propriedade industrial ou intelectual. Esta isenção é aplicável durante os seguintes períodos:

a) No que se refere a locações ou outros contratos relativos às Instalações Terrestres, durante a fase de construção das referidas Instalações Terrestres e até à Data da Produção Comercial; a isenção é ainda aplicável a todos os pagamentos efectuados após a Data da Produção Comercial na medida em que os mesmos digam respeito à construção das Instalações Terrestres;

b) No que se refere a locações ou outros contratos relativos a concessões petrolíferas destinadas à produção de Gás Não-Associado, até ao termo da fase de desenvolvimento nessas concessões.

4. As Empresas Promotoras e as suas Afiliadas estão isentas de Imposto de Aplicação de Capitais relativamente a quaisquer dividendos ou lucros relacionados com o Projecto que sejam obtidos a partir da Angola LNG Limited, da Sociedade Operacional Angola LNG ou da Sociedade Operadora dos Gasodutos de Angola.

Artigo 23.º

Isenção de Imposto sobre o Rendimento do Petróleo

Caso a Entidade beneficiária dos juros nos termos dos números 1 e 2 do artigo 22.º, ou dos dividendos ou lucros nos termos do número 4 do artigo 22.º, seja uma Afiliada de Bloco sujeita a Imposto sobre o Rendimento do Petróleo, os rendimentos resultantes desses juros, dentro dos limites estabelecidos no número 2 do artigo 22.º, ou os dividendos ou lucros não são considerados proveitos ou ganhos para efeitos do referido imposto.

Artigo 24.º

Isenção de Imposto Industrial

Quaisquer rendimentos obtidos pela Angola LNG Limited e pelas Empresas Promotoras ou suas Afiliadas relacionados com as actividades comerciais e operações realizadas no âmbito do Projecto encontram-se isentos de Imposto Industrial.

Artigo 25.º
Dispensa de realização de retenções na fonte de Imposto Industrial

1. Relativamente aos contratos de prestação de serviços (incluindo o fornecimento de materiais) celebrados pela Angola LNG Limited, Sociedade Operacional Angola LNG ou Sociedade Operadora dos Gasodutos de Angola, estas entidades ficam dispensadas de realizar qualquer retenção na fonte ao abrigo da Lei 7/97, de 10 de Outubro, e quer essas retenções sejam efectuadas a título definitivo ou por conta. Esta isenção é aplicável durante os seguintes períodos:

a) Durante a fase de construção das Instalações Terrestres e até à Data de Produção Comercial, em relação à prestação de serviços ou trabalhos (incluindo o fornecimento de materiais) relacionados com a construção das Instalações Terrestres; a isenção é ainda aplicável a todos os pagamentos efectuados após a Data da Produção Comercial na medida em que os mesmos digam respeito à construção das Instalações Terrestres;

b) Até ao termo do desenvolvimento nas concessões petrolíferas para a produção de Gás Não-Associado, em relação à prestação de serviços ou trabalhos (incluindo o fornecimento de materiais) relacionados com o desenvolvimento das concessões petrolíferas de Gás Não-Associado.

2. A dispensa de retenção prevista no número anterior é igualmente aplicável, nos mesmos termos, às entidades contratadas e subcontratadas e aos subcontratos com vista ao fornecimento de serviços ou trabalhos (incluindo o fornecimento de materiais) para o Projecto.

Artigo 26.º
Isenção relativa ao pagamento pela utilização da rede de gasodutos de gás associado

Os rendimentos auferidos pela Sonangol relativos ao pagamento pela utilização da rede de gasodutos de gás associado efectuado pela Angola LNG Limited nos termos do Contrato de Investimento encontram-se isentos de todos e quaisquer impostos, taxas, obrigações, direitos, contribuições ou encargos, seja qual for o seu título, natureza ou descrição, e a Angola LNG Limited não se encontra obrigada a fazer quaisquer retenções na fonte sobre os referidos pagamentos à Sonangol.

ARTIGO 27.º

Outras isenções

1. Salvo quanto aos impostos previstos no presente diploma, a Angola LNG Limited, a Sociedade Operacional Angola LNG, a Sociedade Operadora dos Gasodutos de Angola, as Empresas Promotoras e as suas Afiliadas, nas actividades que exerçam relacionadas com o Projecto, encontram-se isentas de quaisquer outros impostos, taxas, obrigações, direitos, contribuições ou encargos, seja qual for o seu título, natureza ou descrição, ordinários ou extraordinários, nacionais, provinciais, municipais, regionais ou locais, nomeadamente:

a) Imposto sobre a Produção do Petróleo;
b) Imposto de Transacção do Petróleo;
c) Imposto Predial Urbano;
d) Imposto de Sisa;
e) Imposto sobre Aplicação de Capitais;
f) Imposto do Selo quando o mesmo for directamente liquidado e pago pelo contribuinte por meio de guia ou for liquidado por uma Autoridade Pública ou funcionário público.

2. A transferência de acções da Angola LNG Limited, da Sociedade Operacional Angola LNG ou da Sociedade Operadora dos Gasodutos de Angola de que não resulte a realização de mais-valias, está isenta de quaisquer impostos, comissões, direitos, taxas, contribuições ou encargos, seja qual for o seu tipo ou natureza. É considerado que não foi realizada uma mais-valia tributável quando a transferência de acções não gerar qualquer ganho.

3. Não incidem quaisquer impostos, taxas, comissões, obrigações, direitos, contribuições ou encargos sobre as operações de transferência ou remessa de fundos para efectuar qualquer pagamento às Empresas Promotoras, suas Afiliadas ou terceiros mutuantes que estejam isentos de imposto sobre o rendimento ou obrigação de retenção na fonte, ao abrigo do presente decreto-lei, incluindo o reembolso de capital e pagamento de juros em relação a suprimentos e empréstimos e a distribuição de dividendos ou lucros, nos termos dos artigos 22.º e 23.º.

4. Nenhuns impostos, taxas, comissões, obrigações, direitos, contribuições ou encargos, incidem sobre qualquer pagamento ou compensação recebido pela Angola LNG Limited, pela Sociedade Operacional Angola LNG, pela Sociedade Operadora dos Gasodutos de Angola ou pelas Empresas Promotoras no caso de expropriação nos termos do artigo 56.º do Contrato de Investimento.

Artigo 28.º

Contratos já celebrados

As isenções previstas na presente Secção VI são extensíveis a quaisquer pagamentos devidos ao abrigo de contratos ou transacções concluídas em momento anterior à data de celebração do Contrato de Investimento referido no artigo 5.º, na medida em que os referidos pagamentos estejam relacionados com o Projecto Angola LNG.

Artigo 29.º

Acções e outros títulos representativos do capital social da Angola LNG Limited, da Sociedade Operacional Angola LNG e da Sociedade Operadora dos Gasodutos de Angola

Nenhuns impostos, direitos, taxas, comissões, obrigações, contribuições ou encargos incidem sobre as acções ou quaisquer títulos representativos do capital social da Angola LNG Limited, da Sociedade Operacional Angola LNG ou da Sociedade Operadora dos Gasodutos de Angola, bem como sobre qualquer transacção ou operação relacionada com as referidas acções e títulos, nomeadamente aumentos ou reduções de capital e divisão de acções.

SECÇÃO VII

Obrigações declarativas, liquidação e pagamento do Imposto sobre o Rendimento do Petróleo

Artigo 30.º

Liquidação

1. A Matéria Colectável do Imposto sobre o Rendimento do Petróleo é fixada, com base na declaração fiscal apresentada pelas Empresas Promotoras, por uma Comissão de Fixação constituída nos termos do disposto na Lei sobre a Tributação das Actividades Petrolíferas. A Comissão de Fixação é composta pelas entidades referidas nas alíneas a) e b) do artigo 29.º da referida lei e ainda por um representante comum das Empresas Promotoras.

2. As liquidações provisórias e definitivas do Imposto sobre o Rendimento do Petróleo relativas a cada sujeito passivo são realizadas nos termos e prazos constantes dos artigos 58.º e 59.º da Lei sobre a Tributação das Actividades Petrolíferas.

Artigo 31.º

Declarações fiscais

1. Para efeitos de apuramento da Matéria Colectável a imputar nos termos do artigo 10.º, a Angola LNG Limited fica obrigada a apresentar as declarações fiscais provisórias e definitivas constantes do Anexo B ao presente diploma, devendo as mesmas ser entregues nos prazos estabelecidos na Lei sobre a Tributação das Actividades Petrolíferas.

2. Para efeitos de apuramento do Imposto sobre o Rendimento do Petróleo que se mostre devido, as Empresas Promotoras ficam obrigadas a apresentar as declarações fiscais provisórias e definitivas constantes do Anexo C ao presente diploma, devendo as mesmas ser entregues nos prazos prescritos na Lei sobre a Tributação das Actividades Petrolíferas.

3. A Angola LNG Limited é obrigada a:

a) Facultar às Empresas Promotoras toda a informação relevante que permita comprovar o apuramento da Matéria Colectável em sede de Imposto sobre o Rendimento do Petróleo e facultar-lhes o acesso a todos os documentos contabilísticos e de suporte inerentes;

b) Informar as Empresas Promotoras quanto a processos fiscais relevantes eventualmente pendentes, incluindo processos relativos a decisões das comissões de fixação ou revisão da Matéria Colectável em sede de Imposto sobre o Rendimento do Petróleo.

4. As Empresas Promotoras ou Afiliadas de Bloco que possuam interesses participativos nas concessões petrolíferas eleitas para efeito de utilização do crédito de imposto previsto no artigo 16.º devem, nos prazos estabelecidos na Lei sobre a Tributação das Actividades Petrolíferas, entregar as declarações fiscais definitivas constantes do Anexo D ao presente diploma.

5. Caso venham a ser aprovadas novos modelos de declarações fiscais pelo Ministério das Finanças, os mesmos deverão estar em conformidade com o enquadramento fiscal aplicável ao Projecto, nos termos previstos no presente decreto-lei.

Artigo 32.º

Livros e contabilidade

1. A Angola LNG Limited, a Sociedade Operacional Angola LNG e a Sociedade Operadora dos Gasodutos de Angola devem manter registos contabilísticos actualizados de todas as operações realizadas em conformidade com a legislação angolana, em especial com o Plano Geral de Contabilidade e, subsidiariamente, com os princípios e práticas contabilísticos geralmente aceites.

Anexo (Legislação)

2. Sem prejuízo do disposto no número anterior, a Angola LNG Limited, a Sociedade Operacional Angola LNG e a Sociedade Operadora dos Gasodutos de Angola podem manter um sistema de escrituração paralelo onde, replicando os registos efectuados em moeda nacional, todos os registos contabilísticos sejam efectuados em Dólares dos Estados Unidos da América.

3. A Angola LNG Limited, a Sociedade Operacional Angola LNG e a Sociedade Operadora dos Gasodutos de Angola estão autorizadas a proceder ao ajustamento das contas do activo e passivo e da conta de resultados afectadas pela desvalorização da moeda angolana, tendo como parâmetro o Dólar dos Estados Unidos da América e utilizando, para efeitos de cálculo, a taxa de câmbio actualizada em vigor ou o valor médio resultante das novas taxas de câmbio registadas no respectivo exercício fiscal, caso tal se torne mais apropriado. Quaisquer ajustamentos resultantes de variações da taxa de câmbio não gerarão quaisquer rendimentos tributáveis na esfera da Angola LNG Limited, da Sociedade Operacional Angola LNG ou da Sociedade Operadora dos Gasodutos de Angola.

4. No que demais respeita à elaboração da escrita das sociedades referidas no presente artigo, devem ser respeitados os princípios e regras constantes nos artigos 24.º e 25.º da Lei sobre a Tributação das Actividades Petrolíferas.

ARTIGO 33.º

Pagamento

O pagamento do imposto que se mostre devido deve ser realizado nos prazos estabelecidos no artigo 62.º da Lei sobre a Tributação das Actividades Petrolíferas.

SECÇÃO VIII

Comissão de Revisão, reclamações e recursos

ARTIGO 34.º

Comissão de Revisão

1. Para além das entidades referidas nas alíneas a) e b) do número 2 do artigo 34.º da Lei Sobre a Tributação das Actividades Petrolíferas, a Comissão de Revisão é constituída por dois representantes das Empresas Promotoras.

2. Da fixação da Matéria Colectável realizada pela Comissão de Fixação podem as Empresas Promotoras apresentar reclamação para uma Comissão de Revisão nos termos e prazos previstos na Lei sobre a Tributação das Actividades Petrolíferas.

3. Se todas as Empresas Promotoras apresentarem uma reclamação conjunta relativamente à mesma matéria, a decisão da Comissão de Revisão sobre tal reclamação aplicar-se-á a todas as Empresas Promotoras.

Artigo 35.º
Recurso contencioso

1. Da decisão da Comissão de Revisão apenas caberá recurso contencioso para o tribunal competente quanto à preterição de formalidades legais ou erro de interpretação das normas jurídicas de que resulte prejuízo para o Estado ou para as Empresas Promotoras, sendo que, em caso de provimento do recurso, pode ser ordenada a repetição do acto de fixação.

2. Os recursos contenciosos são interpostos nos termos e prazos fixados na Lei sobre a Tributação das Actividades Petrolíferas.

3. Se todas as Empresas Promotoras apresentarem um recurso ao tribunal que: a) diga respeito à mesma matéria, b) invoque argumentação substancialmente idêntica e c) contenha o mesmo tipo de pedido, a decisão do tribunal sobre tal recurso aplicar-se-á a todas as Empresas Promotoras.

SECÇÃO IX
Encargos e contribuições

SUBSECÇÃO I
Da contribuição para formação de quadros angolanos

Artigo 36.º
Incidência

A Angola LNG Limited encontra-se sujeita ao pagamento ao Estado de uma contribuição para a formação de quadros angolanos nos termos previstos na legislação em vigor.

Artigo 37.º
Montante da contribuição

1. O montante da contribuição referida no artigo anterior corresponde, em cada exercício ao longo de todo o período da vida do Projecto, ao produto de USD 0,15 por cada barril de NGL, acrescido do produto de USD 0,020 por cada mmbtu de LNG vendido.

Anexo (Legislação)

2. Ao montante da contribuição determinado nos termos do número anterior deve ser deduzido o valor correspondente à totalidade dos encargos que, no respectivo exercício, tenham sido incorridos pela Angola LNG Limited, pela Sociedade Operacional Angola LNG ou pela Sociedade Operadora dos Gasodutos de Angola (relativamente a esta última, apenas até ao momento em que todas as Empresas Promotoras, com excepção da Sonangol Gás Natural, Limitada, deixem de ser accionistas da Sociedade Operadora dos Gasodutos de Angola), na formação dos seus quadros angolanos.

SUBSECÇÃO II
Da Taxa de Gás

ARTIGO 38.º
Incidência

A Angola LNG Limited encontra-se sujeita, a partir da primeira exportação de LNG, ao pagamento ao Estado, numa base trimestral, de uma Taxa de Gás.

ARTIGO 39º
Forma de determinação da Taxa de Gás

1. A Taxa de Gás devida em cada Trimestre é calculada de acordo com a seguinte fórmula:

$StGt = (FStGt \times PEt) \times (IPCEUAt / IPCEUA2004)$, em que as siglas utilizadas têm o seguinte significado:

$StGt$ = valor da Taxa de Gás para o Trimestre;

$FStGt$ = Factor da Taxa de Gás para o Trimestre, calculado de acordo com o disposto no número 2 do presente artigo e expresso em US\$/mmbtu;

PEt = número total de mmbtus de LNG e NGL exportados a partir das Instalações da Fábrica durante o Trimestre;

$IPCEUAt$ = valor do índice de preços ao consumidor dos Estados Unidos da América relativo a todos os consumidores urbanos (sem ajustamento sazonal), ou outro índice que substitua este, conforme publicado pelo *"United States Bureau of Labor Statistics"*, relativo ao último mês do Trimestre em causa;

$IPCEUA2004$ = valor do mesmo índice relativo ao mês de Janeiro de 2004 correspondente a 185.2.

2. O Factor da Taxa de Gás para o Trimestre (FStGt) é fixado de acordo com a Base da Taxa de Gás para esse Trimestre (BStGt). A BStGt é calculada de acordo com a seguinte fórmula:

BStGt = PICt / (IPCEUAt / IPCEUA2004) em que as siglas utilizadas têm o seguinte significado:

BStGt = valor da Base da Taxa de Gás para o Trimestre;
PIC = preço Índice de Comercialização para um dado Trimestre, o qual é estabelecido adicionando o preço do gás vendido no Índice de Comercialização publicado no *Gas Daily* ou outra publicação fidedigna e reputada para o dia útil precedente, em Dólares dos Estados Unidos da América por mmbtu em cada Dia Útil num Trimestre e dividindo a soma obtida pelo número de Dias Úteis existentes nesse Trimestre. "Dia Útil" significa um dia em que os bancos estejam abertos ao público em Nova Iorque. No caso de vendas efectuadas a mercados fora dos Estados Unidos da América, pode ser necessário introduzir um factor de ajustamento destinado a reflectir os preços de Gás (transparentes) prevalecentes nesses mercados;
IPCEUAt = mesmo significado da fórmula anterior;
IPCEUA2004 = mesmo significado da fórmula anterior.
Se a BStGt for inferior a US$10/mmbtu, o FStG$t$ deve ser reflectido de acordo com a tabela constante do Anexo E.
Se a BStGt for igual ou superior a US$10/mmbtu, o FStG$t$ é calculado de acordo com a seguinte fórmula:

a) Fase 1 – FStGt = 3.20 + (BStGt – 10.0) x 0.60;
b) Fase 2 – FStGt = 4.70 + (BStGt – 10.0) x 0.72.

3. Não é devida qualquer Taxa de Gás num Trimestre se a média trimestral de utilização da Capacidade Operacional das Instalações da Fábrica durante um qualquer Trimestre for inferior a sessenta e cinco por cento. O valor da média trimestral de utilização da Capacidade Operacional das Instalações da Fábrica é obtido adicionando as taxas diárias reais de Capacidade Operacional utilizadas em cada dia de calendário durante esse Trimestre e dividindo a soma pelo número de dias de calendário do Trimestre.

4. Os volumes de Gás Doméstico fornecido pela Angola LNG Limited à Sonangol Gás Natural, Limitada não se encontram sujeitos à Taxa de Gás.

5. Entende-se por Fase 1 o período de cento e quarenta e quatro meses a contar do início do primeiro mês seguinte à primeira exportação de LNG. A Fase 2 é o período que se inicie após a Fase 1.

Artigo 40.º
Liquidação e pagamento

1. O montante da Taxa de Gás devido num determinado Trimestre deve ser liquidado e pago até ao último dia útil do mês seguinte àquele em que finde o Trimestre a que respeita.

2. A liquidação da Taxa de Gás é efectuada mediante a entrega do formulário constante do Anexo F, no âmbito do qual é demonstrada a aplicação da fórmula de cálculo descrita do artigo anterior bem como os valores das respectivas variáveis.

3. Com a entrega do formulário referido no número anterior deve ser efectuado o pagamento da Taxa de Gás que se mostre devida.

4. Deve ser emitido um Documento de Arrecadação de Receita ("DAR") por cada pagamento da Taxa de Gás.

Artigo 41.º
Comissão de Fixação e Revisão

1. A Comissão de Fixação responsável pela fixação da Matéria Colectável em sede de Imposto sobre o Rendimento do Petróleo tem igualmente competência para proceder à fixação da Taxa de Gás.

2. A fixação da Taxa de Gás constitui um acto prévio à fixação da Matéria Colectável de Imposto sobre o Rendimento do Petróleo.

3. Da fixação da Taxa de Gás pela Comissão de Fixação cabe reclamação para a Comissão de Revisão a que se refere o artigo 34.º do presente diploma, a qual deve ser deduzida em simultâneo com a reclamação que seja apresentada em sede de Imposto sobre o Rendimento do Petróleo, devendo ser apreciada previamente a esta.

4. Qualquer liquidação de Taxa do Gás efectuada nos termos do número anterior dará origem a um custo dedutível nos termos da alínea h) do número 2 do artigo 12.º.

Artigo 42.º
Remissão

O disposto na Secção VIII do presente diploma é, com as devidas adaptações, plenamente aplicável à presente Subsecção.

SECÇÃO X
Das outras taxas e contribuições

ARTIGO 43.º
Outras taxas e contribuições

Sem prejuízo das isenções previstas no presente decreto-lei, a Angola LNG Limited, a Sociedade Operacional Angola LNG e a Sociedade Operadora dos Gasodutos de Angola estão ainda sujeitas às normais taxas administrativas ou contribuições devidas em resultado das actividades comerciais e operações relativas ao Projecto Angola LNG desde que essas taxas e contribuições sejam genericamente aplicáveis aos demais agentes económicos a operar em Angola.

CAPÍTULO III
Regime aduaneiro

ARTIGO 44.º
Regime Aduaneiro

1. O regime aduaneiro aplicável às operações e actividades realizadas no âmbito do Projecto é o estabelecido na Lei sobre o Regime Aduaneiro Aplicável ao Sector Petrolífero com as modificações e adaptações constantes dos números seguintes.

2. O regime aduaneiro referido no número anterior é aplicável à Angola LNG Limited, à Sociedade Operacional Angola LNG, à Sociedade Operadora dos Gasodutos de Angola e a outras Entidades que executem operações ou actividades relacionadas com o Projecto por conta da Angola LNG Limited, da Sociedade Operacional Angola LNG ou da Sociedade Operadora dos Gasodutos de Angola.

3. Para além das mercadorias constantes da lista anexa à Lei sobre o Regime Aduaneiro Aplicável ao Sector Petrolífero, ficam ainda isentas de direitos aduaneiros, nos termos do artigo 4.º do citado diploma, as seguintes mercadorias:

a) Permutadores de calor criogénicos, equipamentos de refrigeração e liquefacção, equipamento criogénico para LNG e LPG, fluídos refrigerantes, peças de reserva e sobressalentes;

b) Receptor-separador de líquidos, lançadores de "*pigs*", receptor de "*pigs*";

c) Camadas de remoção de mercúrio, catalisadores, aminas, anti-espumas, produtos químicos para tratamento de águas para remoção de hidratos e outros produtos químicos, peneiras ou filtros moleculares, membranas e

Anexo (Legislação) 181

filtros e suportes para filtros, misturadores, contactores, equipamento de osmose invertida e outros equipamentos de tratamento de água, peças de reserva e sobressalentes;

d) Equipamentos de permutação de calor, caldeiras de reaquecimento, aquecedores, condensadores, permutadores de casco e de tubos, refrigeradores de ar, refrigeradores de alhetas, equipamentos de calor (incluindo sistemas de água e de vapor), separadores, peças de reserva e sobressalentes;

e) Materiais a granel, instrumentos de instalação fabril e materiais e equipamentos de controlo, simulador de treino do processo fabril, ligas de aço sob a forma de estruturas, lâminas, barras e outras, tubagens, secções de tubos e válvulas, módulos e válvulas, materiais e equipamento de gasodutos, materiais de isolamento, tintas, peças de reserva e sobressalentes a utilizar nos gasodutos;

f) Aquecedores, fornalhas, unidades de recuperação de enxofre, queimadores, caldeiras, incineradores, equipamentos e materiais associados, peças de reserva e sobressalentes;

g) Ferramentas equipamentos e consumíveis de construção, estaleiros, materiais e equipamentos necessários à construção dos estaleiros, cabos de aço e cordas, equipamentos de moldagem de materiais, equipamento para identificação, neutralização e tratamento de minas, armadilhas e outros dispositivos;

h) Pequenas ferramentas e consumíveis, andaimes, equipamento de soldagem, consumíveis e equipamentos de teste radioactivo e ultrasónico, equipamento e ferramentas manuais, instrumentos de fixação, ferramentas industriais, combustível, petróleo e graxa, peças de reserva e sobressalentes;

i) Vasos de pressão, torres, colunas e colunas de destilação fraccionária, estabilizadores, desidratantes, acumuladores de refluxo, regeneradores, tambores e componentes, peças de reserva e sobressalentes;

j) Compressores de gás, compressores de refrigeração, compressores de gás evaporado, turbinas de condução de gás, expansores de gás e de líquidos, ventiladores e insufladores, tubos e chaminés de escape, materiais e equipamentos associados, peças de reserva e sobressalentes;

k) Materiais e equipamentos destinados ao alojamento e equipamentos de apoio social (médicos, recreativos) desde que não existam artigos da mesma ou de semelhante qualidade e que estejam disponíveis para venda e entrega em tempo útil em Angola;

l) Todos os materiais de construção e mobiliário para instalações fabris e alojamento, desde que não existam artigos da mesma ou de similar qualidade e que estejam disponíveis em Angola para venda e entrega em devido tempo útil;

m) Computadores e equipamento periférico, equipamento de rede, servidores, programas de "*software*", peças de reserva e sobressalentes, na medida em que sejam específicos da actividade de LNG ou sejam feitos por encomenda;

n) Tanques, incluindo refrigerantes (LNG e LPG), Condensado, água, combustível e outros tanques não-refrigerados e componentes e materiais e equipamento associado (criogénico), peças de reserva e sobressalentes;

o) Materiais e equipamento para carregamento de produtos refrigerados e não refrigerados de LNG e LPG e peças de reserva e sobressalentes;

p) Terminal Marítimo para LNG, LPG, produtos petrolíferos e operações marítimas, docas, equipamentos de ancoragem, materiais, peças de suporte, equipamento de dragagem, embarcações marítimas (incluindo rebocadores e outras embarcações de suporte), sistemas de controlo e navegação, peças de reserva e sobressalentes e outras instalações necessárias para apoiar as operações marítimas;

q) Equipamento de luta contra incêndio desde que não existam artigos da mesma ou de semelhante qualidade e que estejam disponíveis para venda e entrega em tempo útil em Angola;

r) Equipamento médico e veículos desde que não existam artigos da mesma ou de semelhante qualidade e que estejam disponíveis para venda e entrega em tempo útil em Angola;

s) Bombas, incluindo de LNG, LPG, Condensado e de água, peças de reserva e sobressalentes;

t) Motores eléctricos para compressores, incluindo máquinas de gás e de refrigeração;

u) Ferramentas para máquinas, incluindo peças de reserva e sobressalentes, para apoio às operações de LNG e respectiva manutenção;

v) Equipamento, aparelhagens e instrumentação para operar e manter as instalações;

w) Instrumentos, materiais, equipamento e outros itens para análise, medida e monitorização de produtos compostos, matérias-primas, gases, líquidos, emissões e outros efluentes, incluindo equipamento de laboratório;

x) Sistema de Controlo Central (DCS) e Sistemas de Encerramento em caso de Emergência (ESD);

y) Equipamento e material para a construção da doca de importação e dos caminhos de acesso para materiais pesados;

z) Equipamento e materiais para a construção, instalação e entrada em funcionamento dos gasodutos (incluindo o material necessário para abrir os locais de passagem);

aa) Equipamento de monitorização do ar e condições atmosféricas;

bb) Equipamento para lidar com fugas de petróleo e dispersores químicos.

Anexo (Legislação)

4. A Angola LNG Limited, a Sociedade Operacional Angola LNG e a Sociedade Operadora dos Gasodutos de Angola encontram-se apenas sujeitas aos seguintes direitos, taxas, encargos com serviços e emolumentos aduaneiros:

a) Taxas e emolumentos gerais aduaneiros devidos sobre todos os actos de importação e exportação (até ao limite de 0,1%);
b) Taxa estatística sobre todos os actos de importação e exportação (0,1% *ad valorem*);
c) Imposto do selo sobre todos os actos de importação e exportação (0,5% *ad valorem*).

CAPÍTULO IV
Regime Cambial

Artigo 45.º
Regime

1. O Projecto Angola LNG está sujeito ao regime cambial para liquidação de operações de mercadorias, de invisíveis correntes e de capitais previsto no presente Capítulo IV.

2. Em tudo o que não estiver previsto no presente capítulo, aplicar-se-á a legislação cambial que estiver em vigor.

Artigo 46.º
Operações cambiais

1. A Angola LNG Limited tem o direito de abrir contas em instituições de crédito domiciliadas no exterior do país e de receber e dispor nessas contas dos fundos resultantes das vendas de LNG e NGL, das vendas de butano, Gás seco e outros produtos à Sonangol Gás Natural, Limitada, bem como de quaisquer fundos depositados pelas Empresas Promotoras e dos juros que se vençam sobre os saldos existentes.

2. As contas referidas no número 1 são debitadas pela liquidação de bens e serviços dos fornecedores domiciliados no exterior do país, e outras entidades quando devidamente autorizadas, e pelos fundos transferidos para contas bancárias junto de instituições de crédito domiciliadas no país.

3. O Pagamento pela Utilização dos Gasodutos devido à Sonangol nos termos do artigo 28.º do Contrato de Investimento pode ser efectuado em contas da Sonangol no exterior do país devidamente autorizadas.

4. A Angola LNG Limited pode ainda abrir uma conta caução (*"escrow account"*), conjuntamente com a Sonangol, numa instituição de crédito domiciliada no exterior do país para financiamento das operações de abandono ou retirada de serviço das Instalações Terrestres em conformidade com o disposto no número 6 do Artigo 40.º do Contrato de Investimento.

5. O saldo das contas referidas no número 1 do presente artigo deve ser prioritariamente utilizado no pagamento das despesas correntes, nomeadamente os montantes devidos à Sociedade Operacional Angola LNG ao abrigo do contrato de operações referido na alínea b) do número 1 do artigo 7.º e os montantes devidos à Sociedade Operadora dos Gasodutos de Angola ao abrigo do contrato de prestação de serviços de gasodutos referido na alínea c) do número 1 do artigo 7.º.

6. A Angola LNG Limited deve transferir para a República de Angola apenas as divisas estrangeiras necessárias para satisfazer as suas obrigações em moeda nacional, nomeadamente para efeitos de pagamento de bens, serviços ou pessoal e para cumprimento das obrigações para com o Estado.

7. A moeda estrangeira necessária para o cumprimento das obrigações tributárias em moeda nacional deve ser vendida ao Banco Nacional de Angola no prazo previsto para o seu pagamento. As Empresas Promotoras devem observar procedimento idêntico para cumprimento das respectivas obrigações fiscais relativas ao Projecto.

8. Desde que para tal seja autorizada pelo Banco Nacional de Angola, quaisquer receitas em moeda local obtidas pela Angola LNG Limited em resultado das actividades realizadas no âmbito do Projecto Angola LNG podem ser totalmente utilizadas para cumprimento das obrigações referidas nos números 4 e 6 anteriores.

9. A Angola LNG Limited pode, de acordo com o seu livre critério, considerar a abertura de contas em bancos domiciliados em Angola para efeitos de pagamento, no seu todo ou em parte, das suas importações de bens e serviços desde que os termos e condições oferecidas pelos bancos domiciliados em Angola para a movimentação dessas contas não sejam mais onerosos do que os oferecidos pelos bancos domiciliados no exterior do país para movimentação de contas no exterior. Os termos e condições a ponderar previamente à decisão de abrir as contas devem incluir, entre outros, o direito de transferir livremente fundos de forma expedita dentro e para fora do país, a aplicação de taxas e comissões razoáveis consistentes com os padrões bancários internacionais, a cotação de crédito dos bancos angolanos e, de modo geral, a inexistência de outros requisitos na movimentação das contas locais que tenham um impacto negativo para a Angola LNG Limited, a Sociedade Operacional Angola LNG, a Sociedade Operadora dos Gasodutos de Angola ou as Empresas Promotoras.

Artigo 47.º
Sociedade Operacional Angola LNG e Sociedade Operadora
dos Gasodutos de Angola

1. A Sociedade Operacional Angola LNG e a Sociedade Operadora dos Gasodutos de Angola podem manter uma ou mais contas em instituições de crédito domiciliadas no exterior do país destinadas à liquidação das importações de bens e serviços relacionados com as operações efectuadas no âmbito do Projecto.

2. As contas referidas no número anterior são primeiramente creditadas pelos pagamentos efectuados pela Angola LNG Limited ao abrigo do contrato de operações, do contrato de prestação de serviços de gasodutos, outros pagamentos realizados pelas Empresas Promotoras e outras sociedades, bem como pelos juros e outras remunerações dos respectivos saldos.

3. As contas referidas no número 1 são debitadas pela liquidação de bens e serviços dos fornecedores domiciliados no exterior do país, e outras entidades quando devidamente autorizadas, e pelos fundos transferidos para contas bancárias junto de instituições de crédito domiciliadas no país.

4. A Sociedade Operacional Angola LNG e a Sociedade Operadora dos Gasodutos de Angola devem proceder à abertura e movimentação de contas em bancos domiciliados no país, para efeito de liquidação de bens e serviços fornecidos por entidades residentes no país.

5. A Sociedade Operacional Angola LNG e a Sociedade Operadora dos Gasodutos de Angola podem, de acordo com o seu livre critério, considerar a abertura de contas em bancos domiciliados em Angola para efeitos de pagamento, no seu todo ou em parte, das suas importações de bens e serviços desde que os termos e condições oferecidas pelos bancos domiciliados em Angola para a movimentação dessas contas não sejam mais onerosos do que os oferecidos pelos bancos domiciliados no exterior do país para movimentação de contas no exterior. Os termos e condições a ponderar previamente à decisão de abrir as contas devem incluir, entre outros, o direito de transferir livremente fundos de forma expedita dentro e para fora do país, a aplicação de taxas e comissões razoáveis consistentes com os padrões bancários internacionais, a cotação de crédito dos bancos angolanos e a inexistência de outros requisitos na movimentação das contas locais que tenham um impacto negativo para a Angola LNG Limited, a Sociedade Operacional Angola LNG, a Sociedade Operadora dos Gasodutos de Angola ou as Empresas Promotoras.

Artigo 48.º
Lucros e dividendos

1. Os accionistas estrangeiros da Angola LNG Limited, – inicialmente a Cabinda Gulf Oil Company Limited, a BP Exploration (Angola) Limited e a Total LNG Angola Limited – têm o direito de receber e dispor livremente, nas suas contas bancárias no exterior do país, dos dividendos, lucros, amortizações de capital, nomeadamente amortizações de acções e outras formas de remuneração, e reembolso de dívida a partir das contas bancárias referidas no número 1 do artigo 46.º.

2. A transferência de dividendos, lucros, amortizações de capital e outras remunerações a favor da Sonangol Gás Natural, Limitada, está sujeita ao disposto na legislação cambial vigente.

Artigo 49.º
Indemnização por expropriação

Qualquer pagamento ou indemnização recebido em Angola pela Angola LNG Limited, pela Sociedade Operacional Angola LNG, pela Sociedade Operadora dos Gasodutos de Angola ou pelos accionistas estrangeiros da Angola LNG Limited, em resultado de um acto de expropriação ao abrigo do artigo 56.º do Contrato de Investimento, deve ser efectuado em moeda livremente convertível e aceite por aquelas sociedades e pode ser livremente transferido para o estrangeiro.

Artigo 50.º
Contas para serviço de dívida externa

À Sonangol Gás Natural, Limitada, é concedida a prerrogativa cambial de poder abrir contas garantia do tipo *"escrow account"* e contas correntes em bancos domiciliados no exterior do país, desde que previamente autorizada pelo Banco Nacional de Angola, para o serviço da dívida externa, nomeadamente chamadas de capital e outras obrigações de financiamento do Projecto.

Artigo 51.º
Contratos de aquisição de bens e serviços

1. A Angola LNG Limited, a Sociedade Operacional Angola LNG e a Sociedade Operadora dos Gasodutos de Angola devem apresentar ao Banco Nacional de Angola, trimestralmente, para efeitos de registo, uma lista detalhada de todos os contratos assinados com entidades não residentes fornecedoras de bens e serviços.

Anexo (Legislação) 187

2. O Banco Nacional de Angola pode, sempre que entender necessário, determinar a apresentação de cópia de quaisquer desses contratos.

ARTIGO 52.º

Registo de operações cambiais

1. A Angola LNG Limited, a Sociedade Operacional Angola LNG e a Sociedade Operadora dos Gasodutos de Angola são obrigadas a proceder, nos termos da legislação vigente, ao registo de todas as suas operações cambiais, nomeadamente a exportação, reexportação e a importação de mercadorias, o recebimento e o pagamento de invisíveis correntes e a importação e exportação de capitais, incluindo a abertura de contas no exterior do país.

2. O processo de registo referido no número anterior não afectará qualquer operação cambial ou qualquer outra operação conduzida no âmbito do Projecto, ou ainda qualquer direito atribuído no presente diploma à Angola LNG Limited, à Sociedade Operacional Angola LNG ou à Sociedade Operadora dos Gasodutos de Angola, com salvaguarda, no entanto, das funções de controlo de tal processo de registo por parte das autoridades cambiais.

ARTIGO 53.º

Previsão da declaração fiscal, orçamento de receitas e despesas cambiais

1. Com vista à execução das operações cambiais decorrentes do regime definido no presente capítulo, a Angola LNG Limited, a Sociedade Operacional Angola LNG e a Sociedade Operadora dos Gasodutos de Angola devem apresentar individualmente ao Banco Nacional de Angola, até ao dia 30 de Novembro de cada ano, uma previsão da sua declaração fiscal e o orçamento de receitas e despesas cambiais para o ano seguinte.

2. A Angola LNG Limited, a Sociedade Operacional Angola LNG e a Sociedade Operadora dos Gasodutos de Angola devem ainda apresentar individualmente ao Banco Nacional de Angola, dentro do prazo referido no número anterior, uma cópia do programa e orçamento anual de investimentos.

ARTIGO 54.º

Estatísticas da balança de pagamentos

O Banco Nacional de Angola deve emitir instruções específicas sobre o tipo e forma de apresentação dos elementos de informação necessários ao registo e contabilização da balança de pagamentos e sua periodicidade.

Artigo 55.º
Taxa de câmbio e divisas

1. Para efeito do disposto no presente capítulo, a taxa de câmbio a praticar pelo Banco Nacional de Angola nas operações de compra e venda de moeda estrangeira é a taxa de referência em vigor, nos termos da legislação aplicável.

2. Sem prejuízo da autonomia da Angola LNG Limited, da Sociedade Operacional Angola LNG e da Sociedade Operadora dos Gasodutos de Angola na condução das suas operações comerciais, as divisas que estas sociedades venham a entregar ao Banco Nacional de Angola devem corresponder a moedas livremente convertíveis e como tal aceites por esta entidade.

Artigo 56.º
Sociedades contratadas

1. As sociedades não residentes que colaborem com a Angola LNG Limited, a Sociedade Operacional Angola LNG e a Sociedade Operadora dos Gasodutos de Angola na execução das operações do Projecto podem dispor livremente, em todas as circunstâncias, das divisas externas recebidas no exterior do país.

2. Sem prejuízo do disposto no número anterior, as sociedades não residentes aí referidas ficam sujeitas às leis cambiais em vigor em Angola que lhes forem aplicáveis.

CAPÍTULO V
Contratação de bens e serviços

Artigo 57.º
Contratação de bens e serviços

1. A contratação e aquisição de bens e serviços por parte da Angola LNG Limited, da Sociedade Operacional Angola LNG e da Sociedade Operadora dos Gasodutos de Angola, a fornecedores angolanos ou estrangeiros, deve ser realizada de forma transparente e eficaz de um ponto de vista económico.

2. Sem prejuízo do disposto no número seguinte, em razão da especial natureza do Projecto Angola LNG, todos os bens e serviços contratados ou adquiridos para o Projecto, com excepção dos relacionados com as operações petrolíferas de Gás Não Associado, não estão sujeitos nem ao Decreto n.º 48/06, de 1 de Setembro nem ao Despacho n.º 127/03, de 25 de Novembro.

3. Os contratos relativos ao fornecimento de serviços de jardinagem, alimentação, limpeza, fornecimento de combustível, pintura, transporte terrestre, manutenção, segurança, tradução, hotelaria, material de escritório e impressão, encontram-se sujeitos ao regime de exclusividade previsto no Despacho n.º 127/03, de 25 de Novembro, na medida em que os fornecedores angolanos satisfaçam os padrões de segurança e qualidade, sejam competitivos e possam fornecer os bens ou serviços nas quantidades e nos prazos exigidos pelo Projecto.

Artigo 58.º

Seguro das Instalações Terrestres

A Angola LNG Limited e a Sociedade Operacional Angola LNG contratarão seguros de acordo com o disposto no artigo 50.º do Contrato de Investimento.

CAPÍTULO VI

**Recrutamento de pessoal e horário de trabalho
para a construção das Instalações Terrestres**

Artigo 59.º

**Recrutamento de pessoal e horário de trabalho
para a construção das Instalações Terrestres**

1. Os empreiteiros e subempreiteiros contratados pela Angola LNG Limited ou pela Sociedade Operacional Angola LNG para a construção das Instalações Terrestres deverão dar preferência ao emprego de cidadãos angolanos na medida em que existam cidadãos angolanos com as qualificações e experiência necessárias para a execução do respectivo trabalho.

2. Sem prejuízo do disposto no número anterior, os empreiteiros e subempreiteiros encarregues da construção das Instalações Terrestres podem contratar a força de trabalho estrangeira que seja razoavelmente necessária para realizar o trabalho dentro dos prazos e de acordo com as especificações estabelecidas, em conformidade com as práticas internacionais da indústria.

3. Com salvaguarda do disposto no número 1. os empreiteiros e subempreiteiros referidos nos números anteriores estão dispensados de cumprir quaisquer obrigações previstas na lei angolana relativamente ao emprego de quotas mínimas de pessoal angolano no cômputo total da força de trabalho, nomeadamente os requisitos previstos no Decreto n.º 5/95, de 7 de Abril.

4. Sem prejuízo do disposto no número 5, os empreiteiros e subempreiteiros em questão podem solicitar que os seus empregados prestem trabalho extraordinário até aos seguintes limites máximos:

a) 2 horas por dia;
b) 70 horas por mês;
c) 768 horas por ano.

5. No dia de descanso complementar, pode ser solicitado aos empregados que prestem trabalho extraordinário até ao limite de 6 (seis) horas por dia.

6. O trabalho extraordinário deve ser remunerado nos termos previstos nos números 1, 2 e 5 do artigo 105.º da Lei Geral do Trabalho.

7. Ao abrigo do número 3 do artigo 103.º da Lei Geral do Trabalho, o Governo, através dos órgãos competentes, permitirá, durante a construção das Instalações Terrestres, a realização de trabalho extraordinário para além dos limites previstos no número 1 do artigo 103.º da Lei Geral do Trabalho, de acordo com os números 4 e 5 do presente artigo.

CAPÍTULO VII
Contribuição para o desenvolvimento

Artigo 60.º
Desenvolvimento regional e local

1. As Empresas Promotoras, a Angola LNG Limited, a Sociedade Operacional Angola LNG e a Sociedade Operadora dos Gasodutos de Angola devem cooperar com as autoridades governamentais nas acções públicas de promoção do desenvolvimento económico-social do País.

2. Para efeitos do disposto no número anterior, a Angola LNG Limited e/ou a Sociedade Operacional Angola LNG e/ou a Sociedade Operadora dos Gasodutos de Angola devem apoiar programas sociais a acordar, os quais envolverão um custo máximo a ser estabelecido no Contrato de Investimento.

3. A Angola LNG Limited e/ou a Sociedade Operacional Angola LNG e/ou a Sociedade Operadora dos Gasodutos de Angola podem acordar termos de cooperação em acréscimo aos referidos no número anterior.

4. Os compromissos de cooperação previstos no presente artigo deixarão de se aplicar à Sociedade Operadora dos Gasodutos de Angola caso todas as Empresas Promotoras, com excepção da Sonangol Gás Natural, Limitada, deixem de ser accionistas da referida sociedade.

CAPÍTULO VIII
Diversos

ARTIGO 61.º
Aprovações tácitas

1. Quaisquer aprovações administrativas ou autorizações requeridas a Autoridades Públicas ao abrigo do presente decreto-lei, do Contrato de Investimento ou da lei relativamente a actividades relacionadas com o Projecto consideram-se tacitamente deferidas sempre que o requerente não obtenha resposta no prazo de 90 (noventa) dias a contar da data de apresentação do respectivo pedido ou em prazo diferente estabelecido por lei.

2. As Autoridades Públicas responsáveis pela análise dos estudos ou projectos relacionados com a construção das Instalações Terrestres e da Rede de Gasodutos de Gás Associado devem efectuar tais análises em espaço de tempo razoavelmente curto.

ARTIGO 62.º
Expropriações

1. O Estado não tomará qualquer medida expropriativa em relação às entidades e bens envolvidos no Projecto, salvo se superiores razões de interesse público, aplicadas de forma não discriminatória e de acordo com os procedimentos previstos na lei, tornarem a expropriação inevitável e apenas em último recurso.

2. Qualquer medida expropriativa tem apenas a amplitude estritamente necessária para atingir o objectivo pretendido, e importa uma compensação justa, pronta, adequada e efectiva a ser paga nos termos do artigo 56º do Contrato de Investimento.

3. O disposto no presente artigo é igualmente aplicável a qualquer medida do Estado que retire, afecte ou interfira com outro direito da Angola LNG Limited, da Sociedade Operacional Angola LNG, da Sociedade Operadora dos Gasodutos de Angola ou das Empresas Promotoras em relação ao Projecto, incluindo a expropriação ou nacionalização de acções da Angola LNG Limited, da Sociedade Operacional Angola LNG, da Sociedade Operadora dos Gasodutos de Angola ou em qualquer outra Entidade referida no artigo 7.º.

ARTIGO 63.º

Estabilidade

1. O regime jurídico aplicável ao Projecto Angola LNG constante do presente diploma manter-se-á estável por todo o período de implementação da Primeira Unidade de Liquefacção, independentemente de o Projecto poder prosseguir para além da mesma e virem a ser acordadas novas condições económicas para unidades de liquefacção subsequentes nos termos do número 3 do artigo 1.º.

2. Caso ocorra qualquer alteração de legislação após a entrada em vigor do presente diploma que, de modo desfavorável, afecte, directa ou indirectamente, as obrigações, os direitos e benefícios atribuídos à Angola LNG Limited, à Sociedade Operacional Angola LNG, à Sociedade Operadora dos Gasodutos de Angola, às Empresas Promotoras ou Afiliadas, seja por via da alteração, revogação ou suspensão de um diploma actualmente em vigor ou pela publicação de nova legislação, imposto, direito, imposição, taxa, tributo, liquidação ou encargo, o Estado, através dos órgãos competentes para o efeito, adoptará as medidas necessárias, em conformidade com os procedimentos estabelecidos no Contrato de Investimento, com vista a restabelecer os direitos, obrigações e benefícios previstos por forma a garantir que a Angola LNG Limited, a Sociedade Operacional Angola LNG, a Sociedade Operadora dos Gasodutos de Angola, as Empresas Promotoras e suas Afiliadas sejam colocadas na mesma situação económica em que se encontrariam caso a alteração de legislação não tivesse ocorrido. Para efeitos do disposto neste artigo, a palavra "legislação" abrange qualquer lei, decreto-lei, decreto, despacho, regulamento, resolução, acto administrativo ou outro instrumento legal ou acto equivalente, nomeadamente os diplomas referidos no número 1 do artigo 5.º do presente decreto-lei, e "alteração" significa qualquer alteração ao conteúdo da legislação ou à sua aplicação por parte de qualquer Autoridade Pública.

3. Quaisquer diplomas relativos ao desenvolvimento do Projecto que sejam emitidos antes da celebração do Contrato de Investimento são considerados como fazendo parte do regime legal ao qual os princípios de estabilidade previstos no presente artigo se aplicam, salvo se os mesmos contiverem disposições específicas sobre estabilidade.

4. A reposição do equilíbrio económico garantido no número 2. pode ser realizada através de alterações ao presente decreto-lei, ao Contrato de Investimento ou por qualquer outro meio que seja satisfatório para o Estado, para as Empresas Promotoras e para a Angola LNG Limited.

5. A Angola LNG Limited, a Sociedade Operacional Angola LNG, a Sociedade Operadora dos Gasodutos de Angola, as Empresas Promotoras e suas Afiliadas e os empreiteiros associados ao Projecto são tratados de forma equitativa e não discriminatória por comparação com o tratamento dispensado a outras empresas com actividade em Angola.

Artigo 64.º
Interpretação e integração de lacunas

1. Quaisquer dúvidas ou omissões resultantes da interpretação e aplicação do presente diploma são resolvidas pelo Conselho de Ministros, após prévia autorização da Assembleia Nacional quando tal seja necessário.

2. Antes da emissão do instrumento legal destinado a resolver a dúvida ou omissão, o órgão competente do Estado em função da matéria em causa, consultará, se assim o entender, as Empresas Promotoras e a Angola LNG Limited.

3. O disposto nos números 1 e 2 não prejudica o direito das Empresas Promotoras e da Angola LNG Limited de dirimirem eventuais litígios com o Estado por recurso a arbitragem internacional fora de Angola de acordo com a Lei da Arbitragem Voluntária (Lei n.º 16/03, de 25 de Julho) nos termos do disposto no Contrato de Investimento.

Visto e aprovado em Conselho de Ministros, em Luanda, aos 24 de Janeiro de 2007.

Publique-se.

O Primeiro-Ministro, *Fernando da Piedade Dias dos Santos.*

Promulgado aos 1 de Agosto de 2007.

O Presidente da República, José Eduardo dos Santos.

ANEXO A

Modelo de formulário de utilização do crédito fiscal
a apresentar pelas Empresas Promotoras – Artigo 17.º, n.º 7

FORMULÁRIO DE UTILIZAÇÃO DO CRÉDITO FISCAL

N.º de registo de contribuinte

IDENTIFICAÇÃO DO CONTRIBUINTE LOCAL DA SEDE, DIRECÇÃO EFECTIVA OU DO ESTABELECIMENTO ESTAVEL

| Firma ou denominação (1) | | Rua, Praça, Avenida, etc | | Número | Andar |
| Localidade | Ano a que se reporta a utilização | Período mensal | Telefone | Fax | Código postal |

CONCESSÕES PETROLÍFERAS

PERÍODO MENSAL	CRÉDITO FISCAL DISPONÍVEL (2)	CRÉDITO FISCAL DISPONÍVEL (3)	UTILIZAÇÃO DO CRÉDITO (4) Contribuinte n.º BLOCO				UTILIZAÇÃO DO CRÉDITO (4) Contribuinte n.º BLOCO				UTILIZAÇÃO DO CRÉDITO (4) Contribuinte n.º BLOCO				UTILIZAÇÃO DO CRÉDITO (4) Contribuinte n.º BLOCO				TOTAL DOS CRÉDITOS FISCAIS UTILIZADOS POR PERÍODO	SALDO A TRANSITAR PARA O PERÍODO SEGUINTE
			IRP devido no período	Crédito utilizado no período (5)	Crédito utilizado no período (6)	IRP pago no período	IRP devido no período	Crédito utilizado no período (5)	Crédito utilizado no período (6)	IRP pago no período	IRP devido no período	Crédito utilizado no período (5)	Crédito utilizado no período (6)	IRP pago no período	IRP devido no período	Crédito utilizado no período (5)	Crédito utilizado no período (6)	IRP pago no período		
	A	B	C	D	E	C-D-E	C	D	E	C-D-E	C	D	E	C-D-E	C	D	E	C-D-E	F	(A+B)-F
Janeiro																				
Fevereiro																				
Março																				
Abril																				
Maio																				
Junho																				
Julho																				
Agosto																				
Setembro																				
Outubro																				
Novembro																				
Dezembro																				
Totais anuais ...																				

Assinalar com um x caso tenham sico efectuadas alterações à informação reportada nos meses anteriores em função da reafectução dos créditos fiscais.

(1) Dados relativos ao sujeito passivo referido no artigo 9.º do Decreto-Lei n.º (...)07 de (...) de 2007
(2) Montante do crédito a que se refere o artigo 16.1.º do Decreto-Lei n.º (...)07 de 2007 acrescido do saldo não utilizado em períodos anteriores
(3) Montante do crédito a que se refere o artigo 18.5.º do Decreto-Lei n.º (...)07 de 2007 acrescido do saldo não utilizado em períodos anteriores
(4) Dados (denominação e número de contribuinte) da entidade que pretende utilizar o crédito fiscal.
(5) Crédito utilizado a que se refere o artigo 16.1.º do Decreto-Lei n.º (...)07 de (...) 2007.
(6) Crédito utilizado a que se refere o artigo 18.5.º do decreto-Lei n.º (...)07 de (...) de 2007.

ANEXO B

Modelo de declaração fiscal a apresentar
pela Angola LNG Limited – Artigo 31.º, n.º 1

DECLARAÇÃO FISCAL A APRESENTAR PELA ANGOLA LNG LIMITED

Decreto-Lei n.º 10/07, de 3 de Outubro

REPÚBLICA DE ANGOLA
MINISTÉRIO DAS FINANÇAS
DIRECÇÃO NACIONAL DE IMPOSTOS

| 01 | PERÍODO DE TRIBUTAÇÃO | De ..../ .... / .... a ..../ ..../ .... | EXERCÍCIO |

| 02 | REPARTIÇÃO FISCAL: |

03 — IDENTIFICAÇÃO DO CONTRIBUINTE, LOCAL DA SEDE, DIRECÇÃO EFECTIVA OU DO ESTABELECIMENTO ESTÁVEL

Firma ou denominação:

N.º de registo de contribuinte

Rua, Praça, Avenida, etc.: — Número — Andar, sala, etc.

Localidade: — Telefone — Fax — Código postal

04 — TIPO DE CONTRIBUINTE

- Residente que exerce a título principal actividade petrolífera
- Não residente com estabelecimento estável
- Não residente sem estabelecimento estável

05 — DECLARAÇÃO

- do exercício
- da provisão do exercício
- de substituição
- Declaração de início — Data de início
- Declaração de cessação — Data de cessação

06 — ENCARGOS TRIBUTÁRIOS E PARAFISCAIS

- Imposto Sobre Rendimento de Petróleo - mod. 2B LNG
- Taxa de Gás - mod. TG

07 — ÁREA DE CONCESSÃO

Áreas de desenvolvimento

- Sem produção ....
- Com produção ....

08 — DOCUMENTOS QUE ACOMPANHAM A DECLARAÇÃO (EM QUINTUPLICADO)

- Mod. 2B LNG - Imposto Sobre o Rendimento de Petróleo
- Mod. TG - Taxa de Gás
- Balancete da razão geral antes e depois do apuramento dos resultados
- Cópia da acta da reunião ou assembleia de aprovação de contas
- Desenvolvimento da conta de despesas gerais
- Mapa dos custos totais distribuídos
- Mapa das variações do imobilizado e respectivas amortizações
- Mapa demonstrativo das vendas, por produtos, discriminando as quantidades mensais vendidas, o preço unitário de venda e as importâncias vendidas
- Mapa dos fluxos de caixa

09 — A PRESENTE DECLARAÇÃO CORRESPONDE À VERDADE, NÃO OMITE QUALQUER INFORMAÇÃO PEDIDA E ESTÁ DE ACORDO COM OS REQUISITOS CONTABILÍSTICOS

Local .... Data ..../ ..../ ....

Assinatura do técnico de contas

10 — COMISSÃO DE FIXAÇÃO

Nome do Vogal - Delegado

11 — RESERVADO AOS SERVIÇOS

Recepção em ..../ ..../ ....

Número da declaração

Assinatura

Carimbo

12 — RELAÇÃO DOS REPRESENTANTES PERMANENTES, ADMINISTRADORES, GERENTES E MEMBROS DO CONSELHO FISCAL

Nome	Número de registo de contribuinte	Cargo

MODELO 2B

Exclusivo da I.N.-E.P.

IMPOSTO SOBRE RENDIMENTO DO PETRÓLEO

01	DEMONSTRAÇÃO DOS RESULTADOS	USD	KZ
1	Vendas		
2	Prestações de serviços		
3	Outros proveitos operacionais		
4	Variação da produção		
5	Mais-valias		
6	Trabalhos para a própria empresa		
7	Outros proveitos (2)		
8	Total dos proveitos (1 + 2 + ... + 7)		
9	Custo das mercadorias vendidas e das matérias consumidas		
10	Subcontratos		
11	Outros fornecimentos e serviços de terceiros		
12	Soma (9 + 10 + 11)		
13	Despesas com o pessoal		
14	Despesas financeiras		
15	Outras despesas e encargos (1)		
16	Amortizações do exercício		
17	Provisões do exercício		
18	Taxa de Gás - Mod TG		
19	Total dos custos (12 + 13 + ... + 18)		
20			
21			
22			
23	Soma (20 + 21 + 22)		
24	Resultado líquido do exercício (8-19-23) (a)		
02	CUSTO DAS MERCADORIAS VENDIDAS E MATÉRIAS CONSUMIDAS		
1	Existências iniciais		
2	Compras/produção (b)		
3	Regularização de existências		
4	Existências finais		
5	Custo das existências vendidas e consumidas (1 + 2 + 3 + 4)		

CRITÉRIOS VALORIMÉTRICOS UTILIZADOS

Indicar por tipo de existências:

(a) Se negativo inscrever o valor entre parêntesis.
(1) Juntar, em anexo, discriminação.
(b) Inclui despesas de seguro, frete, direitos aduaneiros, impostos, taxas e outras imposições se aplicáveis.

Anexo (Legislação)

Exclusivo I.N.-E.P.

03 BALANÇO

ACTIVO

Imobilizado	Activo bruto	Amortizações e provisões	Activo líquido
1 Imobilizações corpóreas			
2 Imobilizações incorpóreas			
3 Imobilizações em curso			
4 Soma (1 + 2 + 3)			

Existências			
5 Matérias-primas e materiais			
6 Produtos e trabalhos em curso			
7 Produtos acabados			
8 Mercadorias			
9 Existências em trânsito			
10 Outras existências			
11 Soma (5 + 6 + ... + 10)			

Outros activos	Curto prazo	Médio e longo prazo	Total
12 Clientes			
13 Empréstimos concedidos			
14 Estado			
15 Entidades participantes e participadas			
16 Outros valores a receber			
17 Provisões			
18 Soma (12 + 13 + ... + 17)			
19 Total do activo (4 + 11 + 18)			

CAPITAL PRÓPRIO E PASSIVO

Capital próprio	Exercício	Exercício anterior
20 Capital		
21 Prestações dos sócios		
22 Reservas de reavaliação		
23 Outras reservas		
24 Resultados transitados		
25 Resultado líquido do exercício		
26 Total do capital próprio (20 + 21 + ... +/- 24 +/- 25) ...		

Passivo	Curto prazo	Médio e longo prazo	Total
27 Fornecedores			
28 Empréstimos obtidos			
29 Estado			
30 Entidades participantes e participadas			
31 Outros valores a pagar			
32 Provisões para riscos e encargos			
33 Total do passivo (27 + 28 + ... + 31)			
34 Total do capital próprio e do passivo (+/- 26 + 33)			

Exclusivo I.N.-E.P.

04	CÁLCULO DO RENDIMENTO TRIBUTÁVEL (*)	USD	KZ
	1 Resultado líquido do exercício (transporte da linha 24 do Quadro 1)		
	2 Despesas incorridas por incúria ou falta de diligência - (artigo 22.°, n.° 1, alínea a)		
	3 Comissões pagas a intermediários (artigo 22.°, n.° 1, alínea b)		
	4 Despesas com garantias legais ou contratuais prestadas (artigo 22.° n.° 1, alínea d)		
	5 Indemnizações, multas ou penalidades por incumprimento de obrigações contratuais - (artigo 22.°, n.° 1, alínea e)		
	6 Despesas com processos de arbitragem		
	7 Imposto sobre o rendimento do petróleo (artigo 22.°, n.° i, alínea h)		
	8 Ofertas e donativos não enquadráveis na alínea a) do n.° 3 do artigo 21.° - n.° 1, alínea i) do artigo 22.°)		
	9 Juros de empréstimos e outros encargos de capital que não os referidos no artigo 12.°, n.° 2, alínea f) do Decreto-Lei n.°.../07. de (...)		
	10 Despesas com serviços jurídicos não previstas na alínea f) do n.° 1 do artigo 21.° - n.° 1, alínea k) do artigo 22.°		
	11 Despesas resultantes de não celebração de contratos de seguro - (artigo 22.°, n.° 1, alínea l)		
	12 Despesas com formação de pessoal que não respeitem os termos exigidos - (artigo 22.°, n.° 1, alínea m)		
	13 Custos e prejuízos decorrentes de inadequada observância das condições de garantia ou da sua ausência - (artigo 22.°, n.° 1, alínea n)		
	14 Custos e prejuízos com depreciação de materiais não utilizados nas oper. petrolif. - (artigo 22.°, n.° 1, alínea o)		
	15 Despesas gerais e administrativas realizadas h... a de Angola, que não sejam as referidas em (ii) do (iii) da alínea a) do n.° 1 do artigo 21.° (artigo 22.°, n.° 1, alínea p)		
	16 Contribuições e impostos devidos pelos trabalhadores (artigo 22.°, n.° 1, alínea q)		
	17 Despesas de viagem e outras incorridas com a movimentação dos trabalhadores para além do país de origem, ou a sua utilização em outras operações fora de Angola (artigo 22.°, n.° 1, alínea r)		
	18 Contrapartidas oferecidas ao Estado ou à Concessionária Nacional		
	19 Provisões, fundos e reservas não autorizados pelo Governo (artigo 22.°, n.° 2, alínea a)		
	20 Reintegrações e amortizações que excedam os limites legais (artigo 22.°, n.° 2, alínea b)		
	21 Dívidas consideradas incobráveis não devidamente justificadas (artigo 22.°, n.° 2, alínea c)		
	22 Impostos e encargos aduaneiros de importação sobre artigos vendidos e sobre os quais recaiu isenção (artigo 22.°, n.° 2, alínea d)		
	23 Imposto s/os rendimentos e gerentes, membros do Conselho Fiscal, trabalhadores e outros (artigo 22.°, n.° 2, alínea e)		
	24 Custos de despesas legais de qualquer arbitragem (artigo 22.° n.° 2, alínea f)		
	25 Custos por danos causados por incúria ou falta de diligência (artigo 22.°, n.° 2, alínea g)		
	26 Indemnizações pagas à Concessionária Nacional a título de cláusula penal (artigo 22.°, n.° 2, alínea h)		
	27 Gratificações, ofertas, regalias, etc. atribuídos a sócios, a accionistas, na parte em que exceder a maior remuneração atribuída a trabalhadores não sócios (artigo 22.°, n.° 2, alínea i)		
	28 Despesas de carácter pessoal de sócios ou accionistas (artigo 22.°, n.° 2, alínea j)		
	29 Despesas de representação, na parte em que a administração fiscal or repute de exageradas (artigo 22.°, n.° 2, alínea l)		
	30 Ajustamento às receitas de referência fiscal (1)		
	31		
	32		
	33		
	34		
	35		
	36 Soma (1 + 2 + ... + 35)		
	37 Ajustamento às receitas de referência fiscal (1)		
	38		
	39		
	40		
	41		
	42		
	43		
	44		
	45 Soma (37 + 38 + 39 + 40 + 41 + ... + 44)		
	46 Prejuízo para efeitos fiscais (36 - 45) < 0		
	47 Lucro tributável (36 - 45) > 0		

(*) Excepto quando exista menção expressa em contrário, as disposições legais constantes da presente declaração reportam-se à Lei n.° 13/04, de 24 de Dezembro.

Anexo (Legislação)

Exclusivo I.N.-E.P.

05	APURAMENTO DA MATÉRIA COLECTÁVEL	USD	KZ
1	Lucro Tributável: (a transportar da linha 47 do quadro 04)		
2	Prejuízos fiscais dedutíveis: (artigo 23.º, n.º 1, alínea a)		
	2.1 ┆ ┆ ┆ ┆ ┆ Exercício n.º 5		
	2.2 ┆ ┆ ┆ ┆ ┆ Exercício n.º 4		
	2.3 ┆ ┆ ┆ ┆ ┆ Exercício n.º 3		
	2.4 ┆ ┆ ┆ ┆ ┆ Exercício n.º 2		
	2.5 ┆ ┆ ┆ ┆ ┆ Exercício n.º 1		
3	Matéria colectável (1 - 2)		

06	ALOCAÇÃO DA MATÉRIA COLECTÁVEL AOS ACCIONISTAS (1)	USD	KZ
1			
2			
3			
4			
5			
6			
7			
8			
9			

07	DESPESAS COM PROJECTOS SOCIAIS ACIMA DO MÁXIMO ACORDADO NOS TERMOS DO ARTIGO 58.º DO DECRETO-LEI N.º (...)/2007 DE (...) (1)	USD	KZ
1			
2			
3			
4			
5			
6			
7			
8			
9			

(1) Neste campo devem ser assinalados os sujeitos passivos de imposto aos quais é alocada a matéria colectável da Angola LNG Limited nos termos do artigo 9.º do Decreto-Lei n.º (...)/07, de (...).

	Exclusivo I.N.-E.P.
07 RESUMO DOS CUSTOS CAPITALIZÁVEIS	

SALDOS FINAIS		(EM USD)
Custos capitalizáveis	Amortização	Valor líquido
Total		
Total geral		

ANEXO C

Modelo de declaração fiscal a apresentar
pelas Empresas Promotoras - Artigo 31.º, n.º 2

ANEXO C — Exclusivo I.N.-E.P.

DECLARAÇÃO FISCAL A APRESENTAR PELAS EMPRESAS PROMOTORAS

Decreto-Lei n.º (...)/07, de (...) de 2007

REPÚBLICA DE ANGOLA
MINISTÉRIO DAS FINANÇAS
DIRECÇÃO NACIONAL DE IMPOSTOS

01 PERÍODO DE TRIBUTAÇÃO De _____ a _____ — EXERCÍCIO

02 REPARTIÇÃO FISCAL:

03 IDENTIFICAÇÃO DO CONTRIBUINTE, LOCAL DA SEDE, DIRECÇÃO EFECTIVA OU DO ESTABELECIMENTO ESTÁVEL

Firma ou denominação: — N.º de registo de contribuinte

Rua, Praça, Avenida, etc.: — Número — Andar, sala, etc.

Localidade: — Telefone — Fax — Código postal

04 TIPO DE CONTRIBUINTE
- Residente que exerce a título principal actividade petrolífera
- Não residente com estabelecimento estável
- Não residente sem estabelecimento estável

05 DECLARAÇÃO
- de exercício
- da previsão do exercício
- de substituição
- Declaração de início — Data de início
- Declaração de cessação — Data de cessação

06 ENCARGOS TRIBUTÁRIOS E PARAFISCAIS
- Imposto Sobre Rendimento de Petróleo - mod. 2C LNG

07 ÁREA DE CONCESSÃO
- Áreas de desenvolvimento
- Sem produção
- Com produção

08 DOCUMENTOS QUE ACOMPANHAM A DECLARAÇÃO (EM QUINTUPLICADO)
- Mod. 2C LNG - Imposto Sobre o Rendimento de Petróleo
- Balancete da razão geral antes e depois do apuramento dos resultados
- Cópia da acta da reunião ou assembleia de aprovação de contas
- Desenvolvimento da conta de despesas gerais
- Mapa dos custos totais distribuídos
- Mapa das variações do imobilizado e respectivas amortizações
- Mapa demonstrativo das vendas, por produtos, discriminando as quantidades mensais vendidas, o preço unitário de venda e as importâncias vendidas
- Mapa dos fluxos de caixa

09 A PRESENTE DECLARAÇÃO CORRESPONDE À VERDADE, NÃO OMITE QUALQUER INFORMAÇÃO PEDIDA E ESTÁ DE ACORDO COM OS REQUISITOS CONTABILÍSTICOS

Local _____ Data ___/___/___

Assinatura do técnico de contas

10 COMISSÃO DE FIXAÇÃO

Nome do Vogal - Delegado

11 RESERVADO AOS SERVIÇOS

Recepção em ___/___/___ — Carimbo

Número da declaração

Assinatura

12 RELAÇÃO DOS REPRESENTANTES PERMANENTES, ADMINISTRADORES, GERENTES E MEMBROS DO CONSELHO FISCAL

Nome	Número de registo de contribuinte	Cargo

Exclusivo I.N.-E.P.

01	APURAMENTO DA MATÉRIA COLECTÁVEL	USD	KZ
1	Matéria colectável alocada pela sociedade Angola LNG nos termos do artigo 9.º do Decreto-Lei n.º (...)/07, de (...) (1)		
2	Outros rendimentos		
3	Matéria colectável (1 + 2)		
02	CÁLCULO DO IMPOSTO		
1	Taxa a aplicar nos termos do artigo 16.º do Decreto-Lei n.º (...)/07, de (...)		
2	___,___ % Colecta		
3	Imposto liquidado		
4	Pagamentos efectuados		
5.1	Imposto a pagar (3 - 4)		
5.2	Imposto a recuperar (3 - 4)		
6	Porção de imposto pago respeitante à alocação a que se refere a linha 1 do quadro 1		
03	Encargos com actividades de natureza social – artigo 16.º, n.º 5 do Decreto-Lei n.º (...)/07 de (...)		

04	RESULTADO DA LIQUIDAÇÃO		
4.1	IMPOSTO A PAGAR	4.2	IMPOSTO A RECUPERAR

Havendo imposto a pagar (linha 5.1 do Quadro 02), procede ao respectivo pagamento?

Sim ☐ Não ☐

Em caso afirmativo, indique obrigatoriamente:

N.º do DAR   Data

Havendo imposto a recuperar (linha 5.2 do Quadro 02), pretende o reembolso:

☐ Por ordem de Saque

☐ Por encontro na próxima prestação do imposto

05	IDENTIFICAÇÃO DOS DAR UTILIZADOS PARA PAGAMENTO DO IMPOSTO NESTE EXERCÍCIO		
		USD	KZ

N.º do DAR   Data

N.º do DAR   Data

N.º do DAR   Data

N.º do DAR   Data

N.º do DAR   Data

TOTAL GERAL OU A TRANSPORTAR
(Riscar o que não interessa)

(1) Preencher por referência ao valor inscrito no quadro 06 da declaração Modelo 29 LNG aprovada pelo Decreto-Lei n.º (...)/07 de (...) de (...).

ANEXO D

Modelo de declaração fiscal a apresentar pelas Empresas Promotoras ou suas Afiliadas – Artigo 31.º, n.º 4

ANEXO D   Exclusivo I.N.-E.P.

DECLARAÇÃO FISCAL A APRESENTAR PELAS EMPRESAS PROMOTORAS OU SUAS AFILIADAS

Decreto Lei n.º (...)/07, de (...) de 2007

REPÚBLICA DE ANGOLA
MINISTÉRIO DAS FINANÇAS
DIRECÇÃO NACIONAL DE IMPOSTOS

01	PERÍODO DE TRIBUTAÇÃO De ..../........./......... a ..../........./.........	EXERCÍCIO
02	REPARTIÇÃO FISCAL:	

03   IDENTIFICAÇÃO DO CONTRIBUINTE, LOCAL DA SEDE, DIRECÇÃO EFECTIVA OU DO ESTABELECIMENTO ESTÁVEL

Firma ou denominação:		N.º de registo de contribuinte
Rua, Praça, Avenida, etc.:	Número	Andar, sala, etc.
Localidade:	Telefone Fax	Código postal

04	TIPO DE CONTRIBUINTE	05	DECLARAÇÃO

04 — TIPO DE CONTRIBUINTE: Residente que exerce a título principal actividade petrolífera · Não residente com estabelecimento estável · Não residente sem estabelecimento estável

05 — DECLARAÇÃO: do exercício · da previsão do exercício · de substituição

Declaração de início · Data de início

Declaração de cessação · Data de cessação

06	ENCARGOS TRIBUTÁRIOS E PARAFISCAIS	07	ÁREA DE CONCESSÃO

06 — ENCARGOS TRIBUTÁRIOS E PARAFISCAIS:
- Imposto Sobre a Produção de Petróleo - mod. 1
- Imposto Sobre o Rendimento de Petróleo - mod. 2D LNG
- Imposto de Transacção do Petróleo - mod. 3
- Taxa de Superfície - mod. 4
- Recebimentos da Concessionária Nacional - mod. 5

07 — ÁREA DE CONCESSÃO: Áreas de desenvolvimento — Sem produção — Com produção

08	DOCUMENTOS QUE ACOMPANHAM A DECLARAÇÃO (EM QUINTUPLICADO)	09	A PRESENTE DECLARAÇÃO CORRESPONDE À VERDADE, NÃO OMITE QUALQUER INFORMAÇÃO PEDIDA E ESTÁ DE ACORDO COM OS REQUISITOS CONTABILÍSTICOS

08 — DOCUMENTOS QUE ACOMPANHAM A DECLARAÇÃO:
- Mod. 1 - Imposto Sobre Produção de Petróleo
- Mod. 2D LNG - Imposto Sobre o Rendimento de Petróleo
- Mod. 3 - Imposto de Transacção do Petróleo
- Mod. 4 - Taxa de Superfície
- Mod. 5 - Recebimentos da Concessionária Nacional
- Balancete do razão geral antes e depois do apuramento dos resultados
- Cópia da acta da reunião ou assembleia de aprovação de contas
- Desenvolvimento de conta de despesas gerais
- Mapa dos Custos Totais Distribuídos
- Mapa das variações do imobilizado e respectivas amortizações
- Mapa demonstrativo das vendas, por produtos, discriminando as quantidades mensais vendidas, o preço unitário de venda e as importâncias vendidas
- Mapa dos fluxos de caixa

09: Local .... Data ..../......../........

Assinatura do técnico de contas

10	COMISSÃO DE FIXAÇÃO

Nome do Vogal - Delegado

11	RESERVADO AOS SERVIÇOS

Recepção em ..../......../........   Carimbo

Número da declaração

Assinatura

12   RELAÇÃO DOS REPRESENTANTES PERMANENTES, ADMINISTRADORES, GERENTES E MEMBROS DO CONSELHO FISCAL

Nome	Número de registo de contribuinte	Cargo

A Regulação do Gás Natural em Angola

MODELO 1

Exclusivo I.N.-E.P.

IMPOSTO SOBRE A PRODUÇÃO DO PETRÓLEO

REPÚBLICA DE ANGOLA
MINISTÉRIO DAS FINANÇAS
DIRECÇÃO NACIONAL DE IMPOSTOS

REPARTIÇÃO FISCAL DE .... Data ..../ ..../ ....

01	AUSÊNCIA DE PRODUÇÃO (1)	02	PERÍODO A QUE RESPEITA
Se não houver extracção neste período assinalar com um x		De ..../ ..../ .... a ..../ ..../	

03	APURAMENTO DO IMPOSTO (1)	VALOR	
		Kz	USD
Pagamento em dinheiro:			
1 Quantidades produzidas			
2 Quantidades consumidas nas operações petrolíferas (2)			
3 Total (1-2)			
4 ☐ Taxa normal (20%) sobre linha 3			
5 ☐ Taxa reduzida (10%) sobre a linha 3 (ver quadro 4)			

Pagamento em espécie ☐ Quantidade: ....

04	REDUÇÃO DA TAXA (3)
Assinalar com (x) se a empresa:	
1 Explora jazigos marginais ☐ 2 Explora em águas profundas ☐ 3 Explora em áreas terrestres de difícil acesso ☐	

05	IDENTIFICAÇÃO DOS DAR UTILIZADOS ESTE ANO PARA LIQUIDAÇÃO DESTE IMPOSTO

N.º do DAR	Data	Valor (Kz)	Imposto pago (Kz)	ou pagamento em espécie
N.º do DAR	Data	Valor (Kz)	Imposto pago (Kz)	ou pagamento em espécie
N.º do DAR	Data	Valor (Kz)	Imposto pago (Kz)	ou pagamento em espécie
N.º do DAR	Data	Valor (Kz)	Imposto pago (Kz)	ou pagamento em espécie
N.º do DAR	Data	Valor (Kz)	Imposto pago (Kz)	ou pagamento em espécie
N.º do DAR	Data	Valor (Kz)	Imposto pago (Kz)	ou pagamento em espécie
N.º do DAR	Data	Valor (Kz)	Imposto pago (Kz)	ou pagamento em espécie
N.º do DAR	Data	Valor (Kz)	Imposto pago (Kz)	ou pagamento em espécie
N.º do DAR	Data	Valor (Kz)	Imposto pago (Kz)	ou pagamento em espécie

TOTAL GERAL OU A TRANSPORTAR	Valor (Kz)	Imposto pago (Kz)	
(Riscar o que não interessa)			

(1) Juntar, em anexo, discriminação detalhada das quantidades produzidas, vendidas e consumidas de cada uma das substâncias e a sua valorização.
(2) Juntar cópia do parecer favorável emitido pela Concessionária Nacional.
(3) Juntar declaração do Governo comprovativa da concessão de redução de taxa.

Exclusivo I.N.-E.P.

N.º do DAR	Data	Valor (Kz)	Imposto pago (Kz)	ou pagamento em espécie
N.º do DAR	Data	Valor (Kz)	Imposto pago (Kz)	ou pagamento em espécie
N.º do DAR	Data	Valor (Kz)	Imposto pago (Kz)	ou pagamento em espécie
N.º do DAR	Data	Valor (Kz)	Imposto pago (Kz)	ou pagamento em espécie
N.º do DAR	Data	Valor (Kz)	Imposto pago (Kz)	ou pagamento em espécie
N.º do DAR	Data	Valor (Kz)	Imposto pago (Kz)	ou pagamento em espécie
N.º do DAR	Data	Valor (Kz)	Imposto pago (Kz)	ou pagamento em espécie
N.º do DAR	Data	Valor (Kz)	Imposto pago (Kz)	ou pagamento em espécie
N.º do DAR	Data	Valor (Kz)	Imposto pago (Kz)	ou pagamento em espécie
N.º do DAR	Data	Valor (Kz)	Imposto pago (Kz)	ou pagamento em espécie
N.º do DAR	Data	Valor (Kz)	Imposto pago (Kz)	ou pagamento em espécie
N.º do DAR	Data	Valor (Kz)	Imposto pago (Kz)	ou pagamento em espécie
N.º do DAR	Data	Valor (Kz)	Imposto pago (Kz)	ou pagamento em espécie
N.º do DAR	Data	Valor (Kz)	Imposto pago (Kz)	ou pagamento em espécie
N.º do DAR	Data	Valor (Kz)	Imposto pago (Kz)	ou pagamento em espécie
N.º do DAR	Data	Valor (Kz)	Imposto pago (Kz)	ou pagamento em espécie
N.º do DAR	Data	Valor (Kz)	Imposto pago (Kz)	ou pagamento em espécie
N.º do DAR	Data	Valor (Kz)	Imposto pago (Kz)	ou pagamento em espécie
N.º do DAR	Data	Valor (Kz)	Imposto pago (Kz)	ou pagamento em espécie
N.º do DAR	Data	Valor (Kz)	Imposto pago (Kz)	ou pagamento em espécie

TOTAL GERAL OU A TRANSPORTAR — Valor (Kz) — Imposto pago (Kz)
(Riscar o que não interessa)

MODELO 2B LNG

Exclusivo I.N.-E.P.

IMPOSTO SOBRE RENDIMENTO DO PETRÓLEO

REPÚBLICA DE ANGOLA
MINISTÉRIO DAS FINANÇAS
DIRECÇÃO NACIONAL DE IMPOSTOS

Área de desenvolvimento (*): ....

01	DEMONSTRAÇÃO DOS RESULTADOS	USD	KZ
1	Vendas (1)		
2	Prestações de serviços		
3	Outros proveitos operacionais		
4	Variação da produção		
5	Mais-valias		
6	Trabalhos para a própria empresa		
7	Outros proveitos (2)		
8	Total dos proveitos (1 + 2 + ... + 7)		
9	Custo das mercadorias vendidas e das matérias consumidas		
10	Subcontratos		
11	Outros fornecimentos e serviços de terceiros		
12	Soma (9 + 10 + 11)		
13	Despesas com o pessoal		
14	Despesas financeiras		
15	Outras despesas e encargos (2)		
16	Amortizações do exercício		
17	Recuperação de custos (3)		
18	Provisões do exercício		
19	Total dos custos (12 + 13 + ... + 18)		
20	Imposto sobre a produção do petróleo - Modelo 1		
21	Imposto de transacção do petróleo - Modelo 3		
22	Taxa de superfície - Modelo 4		
23			
24	Soma (20 + 21 + 22 + 23)		
25	Resultado líquido do exercício (8-19-24) (a)		

02	CUSTO DAS MERCADORIAS VENDIDAS E MATÉRIAS CONSUMIDAS	USD	KZ
1	Existências iniciais		
2	Compras/produção (b)		
3	Regularização de existências		
4	Existências finais		
5	Custo das existências vendidas e consumidas (1 + 2 + 3 + 4)		

CRITÉRIOS VALORIMÉTRICOS UTILIZADOS

Indicar por tipo de existências: ....

(*) Juntar tantos exemplares quantas as áreas de desenvolvimento no caso de contratos de partilha da produção.
(a) Se negativo inscrever o valor entre parênteses.
(b) Inclui despesas de seguro, frete, direitos aduaneiros, impostos, taxas e outras imposições se aplicáveis.
(1) Juntar, em anexo, no caso dos contratos de partilha de produção, discriminação detalhada das quantidades produzidas, vendidas e consumidas de cada uma das substâncias e sua valorização
(2) Juntar, em anexo, discriminação.
(3) Valores constantes do Quadro 27, no caso de contratos de partilha de produção.

Anexo (Legislação)

MODELO 2D LNG

Exclusivo I.N.-E.P.

IMPOSTO SOBRE RENDIMENTO DO PETRÓLEO

REPÚBLICA DE ANGOLA
MINISTÉRIO DAS FINANÇAS
DIRECÇÃO NACIONAL DE IMPOSTOS

Área de Concessão:

(Total das áreas de desenvolvimento) (*)

01	DEMONSTRAÇÃO DOS RESULTADOS	USD	KZ
1	Vendas (1)		
2	Prestações de serviços		
3	Outros proveitos operacionais		
4	Variação da produção		
5	Mais-valias		
6	Trabalhos para a própria empresa		
7	Outros proveitos (2)		
8	Total dos proveitos (1 + 2 + ... + 7)		
9	Custo das mercadorias vendidas e das matérias consumidas		
10	Subcontratos		
11	Outros fornecimentos e serviços de terceiros		
12	Soma (9 + 10 + 11)		
13	Despesas com o pessoal		
14	Despesas financeiras		
15	Outras despesas e encargos (2)		
16	Amortizações do exercício		
17	Recuperação de custos (3)		
18	Provisões do exercício		
19	Total dos custos (12 + 13 + ... + 18)		
20	Imposto sobre a produção do petróleo - Modelo 1		
21	Imposto de transacção do petróleo - Modelo 3		
22	Taxa de superfície - Modelo 4		
23			
24	Soma (20 + 21 + 22 + 23)		
25	Resultado líquido do exercício (8-19-24) (a)		

02	CUSTO DAS MERCADORIAS VENDIDAS E MATÉRIAS CONSUMIDAS	USD	KZ
1	Existências iniciais		
2	Compras/produção (b)		
3	Regularização de existências		
4	Existências finais		
5	Custo das existências vendidas e consumidas (1 + 2 + 3 + 4)		

CRITÉRIOS VALORIMÉTRICOS UTILIZADOS

Indicar por tipo de existências:

(*) Este modelo deve ser preenchido por cada área de desenvolvimento no caso de contratos de partilha de produção.
(a) Se negativo inscrever o valor entre parênteses.
(b) Inclui despesas de seguro, frete, direitos aduaneiros, impostos, taxas n outras imposições se aplicáveis.
(1) Juntar, em anexo, no caso dos contratos de partilha de produção, discriminação detalhada das quantidades produzidas, vendidas e consumidas de cada uma das substâncias e sua valorização
(2) Juntar, em anexo, discriminação.
(3) Valores constantes do Quadro 27 no caso de contratos de partilha de produção.

Exclusivo I.N.-E.P.

03	BALANÇO			
	ACTIVO			(Em Kz)
Imobilizado	Activo bruto	Amortizações e provisões	Activo líquido	
1 Imobilizações corpóreas				
2 Imobilizações incorpóreas				
3 Imobilizações em curso				
4 Soma (1 + 2 + 3)				
Existências	Activo bruto	Amortizações e provisões	Activo líquido	
5 Matérias-primas e materiais				
6 Produtos e trabalhos em curso				
7 Produtos acabados				
8 Mercadorias				
9 Existências em trânsito				
10 Outras existências				
11 Soma (5 + 6 + ... + 10)				
Outros activos	Curto prazo	Médio e longo prazos	Total	
12 Clientes				
13 Empréstimos concedidos				
14 Estado				
15 Entidades participantes e participadas				
16 Outros valores a receber				
17 Provisões				
18 Soma (12 + 13 + ... + 17)				
19 Total do activo (4 + 11 + 18)				
	CAPITAL PRÓPRIO E PASSIVO			
Capital próprio	Exercício	Exercício anterior		
20 Capital				
21 Prestações dos sócios				
22 Reservas de reavaliação				
23 Outras reservas				
24 Resultados transitados				
25 Resultado líquido do exercício				
26 Total do capital próprio (20 + 21 + ... +/- 24 +/- 25) ...				
Passivo	Curto prazo	Médio e longo prazos	Total	
27 Fornecedores				
28 Empréstimos obtidos				
29 Estado				
30 Entidades participantes e participadas				
31 Outros valores a pagar				
32 Provisões para riscos e encargos				
33 Total do passivo (27 + 28 + ... + 31)				
34 Total do capital próprio e do passivo (+/- 26 + 33)				

Anexo (Legislação)

Exclusivo I.N.-E.P.

IDENTIFICAÇÃO DA ÁREA DE CONCESSÃO (total das áreas de desenvolvimento) (*)

04	CÁLCULO DO RENDIMENTO TRIBUTÁVEL	USD	KZ
	1 Resultado líquido do exercício (transporte da linha 26 do Quadro 1)		
	2 Despesas incorridas por incúria ou falta de diligência - (artigo 22.°, n.° 1, alínea a)		
	3 Comissões pagas a intermediários (artigo 22.°, n.° 1, alínea b)		
	4 Despesas de comercialização e transporte do petróleo bruto não previsto no contrato (artigo 22.° n.° 1, alínea c)		
	5 Despesas com garantias legais ou contratuais prestadas (artigo 22.°, n.° 1, alínea d)		
	6 Indemnizações, multas ou penalidades por incumprimento de obrigações contratuais (artigo 22.°, n.° 1, alínea e)		
	7 Despesas com processos de arbitragem (artigo 22.°, n.° 1, alínea f)		
	8 Despesas incorridas para efeitos de determinação do preço do petróleo (artigo 22.° - n.° 1, alínea g)		
	9 Imposto sobre o rendimento do petróleo (artigo 22.°, n.° 1, alínea h)		
	10 Ofertas e donativos não enquadráveis na alínea a) do n.° 3, do artigo 21.° (artigo 22.°, n.° 1, alínea i)		
	11 Juros de empréstimos e outros encargos de capital não devidamente autorizados (artigo 22.°, n.° 1, alínea j)		
	12 Despesas com serviços jurídicos na alínea f) do n.° 1 do artigo 21.° (artigo 22.°, n.° 1, alínea k)		
	13 Despesas resultantes de não celebração de contratos de seguro (artigo 22.°, n.° 1, alínea l)		
	14 Despesa com formação de pessoal que não respeitem os termos exigidos (artigo 22.°, n.° 1, alínea m)		
	15 Custos e prejuízos decorrentes da inadequada observância das condições de garantia ou da sua ausência (artigo 22.°, n.° 1, alínea n)		
	16 Custos a prejuízos com depreciação de materiais não utilizados nas operações petrolíferas (artigo 22.°, n.° 1, alínea o)		
	17 Despesas gerais administrativas realizadas fora de Angola, que não sejam as referidas em (ii) do (##) da alínea a) do n.° 1 do artigo 21.° (artigo 22.°, n.° 2, alínea p)		
A ACRESCER	18 Contribuições e impostos devidos pelos trabalhadores (artigo 22.°, n.° 1, alínea q)		
	19 Despesas de viagem e outras incorridas com a movimentação dos trabalhadores para além do país de origem, ou a sua utilização em outras operações fora de Angola (artigo 22.°, n.° 1, alínea r)		
	20 Contrapartidas oferecidas ao Estado ou à Concessionária Nacional pela atribuição da qualidade de associada da Concessionária Nacional (artigo 22.°, n.° 1, alínea s)		
	21 Provisões, fundos e reservas não autorizados pelo Governo (artigo 22.°, n.° 2, alínea a)		
	22 Reintegrações e amortizações que excedam os limites legais (artigo 22.°, n.° 2, alínea b)		
	23 Dívidas consideradas incobráveis não devidamente justificadas (artigo 22.°, n.° 2, alínea c)		
	24 Impostos e encargos aduaneiros de importação sobre artigos vendidos e sobre os quais recaiu isenção (artigo 22.°, n.° 1, alínea d)		
	25 Imposto s/os rendimentos de gerentes, membros do Conselho Fiscal, trabalhadores e outros (artigo 22.°, n.° 2, alínea e)		
	26 Custos de despesas legais de qualquer arbitragem (artigo 22.°, n.° 2, alínea f)		
	27 Custos por danos causados por incúria ou falta de diligência (artigo 22.°, n.° 2, alínea g)		
	28 Indemnizações pagas à Concessionária Nacional a título de cláusula penal (artigo 22.°, n.° 2, alínea h)		
	29 Juros pagos a sócios, incluindo os suprimentos (artigo 22.°, n.° 2, alínea i)		
	30 Gratificações, ofertas, regalias, etc. atribuídos a sócios, a accionistas, na parte em que exceder a maior remuneração atribuída a trabalhadores não sócios (artigo 22.°, n.° 2, alínea j)		
	31 Despesas de carácter pessoal de sócios ou accionistas (artigo 22.°, n.° 2, alínea k)		
	32 Despesas de representação, na parte em que a administração fiscal as repute de exageradas (artigo 22.°, n.° 2, alínea l)		
	33 Amortização de custos não recuperáveis		
	34 Ajustamento às vendas (diferença entre preços de venda e preços fiscais - linha 3 do quadro 13)		
	35 Ajustamento ao Cost-oil (diferença entre preços definitivos e provisórios - linha 5 do quadro 13)		
	36		
	37		
	38		
	39 Soma (1 + 2 + ... + 38)		
A DEDUZIR	40 Prémio de produção (1)		
	41 Up-Lift (1)		
	42 Ajustamento às vendas (diferença entre preços de venda e preços fiscais - linha 3 do quadro 13)		
	43 Ajustamento ao Cost-oil (diferença entre definitivos e provisórios - linha 5 do quadro 13)		
	44		
	45		
	46		
	47		
	48 Soma (140 + 41 + ... + 47)		
	49 Prejuízo para efeitos fiscais (39 - 48) < 0		
	50 Lucro tributável (39 - 48) ≥ 0		

(1) Só aplicável no caso dos montantes dos direitos terem sido contabilizados.

(*) Este modelo deve ser preenchido por cada área de desenvolvimento no caso de contratos de partilha de produção.

Exclusivo I.N.-E.P.

IDENTIFICAÇÃO DA ÁREA DE DESENVOLVIMENTO (*)

04	CÁLCULO DO RENDIMENTO TRIBUTÁVEL	USD	KZ
	1 Resultado líquido do exercício (transporte da linha 25 do Quadro 1)		
	2 Despesas incorridas por incúria ou falta de diligência - (artigo 22.º, n.º 1, alínea a)		
	3 Comissões pagas a intermediários (artigo 22.º, n.º 1, alínea b)		
	4 Despesas de comercialização e transporte do petróleo bruto não previsto no contrato (artigo 22.º n.º 1, alínea c)		
	5 Despesas com garantias legais ou contratuais prestadas (artigo 22.º, n.º 1, alínea a)		
	6 Indemnizações, multas ou penalidades por incumprimento de obrigações contratuais (artigo 22.º, n.º 1, alínea e)		
	7 Despesas com processos de arbitragem (artigo 22.º, n.º 1, alínea f)		
	8 Despesas incorridas para efeitos de determinação do preço do petróleo (artigo 22.º - n.º 1, alínea g)		
	9 Imposto sobre o rendimento do petróleo (artigo 22.º, n.º 1, alínea h)		
	10 Ofertas e donativos não enquadráveis na alínea a) do n.º 3, do artigo 21.º (artigo 22.º, n.º 1, alínea i) ...		
	11 Juros de empréstimos e outros encargos de capital não devidamente autorizados (artigo 22.º, n.º 1, alínea j)		
	12 Despesas com serviços jurídicos não previstas na alínea f) do n.º 1 do artigo 21.º (artigo 22.º, n.º 1 alínea k)		
	13 Despesas resultantes de não celebração de contratos de seguro (artigo 22.º, n.º 1, alínea l)		
	14 Despesa com formação de pessoal que não respeitem os termos exigidos (artigo 22.º, n.º 1, alínea m)		
	15 Custos e prejuízos decorrentes da inadequada observância das condições de garantia ou da sua ausência (artigo 22.º, n.º 1, alínea n)		
	16 Custos e prejuízos com depreciação de materiais não utilizados nas operações petrolíferas (artigo 22.º, n.º 1, alínea o)		
	17 Despesas gerais administrativas realizadas fora de Angola, que não sejam as referidas em (ii) do (iii) da alínea e) do n.º 1 do artigo 21.º (artigo 22.º, n.º 1, alínea p)		
A ACRESCER	18 Contribuições e impostos devidos pelos trabalhadores (artigo 22.º, n.º 1, alínea q)		
	19 Despesas de viagem e outras incorridas com a movimentação dos trabalhadores para além do país de origem, ou a sua utilização em outras operações fora de Angola (artigo 22.º, n.º 1, alínea r)		
	20 Contrapartidas oferecidas ao Estado ou à Concessionária Nacional pela atribuição da qualidade de associada da Concessionária Nacional (artigo 22.º, n.º 1, alínea s)		
	21 Provisões, fundos e reservas não autorizados pelo Governo (artigo 22.º, n.º 2, alínea a)		
	22 Reintegrações e amortizações que excedam os limites legais (artigo 22.º, n.º 2, alínea b)		
	23 Dívidas consideradas incobráveis não devidamente justificadas (artigo 22.º, n.º 2, alínea c)		
	24 Impostos e encargos aduaneiros de importação sobre artigos vendidos e sobre os quais recaia isenção (artigo 22.º, n.º 1, alínea d)		
	25 Imposto s/os rendimentos de gerentes, membros do Conselho Fiscal, trabalhadores e outros (artigo 22.º, n.º 2, alínea e)		
	26 Custos de despesas legais de qualquer arbitragem (artigo 22.º, n.º 2, alínea f)		
	27 Custos por danos causados por incúria ou falta de diligência (artigo 22.º, n.º 2, alínea g)		
	28 Indemnizações pagas à Concessionária Nacional a título de cláusula penal (artigo 22.º, n.º 2, alínea h)		
	29 Juros pagos a sócios, incluindo os suprimentos (artigo 22.º, n.º 2, alínea i)		
	30 Gratificações, ofertas, regalias, etc. atribuídos a sócios, e accionistas, na parte em que exceder a maior remuneração atribuída a trabalhadores não sócios (artigo 22.º, n.º 2, alínea j)		
	31 Despesas de carácter pessoal de sócios ou accionistas (artigo 22.º, n.º 2, alínea k)		
	32 Despesas de representação, na parte em que a administração fiscal as repute de exageradas (artigo 22.º, n.º 2, alínea l)		
	33 Amortização de custos não recuperáveis		
	34 Ajustamento às vendas (diferença entre preços de venda e preços fiscais - linha 3 do quadro 13)		
	35 Ajustamento ao Cost-oil (diferença entre preços definitivos e provisórios - linha 5 do quadro 13) ..		
	36		
	37		
	38		
	39 Soma (1 + 2 + ... + 38)		
A DEDUZIR	40 Prémio de produção (1)		
	41 Up-Lift (1)		
	42 Ajustamento às vendas (diferença entre preços de venda e preços fiscais - linha 3 do quadro 13)		
	43 Ajustamento ao Cost-oil (diferença entre preços definitivos e provisórios - linha 5 do quadro 13) ..		
	44		
	45		
	46		
	47		
	48 Soma (40 + 41 + ... + 47)		
	49 Prejuízo para efeitos fiscais (39 - 48) < 0		
	50 Lucro tributável (39 - 48) > 0		

(1) Só aplicável no caso dos montantes dos direitos terem sido contabilizados.

(*) Juntar tantos exemplares quantas as áreas de desenvolvimento, no caso dos contratos de partilha de produção.

Anexo (Legislação)

Exclusivo I.N.-E.P.

IDENTIFICAÇÃO DA ÁREA DE CONCESSÃO (total das áreas de desenvolvimento) (*)

05	APURAMENTO DA MATÉRIA COLECTÁVEL	USD	KZ
1	Lucro Tributável: (a transportar da linha 47 do quadro 04)		
2	Prejuízos fiscais dedutíveis: (artigo 23.º, n.º 1, alínea a)		
	2.1 [ ] Exercício n.º 5		
	2.2 [ ] Exercício n.º 4		
	2.3 [ ] Exercício n.º 3		
	2.4 [ ] Exercício n.º 2		
	2.5 [ ] Exercício n.º 1		
3	Matéria colectável (1 - 2)		

06	CÁLCULO DO IMPOSTO	USD	KZ
1	Taxa a aplicar (1) sobre valores da linha 3 do quadro 05		
2	—,—.—% Colecta		
3	Dedução do crédito - artigo 16.1.º do decreto-Lei n.º (...)/07 de (...) de (...) de 2007 (2)		
4	Dedução do crédito - artigo 16.5.º do decreto-Lei n.º (...)/07 de (...) de (...) de 2007 (2)		
5	Colecta após deduções dos créditos - artigo 16 do decreto-Lei n.º (...)/07 de (...) de (...) de 2007 (2-3-4)		
6	Outras deduções - artigo 60.º		
	6.1		
	6.2		
	6.3		
	6.4		
7	Incentivos fiscais		
8	Total das deduções (3 + 4 + 6)		
9	Imposto liquidado (2 - 7 - 8)		
10	Pagamentos efectuados		
11	11.1 Imposto a pagar (9 - 10)		
	11.2 Imposto a recuperar (9 - 10)		

07	RESULTADO DA LIQUIDAÇÃO		

7.1 IMPOSTO A PAGAR	7.2 IMPOSTO A RECUPERAR
Havendo imposto a pagar (linha 11.1 do Quadro 06), procede ao respectivo pagamento? Sim [ ] Não [ ]	Havendo imposto a recuperar (linha 11.2 do Quadro 06), pretende o reembolso: [ ] Por ordem de Baque
Em caso afirmativo, indique obrigatoriamente: N.º do DAR [ ] Data ..../........../..........	[ ] Por encontro na próxima prestação do imposto

08	IDENTIFICAÇÃO DOS DAR UTILIZADOS PARA PAGAMENTO DO IMPOSTO NESTE EXERCÍCIO	USD	KZ
N.º do DAR [ ]	Data ..../........../..........		
N.º do DAR [ ]	Data ..../........../..........		
N.º do DAR [ ]	Data ..../........../..........		
N.º do DAR [ ]	Data ..../........../..........		
N.º do DAR [ ]	Data ..../........../..........		
TOTAL GERAL OU A TRANSPORTAR (Riscar o que não interessa)			

(1) Nos Contratos de Partilha de Produção, a taxa aplicável é de 50%, nos restantes de 65,75%
(2) Preenchen por referência ao formulário a que se refere o artigo 17.º do Decreto-Lei n.º (...)/07 de (...) de (...) de 2007.
(*) Este modelo deve ser preenchido por cada área de desenvolvimento, no caso dos contratos de partilha de produção.

Exclusivo I.N.-E.P.

IDENTIFICAÇÃO DA ÁREA DE DESENVOLVIMENTO (*)			
05	APURAMENTO DA MATÉRIA COLECTÁVEL	USD	KZ
1	Lucro Tributável: (a transportar da linha 50 do quadro 04)		
2	Prejuízos fiscais dedutíveis: (artigo 23.°, n.° 1, alínea a)		
	2.1 Exercício n.° 5		
	2.2 Exercício n.° 4		
	2.3 Exercício n.° 3		
	2.4 Exercício n.° 2		
	2.5 Exercício n.° 1		
3	Matéria colectável (1 - 2)		
06	CÁLCULO DO IMPOSTO	USD	KZ
1	Taxa a aplicar (1) sobre valores da linha 3 do Quadro 05		
2	—, —% Colecta		
3	Dedução à colecta - artigo 60.°		
	3.1		
	3.2		
	3.3		
	3.4		
4	Incentivos fiscais		
5	Total das deduções (3 + 5)		
6	Imposto liquidado (2 - 6)		
7	Pagamentos efectuados		
8	6.1 Imposto a pagar (6 - 7)		
	8.2 Imposto a recuperar (6 - 7)		

07	RESULTADO DA LIQUIDAÇÃO	
7.1 IMPOSTO A PAGAR	**7.2** IMPOSTO A RECUPERAR	

Havendo imposto a pagar (linha 8.1 do Quadro 24), procede ao respectivo pagamento?

Sim ☐   Não ☐

Em caso afirmativo, indique obrigatoriamente:

N.° do DAR   Data

.............../.............../...............

Havendo imposto a recuperar (linha 6.2 do Quadro 24), pretende o reembolso:

☐ Por ordem de Saque

☐ Por encontro na próxima prestação do imposto

08	IDENTIFICAÇÃO DOS DAR UTILIZADOS PARA PAGAMENTO DO IMPOSTO NESTE EXERCÍCIO		
		USD	KZ
N.° do DAR Data ..../.............../...............			
N.° do DAR Data ..../.............../...............			
N.° do DAR Data ..../.............../...............			
N.° do DAR Data ..../.............../...............			
N.° do DAR Data ..../.............../...............			
TOTAL GERAL OU A TRANSPORTAR (Riscar o que não interessa)			

(1) Nos Contratos de Partilha de Produção, a taxa aplicável é de 50%, nos restantes de 65,75%.

(*) Juntar tantos exemplares quantas áreas de desenvolvimento, no caso dos contratos de partilha de produção.

Anexo (Legislação)

Exclusivo I.N.-E.P.

IDENTIFICAÇÃO DA ÁREA DE CONCESSÃO (total das áreas de desenvolvimento) (*)

09	IDENTIFICAÇÃO DOS DAR UTILIZADOS PARA PAGAMENTO DO IMPOSTO NESTE EXERCÍCIO		USD	KZ
	N.º do DAR	Data		
	N.º do DAR	Data		
	N.º do DAR	Data		
	N.º do DAR	Data		
	N.º do DAR	Data		
	N.º do DAR	Data		
	N.º do DAR	Data		
	N.º do DAR	Data		
	N.º do DAR	Data		
	N.º do DAR	Data		
	N.º do DAR	Data		
	N.º do DAR	Data		
	N.º do DAR	Data		
	N.º do DAR	Data		
	N.º do DAR	Data		
	N.º do DAR	Data		
	N.º do DAR	Data		
	N.º do DAR	Data		
	N.º do DAR	Data		
	N.º do DAR	Data		
	N.º do DAR	Data		
	N.º do DAR	Data		
	N.º do DAR	Data		
	N.º do DAR	Data		
	N.º do DAR	Data		
	N.º do DAR	Data		
	N.º do DAR	Data		

TOTAL GERAL OU A TRANSPORTAR
(Riscar o que não interessa)

(*) Este modelo deve ser preenchido por cada área de desenvolvimento, no caso dos contratos de partilha de produção.

Exclusivo I.N.-E.P.

IDENTIFICAÇÃO DA ÁREA DE DESENVOLVIMENTO (*)

09	IDENTIFICAÇÃO DOS DAR UTILIZADOS PARA PAGAMENTO DO IMPOSTO NESTE EXERCÍCIO		USD	KZ
	N.º do DAR	Data		
	N.º do DAR	Data		
	N.º do DAR	Data		
	N.º do DAR	Data		
	N.º do DAR	Data		
	N.º do DAR	Data		
	N.º do DAR	Data		
	N.º do DAR	Data		
	N.º do DAR	Data		
	N.º do DAR	Data		
	N.º do DAR	Data		
	N.º do DAR	Data		
	N.º do DAR	Data		
	N.º do DAR	Data		
	N.º do DAR	Data		
	N.º do DAR	Data		
	N.º do DAR	Data		
	N.º do DAR	Data		
	N.º do DAR	Data		
	N.º do DAR	Data		
	N.º do DAR	Data		
	N.º do DAR	Data		
	N.º do DAR	Data		
	N.º do DAR	Data		
	N.º do DAR	Data		
	N.º do DAR	Data		
	N.º do DAR	Data		
	TOTAL GERAL OU A TRANSPORTAR (Risque o que não interessa)			

(*) Este modelo deve ser preenchido por cada área de desenvolvimento, no caso dos contratos de partilha de produção.

Anexo (Legislação)

10	RESUMO DOS CUSTOS CAPITALIZÁVEIS (*)		Exclusivo I.N.-E.P.
SALDOS FINAIS			**(EM USD)**
Áreas de desenvolvimento	Custos capitalizáveis recuperáveis	Amortização	Valor líquido
Total			
Total geral			

(*) Este modelo deve ser preenchido exclusivamente nos casos de contratos de partilha de produção

Exclusivo I.N.-E.P.

MAPA DO MOVIMENTO DOS CUSTOS RECUPERÁVEIS E RESPECTIVA AMORTIZAÇÃO, POR ÁREA DE DESENVOLVIMENTO

REPUBLICA DE ANGOLA
MINISTÉRIO DAS FINANÇAS
DIRECÇÃO NACIONAL DE IMPOSTOS

ÁREA DE CONCESSÃO:
(Total das áreas de desenvolvimento) (')

Descrição (por natureza)	Ano início de utilização	CUSTOS RECUPERÁVEIS				AMORTIZAÇÃO DOS CUSTOS RECUPERÁVEIS				(EM USD)
		Saldo inicial 1	Aumentos do ano 2	Transferências 3	Saldo final 4	Saldo inicial 5	Aumentos do ano 6	Transferências 7	Saldo final 8	Valor líquido 9 = 4 - 8
Pesquisa										
Total custos de pesquisa										
Desenvolvimento										
Total custos de desenvolvimento (sem UPLIFT) ...										
UPLIFT (1)										
Total custos de desenvolvimento (com UPLIFT) ...										
Produção										
Total custos de produção										
Administração e serviços										
Total custos de administração e serviços										
Total recuperáveis										

(1) Juntar o cálculo do UPLIFT por área de desenvolvimento.
(') Este modelo deve ser preenchido exclusivamente no caso de contratos de partilha de produção. Juntar tantos exemplares quantas as áreas de desenvolvimento.

MAPA DO MOVIMENTO DOS CUSTOS RECUPERÁVEIS E RESPECTIVA AMORTIZAÇÃO, POR ÁREA DE DESENVOLVIMENTO

REPÚBLICA DE ANGOLA
MINISTÉRIO DAS FINANÇAS
DIRECÇÃO NACIONAL DE IMPOSTOS

Identificação da Área de Desenvolvimento (*):

Descrição (por natureza)	Ano início de utilização	CUSTOS RECUPERÁVEIS				AMORTIZAÇÃO DOS CUSTOS RECUPERÁVEIS				(EM USD)
		Saldo inicial 1	Aumentos do ano 2	Transferências 3	Saldo final 4	Saldo inicial 5	Aumentos do ano 6	Transferências 7	Saldo final 8	Valor líquido 9 = 4 - 8
Pesquisa										
Total custos de pesquisa										
Desenvolvimento										
Total custos de desenvolvimento (sem UPLIFT) ...										
UPLIFT (1)										
Total custos de desenvolvimento (com UPLIFT) ...										
Produção										
Total custos de produção										
Administração e serviços										
Total custos de administração e serviços										
Total recuperáveis										

(1) Juntar o cálculo do UPLIFT por área de desenvolvimento.

(*) Este modelo deve ser preenchido exclusivamente no caso de contratos de partilha de produção. Juntar tantos exemplares quantas as áreas de desenvolvimento.

10	CÁLCULO DO COST-OIL						Exclusivo I.N.-E.P.
11	LEVANTAMENTO DA ÁREA DE DESENVOLVIMENTO (')						
12	Navio	Data	Quantidade levan-tada em barris	Parte do cost-oil em barris	Preço USD/BBL		Montante do cost-oil (1) (em USD)
					Provisório	Definitivo	
		TOTAL GERAL OU A TRANSPORTAR ... ... (Riscar o que não interessa)					

13	CÁLCULO DOS AJUSTAMENTOS	USD
1	Total das vendas a preço de venda	
2	Total das vendas a preços fiscais (preço definitivo)	
3	Diferença a ajustar para efeitos fiscais (1 - 2)	
4	Total do cost-oil a preços definitivos	
5	Total do cost-oil a preços provisórios	
6	Diferença a ajustar para efeitos fiscais (4 - 5)	

(1) Cost-oil contabilizado

(') Este modelo deve ser preenchido exclusivamente no caso de contratos de partilha de produção. Juntar tantos exemplares quantas as áreas de desenvolvimento.

DEMONSTRAÇÃO DE CUSTOS RECUPERADOS
NO PERÍODO COMPARADOS COM OS COST-OIL (*)

N.º de registo de contribuinte

14	DISCRIMINAÇÃO POR ÁREA DE DESENVOLVIMENTO								TOTAL (em USD)
14.1	Cost-oil disponível total								
14.2	Custos de produção								
14.3	Custos de desenvolvimento								
14.4	Up-Lift								
14.5	Custos de pesquisa								
14.6	Custos de administração e serviços								
14.7	Prémio de produção								
14.8									
14.9									
14.10									
14.11	Custos totais recuperados								
14.12	Cost-oil disponível após recuperação								

(*) Este modelo deve ser preenchido exclusivamente no caso de contratos de partilha de produção

| 15 | Exclusivo I.N.-E.P. | 16 Levantamento da área de desenvolvimento (*) |

PAGAMENTO EM ESPÉCIE DA SONANGOL

REPÚBLICA DE ANGOLA
MINISTÉRIO DAS FINANÇAS
DIRECÇÃO NACIONAL DE IMPOSTOS

17 NAVIO	DATA	EM BARRIS					EM USD				
		Quantidade física levantada	Sonangol dívida de cash call s	Sonangol outras dívidas (1)	Sub-cobra levantamentos concessionárias	Total dos pagamentos	Quantidade física levantada	Sonangol dívida de cash call s	Sonangol outras dívidas (1)	Sub-cobra levantamentos concessionárias	Total dos pagamentos
TOTAL GERAL OU A TRANSPORTAR ... (Riscar o que não interessa)											

| 18 | NOTAS JUSTIFICATIVAS |

(*) Juntar em anexo discriminação
(*) Este modelo deve ser preenchido exclusivamente no caso de contratos de partilha de produção. Juntar tantos exemplares quantas as áreas de desenvolvimento

Anexo (Legislação)

19	MOVIMENTO ANUAL DE PETRÓLEO BRUTO					Exclusivo I.N.-F.P.
20	AREA DE CONCESSÃO (*)					
21	Área de desenvolvimento	EM BARRIS				
		Existência inicial	Produção	Levantamentos	Outros movimentos	Existência inicial
	TOTAL GERAL OU A TRANSPORTAR ... ... (Riscar o que não interessa)					

(*) Este modelo deve ser preenchido exclusivamente no caso de contratos de partilha de produção.

Exclusivo I.N.-E.P.

IMPOSTO DE TRANSACÇÃO DO PETRÓLEO

REPÚBLICA DE ANGOLA
MINISTÉRIO DAS FINANÇAS
DIRECÇÃO NACIONAL DE IMPOSTOS

Área de Concessão (*):

01	DEMONSTRAÇÃO DOS RESULTADOS	USD	KZ
1	Vendas		
2	Prestações de serviços		
3	Variação da produção		
4	Proveitos das actividades acessórias		
5	Mais-valias		
6	Trabalhos para a própria empresa		
7	Outros proveitos (1)		
8	Total dos proveitos (1 + 2 + ... + 7)		
9	Custo das existências vendidas e consumidas		
10	Subcontratos		
11	Fornecimentos e serviços		
12	Soma (9 + 10 + 11)		
13	Despesas com o pessoal		
14	Despesas financeiras com excepção dos custos com financiamento, juros, etc.		
15	Outras despesas e encargos (1)		
16	Reintegrações e amortizações do exercício ...		
17	Provisões do exercício		
18	....		
19	Total dos custos (12 + 13 + ... + 18)		
20	Prémio de produção (alínea a), n.º 1 do artigo 46.º) ...		
21	Prémio de Investimento (alínea b), n.º 1 do artigo 46.º) ...		
22	Taxa de superfície - Modelo 4		
23	....		
24	Soma (20 + 21 + 22 + 23)		
25	Resultado líquido do exercício (8 - 19 - 24) (a) ...		

02	CUSTO DAS MERCADORIAS VENDIDAS E MATÉRIAS CONSUMIDAS	USD	KZ
1	Existências iniciais		
2	Compras/produção (b)		
3	Regularização de existências		
4	Existências finais		
5	Custo das existências vendidas e consumidas (1 + 2 + 3 + 4) ...		

CRITÉRIOS VALORIMÉTRICOS UTILIZADOS

Indicar por tipo de existências:

(*) Juntar tantos exemplares quantas as áreas de desenvolvimento no caso de contratos de partilha de produção.
(a) Se negativo inscrever o valor entre parênteses.
(b) Inclui despesas de seguro, frete, direitos aduaneiros, impostos, taxas e outras imposições se aplicáveis.
(1) Juntar, em anexo, discriminação.

Anexo (Legislação)

Exclusivo I.N.-E.P.

03	CÁLCULO DO RENDIMENTO TRIBUTÁVEL	USD	KZ
	1 Resultado líquido do exercício (transporte da linha 25 do Quadro 1)		
	2 Despesas incorridas por incúria ou falta de diligência - (artigo 22.º, n.º 1, alínea a)		
	3 Comissões pagas a intermediários (artigo 22.º, n.º 1, alínea b)		
	4 Despesas de comercialização e transporte de petróleo bruto não previstas no contrato (artigo 22.º, n.º 1, alínea c)		
	5 Despesas com garantias legais ou contratuais prestadas (artigo 22.º, n.º 1, alínea d)		
	6 Indemnizações, multas ou penalidade por incumprimento de obrigações contratuais (artigo 22.º, n.º 1, alínea e)		
	7 Despesas com processos de arbitragem (artigo 22.º, n.º 1, alínea f)		
	8 Despesas incorridas para efeitos de determinação do preço do petróleo (artigo 22.º, n.º 1, alínea g)		
	9 Imposto sobre o rendimento do petróleo (artigo 22.º, n.º 1, alínea h)		
	10 Ofertas e donativos não enquadráveis na alínea a) do n.º 3, do artigo 22.º (artigo 22.º, n.º 1, alínea i)		
	11 Juros de empréstimos e outros encargos de capital não devidamente autorizados (artigo 22.º, n.º 1, alínea j)		
	12 Despesas com serviços jurídicos na alínea f) do n.º 1 do artigo 21.º (artigo 22.º, n.º 1, alínea k)		
	13 Despesas resultantes da não celebração de contratos de seguro (artigo 22.º, n.º 1, alínea l)		
	14 Despesas com formação de pessoal que não respeitem os termos exigidos (artigo 22.º, n.º 1, alínea m)		
	15 Custos e prejuízos decorrentes da inadequada observância das condições de garantia ou da sua ausência (artigo 22.º, n.º 1, alínea n)		
	16 Custos e prejuízos com depreciação de materiais não utilizados nas operações petrolíferas (artigo 22.º, n.º 1, alínea o)		
	17 Despesas gerais e administrativas realizadas fora de Angola, que não sejam as referidas em (h) do (iii) da alínea a) do n.º 1 do artigo 21.º (artigo 22.º, n.º 1, alínea p)		
	18 Contribuições e impostos devidos pelos trabalhadores (artigo 22.º, n.º 1, alínea q)		
	19 Despesas de viagem e outras incorridas com a movimentação dos trabalhadores para além do país de origem, ou a sua utilização em outras operações fora de Angola (artigo 22.º, n.º 1, alínea r)		
	20 Contrapartidas oferecidas ao Estado ou à Concessionária Nacional pela atribuição da qualidade de associada da Concessionária Nacional (artigo 22.º, n.º 1, alínea s)		
	21 Provisões, fundos e reservas não autorizados pelo Governo (artigo 22.º, n.º 2, alínea a)		
	22 Reintegrações e amortizações que excedam os limites legais (artigo 22.º, n.º 2, alínea b)		
	23 Dívidas consideradas incobráveis não devidamente justificadas (artigo 22.º, n.º 2, alínea c)		
	24 Impostos e encargos aduaneiros de importação sobre artigos vendidos e sobre os quais recaiu isenção (artigo 22.º, n.º 1, alínea d)		
	25 Imposto sobre rendimentos de gerentes, membros do Conselho Fiscal, trabalhadores e outros (artigo 22.º, n.º 2, alínea e)		
	26 Custos de despesas legais de qualquer arbitragem (artigo 22.º, n.º 2, alínea f)		
	27 Custos por danos causados por incúria ou falta de diligência (artigo 22.º, n.º 2, alínea g)		
	28 Indemnizações pagas à Concessionária Nacional a título de cláusula penal (artigo 22.º, n.º 2, alínea h)		
	29 Juros pagos a sócios, incluindo os suprimentos (artigo 22.º, n.º 2, alínea i)		
	30 Gratificações, ofertas, regalias, etc. atribuídos a sócios, a accionistas, na parte em que exceder a maior remuneração atribuída a trabalhadores não sócios (artigo 22.º, n.º 2, alínea j)		
	31 Despesas de carácter pessoal de sócios ou accionistas (artigo 22.º, n.º 2, alínea g)		
	32 Despesas de representação, na parte em que a administração fiscal as repute de exageradas (artigo 22.º, n.º 2, alínea l)		
	33 Imposto sobre a produção do petróleo artigo 47.º, alínea a)		
	34 Imposto de transacção do petróleo artigo 47.º, alínea b)		
	35 Custos de financiamento, incluindo os juros e outros encargos alínea c)		
	36		
	37		
	38		
	39		
	40		
	41		
	42		
	43		
	44		
	45		
	46		
	47		
	48 Soma (1 + 2 + ... + 47)		
	49 Prejuízo para efeitos fiscais 48 < 0		
	50 Lucro tributável 48 > 0		

A ACRESCER

Exclusivo I.N.-E.P.

04	APURAMENTO DA MATÉRIA COLECTÁVEL	USD	KZ
1	Lucro tributável;		
	(a transportar da linha 50 do quadro 03)		
05	CÁLCULO DO IMPOSTO		
1	Imposto liquidado 70% s/valor quadro 42		
2	Pagamentos efectuados		
3	3.1 Imposto a pagar (1 - 2)		
	3.2 Imposto a recuperar (1 - 2)		

06	RESULTADO DA LIQUIDAÇÃO		

6.1	IMPOSTO A PAGAR	6.2	IMPOSTO A RECUPERAR

Havendo imposto a pagar (linha 3.1 do Quadro 05), procede ao respectivo pagamento?

Sim ☐ Não ☐

Em caso afirmativo, indique obrigatoriamente:

N.º do DAR ☐☐☐☐ Data ..../............./...............

Havendo imposto a recuperar (linha 5.2 do Quadro 02), pretende o reembolso:

☐ Por ordem de Saque

☐ Por encontro na próxima prestação do imposto

07	IDENTIFICAÇÃO DOS DAR UTILIZADOS PARA PAGAMENTO DO IMPOSTO NESTE EXERCÍCIO		
		USD	KZ
N.º do DAR ☐☐☐☐	Data ..../............./...............		
N.º do DAR ☐☐☐☐	Data ..../............./...............		
N.º do DAR ☐☐☐☐	Data ..../............./...............		
N.º do DAR ☐☐☐☐	Data ..../............./...............		
N.º do DAR ☐☐☐☐	Data ..../............./...............		

TOTAL GERAL OU A TRANSPORTAR
(Riscar o que não interessa)

Anexo (Legislação)

		Exclusivo I.N.-E.P.
07 IDENTIFICAÇÃO DOS DAR UTILIZADOS PARA PAGAMENTO DO IMPOSTO NESTE EXERCÍCIO	USD	KZ
N.º do DAR Data		
N.º do DAR Data		
N.º do DAR Data		
N.º do DAR Data		
N.º do DAR Data		
N.º do DAR Data		
N.º do DAR Data		
N.º do DAR Data		
N.º do DAR Data		
N.º do DAR Data		
N.º do DAR Data		
N.º do DAR Data		
N.º do DAR Data		
N.º do DAR Data		
N.º do DAR Data		
N.º do DAR Data		
N.º do DAR Data		
N.º do DAR Data		
N.º do DAR Data		
N.º do DAR Data		
N.º do DAR Data		
N.º do DAR Data		
N.º do DAR Data		
N.º do DAR Data		
N.º do DAR Data		
N.º do DAR Data		
N.º do DAR Data		
TOTAL GERAL OU A TRANSPORTAR (Riscar o que não interessa)		

	TAXA DE SUPERFÍCIE	Exclusivo I.N.-E.P.

REPÚBLICA DE ANGOLA
MINISTÉRIO DAS FINANÇAS
DIRECÇÃO NACIONAL DE IMPOSTOS

N.º do DAR |_|_|_|·|_|_|_|

Data |_|_|·|_|_|·|_|_|

46	DESCRIÇÃO DA CONCESSÃO PETROLÍFERA	PERÍODO A QUE RESPEITA
		N.º do DAR |_|_|_|_|_|_|
		Data |_|_|·|_|_|·|_|_|

47	ÁREAS DE DESENVOLVIMENTO	
	Descrição	Dimensão (em Km2) (1)
1		
2		
3		
4		
5		
6		
7		
8		
9		
10		
11		
12		
13		
14		
	Total	

48	CÁLCULO DO IMPOSTO

Área de desenvolvimento (transportar da linha 11 do quadro 03) ... ...   Km2 ....

x USD 300,00 ... ...   USD ....

Câmbio utilizado para conversão 1 USD em Kz... ... ...   Kz ....

Imposto a pagar ... ...

(1) Juntar, em anexo, documento certificado pelo Ministério dos Petróleos indicando a dimensão das áreas de desenvolvimento da respectiva concessão.

CONCESSIONÁRIA NACIONAL

Exclusivo I.N.-E.P.

REPÚBLICA DE ANGOLA
MINISTÉRIO DAS FINANÇAS
DIRECÇÃO NACIONAL DE IMPOSTOS

1 IDENTIFICAÇÃO DA ÁREA DE DESENVOLVIMENTO

2 PERÍODO A QUE RESPEITA

N.º do DAR

Data

3 RECEBIMENTOS

	Vendas		Bbis do petróleo lucro (1)	Bbis de outras situações (2)	Bbis sub/sobre levantamentos	Bbis Total	P. unit. USD	Total de vendas	
	N.º Fact.	Data						USD	KZ
1									
2									
3									
4									
5									
6									
7									
8									
9									
10									
11									
12									
13									
14									
15									
16									
17									
18									
19									
20									
21									
22									
23	Total								

52 INFORMAÇÃO ADICIONAL — USD — KZ

1 Produção acumulada em barris ... ... Bbis ... ...

2 Situação da partilha em barris ... ... Bbis ... ...

3 Despesas indispensáveis para a fiscalização das operações petrolíferas (4) ... ...

4 Valor global das entregas ao Orçamento Geral do Estado - total do quadro 53 ... ...

5 Valor total do petróleo lucro recebido ... ...

(1) De acordo com o contrato de concessão.
(2) Empréstimos, permuta, etc. - identificar em anexo.
(3) Entregar tantos modelos quantas as áreas de desenvolvimento.
(4) Juntar discriminação em anexo.

CONCESSIONÁRIA NACIONAL			Exclusivo I.N.-E.P.
05	IDENTIFICAÇÃO DOS DAR UTILIZADOS PARA PAGAMENTO DO IMPOSTO NESTE EXERCÍCIO	USD	KZ
	N.º do DAR Data ...../...../......		
	N.º do DAR Data ...../...../......		
	N.º do DAR Data ...../...../......		
	N.º do DAR Data ...../...../......		
	N.º do DAR Data ...../...../......		
	N.º do DAR Data ...../...../......		
	N.º do DAR Data ...../...../......		
	N.º do DAR Data ...../...../......		
	N.º do DAR Data ...../...../......		
	N.º do DAR Data ...../...../......		
	N.º do DAR Data ...../...../......		
	N.º do DAR Data ...../...../......		
	N.º do DAR Data ...../...../......		
	N.º do DAR Data ...../...../......		
	N.º do DAR Data ...../...../......		
	N.º do DAR Data ...../...../......		
	N.º do DAR Data ...../...../......		
	N.º do DAR Data ...../...../......		
	N.º do DAR Data ...../...../......		
	N.º do DAR Data ...../...../......		
	N.º do DAR Data ...../...../......		
	N.º do DAR Data ...../...../......		
	N.º do DAR Data ...../...../......		
	N.º do DAR Data ...../...../......		
	N.º do DAR Data ...../...../......		
	TOTAL GERAL OU A TRANSPORTAR (Riscar o que não interessa)		

(*) Juntar tantos exemplares quantas as áreas de desenvolvimento

Anexo (Legislação) 229

ANEXO E

Factor de Taxa de Gás – Artigo 39.º, n.º 2

Base Tributável da Taxa de Gás (US$/mmbtu)		Factor de Taxa de Gás (US$/mmbtu) Fase 1	Factor de Taxa de Gás (US$/mmbtu) Fase 2
Maior que ou igual a:	Menor que:		
-	3.00	0.01	0.01
3.00	3.25	0.01	0.01
3.25	3.50	0.02	0.10
3.50	3.75	0.03	0.20
3.75	4.00	0.05	0.35
4.00	4.25	0.08	0.50
4.25	4.50	0.15	0.65
4.50	4.75	0.22	0.80
4.75	5.00	0.33	0.95
5.00	5.25	0.45	1.10
5.25	5.50	0.55	1.28
5.50	5.75	0.65	1.46
5.75	6.00	0.75	1.64
6.00	6.25	0.85	1.82
6.25	6.50	0.95	2.00
6.50	6.75	1.10	2.18
6.75	7.00	1.25	2.36
7.00	7.25	1.40	2.54
7.25	7.50	1.55	2.72
7.50	7.75	1.70	2.90
7.75	8.00	1.85	3.08
8.00	8.25	2.00	3.26
8.25	8.50	2.15	3.44
8.50	8.75	2.30	3.62
8.75	9.00	2.45	3.80
9.00	9.25	2.60	3.98
9.25	9.50	2.75	4.16
9.50	9.75	2.90	4.34
9.75	10.00	3.05	4.52
10.00 e superior		Utilizar fórmula	Utilizar fórmula

ANEXO F

Modelo de formulário relativo ao cálculo e pagamento da Taxa de Gás – Artigo 40.º, n.º 2

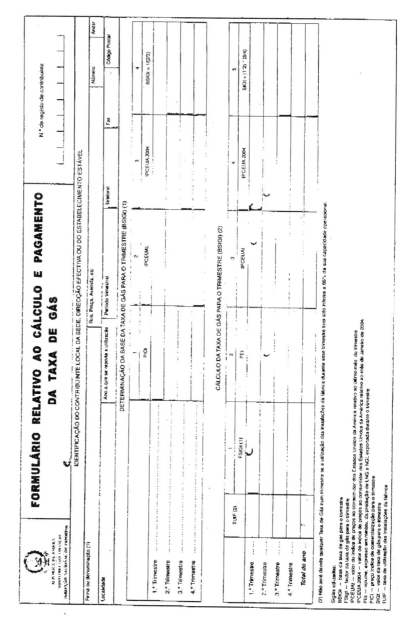

ANEXO G

Modelo de formulário a apresentar pela Angola LNG Limited para efeitos de cálculo das RRF – alínea a) do número 4 do artigo 11.º

	ANGOLA LNG LTD — DECLARAÇÃO DAS RECEITAS DE REFERÊNCIA FISCAL		
REPÚBLICA DE ANGOLA / MINISTÉRIO DAS FINANÇAS / DIRECÇÃO NACIONAL DE IMPOSTOS	MÊS:		ANO ....
ELEMENTO		**($K)**	**DOCUMENTAÇÃO DE SUPORTE DISPONÍVEL**
i) Receitas a valor de mercado			
MAIS (+)		(+)	
ii) Outras receitas efectivamente auferidas pela Angola LNG Supply Services			
MENOS (—)		(—)	
iii) Comissão do Comprador Afiliado			
iv) Custos com gasodutos e processamento efectivamente incorridos			
Sociedade Angola LNG Supply Services			
v) Margem efectivamente obtida pela Angola LNG Supply Services			
vi) Custos internos efectivamente incorridos pela Angola LNG Supply Services			
vii) Custos com serviços de regaseificação efectivamente incorridos pela Angola LNG Supply Services			
viii) Custos com gasodutos, processamento e armazenamento efectivamente incorridos pela Angola LNG Supply Services			
ix) Custos com transporte marítimo efectivamente incorridos pela Angola LNG Supply Services			
x) Custos com terceiros efectivamente incorridos pela Empresa de Transporte Marítimo			
xi) Custos internos efectivamente incorridos pela Empresa de Transporte Marítimo			
xii) Comissão da Empresa de Transporte Marítimo			
xiii) Comissão para recuperação de capital da Empresa de Transporte Marítimo			
xiv) Outros custos da Angola LNG Supply Services			
IGUAL A		(=)	
Receitas de Referência Fiscal da Angola LNG Limited			
IGUAL A		(=)	
Receitas de Referência Fiscal da Angola LNG Limited efectivamente auferidas a partir da Angola LNG Suplly Services			

O Primeiro Ministro, *Fernando da Piedade Dias dos Santos.*

O Presidente da República, José Eduardo dos Santos.

O. E. 367 — 10/119 — 2500 ex. — I. N.-E. P.— 2007

ÍNDICE

Agradecimentos 5

Prefácio 11

Introdução 13

I. Aspectos Jurídico-Constitucionais Projecto Angola LNG: Aprovação Legislativa
do Acordo 25

II. Aspectos Jurídico-Laborais 53

III. Aspectos Jurídico-Fundiários 65

IV. Relatório direitos fundiários para o Projecto Angola LNG e o desenvolvimento
de um parque industrial 73

V. Instrumentos Jurídicos para o Projecto Angola LNG: Estudo de Carácter Geral 81

VI. Contrato de Investimento Angola LNG: Lei Aplicável e Resolução de Litígios 97

Conclusão 115

ANEXO (Legislação) 117

Resolução da Assembleia Nacional que autoriza o governo a legislar sobre o quadro
legal aplicável ao Projecto Angola LNG 119

Decreto-lei de concessão dos direitos mineiros de avaliação, desenvolvimento
e produção de gás natural, condensados e líquidos extraídos do gás natural 121

Projecto de Decreto-Lei que aprova a implementação do Projecto Angola LNG
e define o respectivo regime jurídico 137